→ 1 Löffel Öl zu jeder Mittagsmahlzeit

Neue Küche für Babys und Kleinkinder

Neue Küche für Babys und Kleinkinder

Über 200 leckere Rezepte

DORLING KINDERSLEY
London, New York, Melbourne, München und Delhi

Neuausgabe
Lektorat Salima Hirani
Bildbetreuung Nicola Rodway
Projektbetreuung Jane Laing, Angela Baynham
Gestaltung Christine Lacey
DTP-Design Karen Constanti
Herstellung Kevin Ward
Cheflektorat Anna Davidson
Chefbildlektorat Glenda Fisher
Art Director Carole Ash
Food-Fotos Dave King
Fotos Vanessa Davies
Art Director Fotografie Toni Kay
Programmleitung Corinne Roberts

Erstausgabe
Projektbetreuung Lorna Damms
Redaktion Lorraine Turner
Bildbetreuung Carmel O'Neill, Emy Manby
Bildredaktion Carole Oliver
DTP-Design Bridget Roseberry
Herstellung Martin Croshaw
Art Director Carole Ash
Cheflektorat Corinne Roberts, Mary Ling
Fachliche Beratung Caroline Greene, Janice Murfit
Food-Fotos Ian O'Leary

Für die deutsche Ausgabe:
Programmleitung Monika Schlitzer
Projektbetreuung Kerstin Uhl
Herstellungsleitung Dorothee Whittaker
Herstellung Anna Strommer
Covergestaltung Joko Sander Werbeagentur

Bibliografische Information Der Deutschen Bibliothek
Die Deutsche Bibliothek verzeichnet diese Publikation in der Deutschen Nationalbibliografie; detaillierte bibliografische Daten sind im Internet über http://dnb.ddb.de abrufbar.

Titel der englischen Originalausgabe:
Feeding Your Baby and Toddler
© Dorling Kindersley Limited, London, 1999, 2004
Ein Unternehmen der Penguin-Gruppe
Text © Annabel Karmel, 1999, 2004

© der deutschsprachigen Ausgabe by
Dorling Kindersley Verlag GmbH, Starnberg, 2006
Alle deutschsprachigen Rechte vorbehalten

Übersetzung und Redaktion Redaktionsbüro Stark/Jeanette Stark-Städele, Anne Bentele

ISBN 3-8310-0777-2

Colour reproduction by GRB
Printed and bound in Italy by Graphicom

Besuchen Sie uns im Internet
www.dk.com

Hinweis
Die Informationen und Ratschläge in diesem Buch sind von den Autoren und vom Verlag sorgfältig erwogen und geprüft, dennoch kann eine Garantie nicht übernommen werden.
Eine Haftung der Autoren bzw. des Verlags und seiner Beauftragten für Personen-, Sach- und Vermögensschäden ist ausgeschlossen.

Inhalt

Einführung **6**
Frühe Ernährung **8**
Gesund essen **14**
Nahrungsmittelallergien **16**
Küchenpraxis **18**

Erste Beikost

In diesem Kapitel erfahren Sie alles, was Sie über die Einführung von Beikost wissen müssen: Wie Sie die ersten Mahlzeiten zubereiten und wie Sie Ihr Baby füttern, wann es Zeit für neue Breie ist und mit welchen Nahrungsmitteln Sie Ihr Baby allmählich an neue Geschmacksrichtungen und gröbere Kost gewöhnen können. Jetzt ist die beste Zeit, um einen vernünftigen Essrhythmus und Freude an gutem Essen zu entwickeln. Sie finden hier gesunde und leckere Rezepte, die einfach zuzubereiten sind und Ihr Baby mit allen wichtigen Nährstoffen versorgen.

Einführung von Beikost **26**
Geschmackserlebnisse **30**
Erste Kostproben: Rezepte **34–39**
Neu für den Gaumen: Rezepte **40–53**

9 bis 12 Monate

Die Geschicklichkeit Ihres Babys entwickelt sich rapide, ebenso wie sein Drang nach Selbstständigkeit – und der Wunsch, selber zu essen. Dieses Kapitel zeigt, wie Sie Ihr Baby dabei unterstützen können.

Der Appetit wächst **56**
Eine abwechslungsreiche Kost: Rezepte **60–67**

12 bis 18 Monate

Nun verändern sich die Ernährungsbedürfnisse Ihres Babys – und auch seine Einstellung zum Essen und zu den Mahlzeiten. In diesem Kapitel wird beschrieben, wie Sie Ihr lebhaftes Baby in die Familienmahlzeiten einbeziehen können.

Neue Bedürfnisse **70**
Nahrung für die Sinne: Rezepte **74–85**

18 Monate bis 2 Jahre

Kleinkinder finden oft kaum die Ruhe, sich zum Essen hinzusetzen. Daher sind gesunde, energiereiche Zwischenmahlzeiten, die Ihrem Kind genügend »Brennstoff« für seine vielfältigen Unternehmungen liefern, so wichtig. Viele Kleinkinder zeigen zeitweise ein schwieriges Essverhalten. Doch mit den richtigen Strategien stellen Sie eine gesunde Ernährung sicher. Hier finden Sie Rezepte, die auf die speziellen Bedürfnisse eines Kleinkindes abgestimmt sind.

Das aktive Kleinkind **88**
Fastfood für Kleinkinder: Rezepte **92–103**
Schwierige Esser: Rezepte **104–113**

2 bis 3 Jahre

Dieses Kapitel enthält hilfreiche Tipps zur Planung einfacher und nährstoffreicher Mahlzeiten für aktive Kinder sowie kreative Rezepte, die Zweijährigen besonders gut schmecken.

Frühe Kindheit **116**
Essen mit Spaß: Rezepte **118–131**

3 bis 7 Jahre

Leiten Sie Ihr Kindergartenkind an, sich gesund und abwechslungsreich zu ernähren und die gemeinsamen Familienmahlzeiten mit Rezepten aus aller Welt zu genießen – hier finden Sie zahlreiche köstliche Rezepte, die der ganzen Familie schmecken, sowie weitere Vorschläge für gesunde und schmackhafte Snacks.

Kindergartenzeit **134**
Gesunde Snacks:
   Rezepte **140–149**
Familienmahlzeiten:
   Rezepte **150–179**
Speisepläne **180**
Register **188**
Dank & nützliche Adressen **192**

Einführung

Wenn es um die Gesundheit und das Glück ihrer Kinder geht, ist für Eltern das Beste gerade gut genug. Ich habe mein erstes Kind, Natasha, verloren, als es gerade 13 Wochen alt war. Natasha ist an einer Virusinfektion gestorben. Ihre Krankheit war zwar nicht ernährungsbedingt, doch ihr Verlust bestärkte mich darin, meinem nächsten Kind, Nicholas, den besten Start ins Leben zu geben. Nicholas lehrte mich, was ein schwieriger Esser ist. Mein Interesse am Thema Kinderernährung entsprang meinen eigenen Erfahrungen im Umgang mit einem Kind, das zeitweilig nur ganz bestimmte Nahrungsmittel essen wollte. Daher gründen die Strategien und Lösungsvorschläge für den Umgang mit häufigen Essproblemen, die in diesem Buch angeführt werden, nicht nur auf aktuellen Ernährungsrichtlinien, sondern auf eigener Erfahrung und der Überzeugung, dass Lebensmittel eine der besten Möglichkeiten der Präventivmedizin sein können.

Gerade in der Zeit, in der die Ernährung von so großer Bedeutung für die Gesundheit ist, sollten wir uns nicht auf Fertigprodukte verlassen. Schließlich ist es keine Hexerei, Babynahrung herzustellen, und es gibt nichts Besseres für Ihr Kind als selbst gemachte Mahlzeiten aus frischen Zutaten. Selberkochen ist eine wirtschaftliche Lösung, die, wie die Rezepte in diesem Buch zeigen, nicht zeitaufwändig sein muss. Es gibt viele leckere Breie, die überhaupt nicht gekocht werden müssen, und andere Rezepte können in weniger als zwei Stunden in größeren Mengen zubereitet und anschließend eingefroren werden. So bieten sie einen Vorrat für einen ganzen Monat. Diese selbst zubereiteten Mahlzeiten lassen das Baby die natürlichen Geschmacksunterschiede frisch gekochter Mahlzeiten erfahren und gewöhnen es an die Familienmahlzeiten. Eltern geben ihrem Baby auf diese Weise ernährungsphysiologisch gesehen den besten Start ins Leben und beugen gleichzeitig späteren Essproblemen vor.

Leider machen Fertiggerichte heute bei vielen Kinder einen wesentlichen Teil ihrer Ernährung aus: Immer weniger Familien nehmen die Mahlzeiten gemeinsam ein. Stattdessen bekommen Kinder oft eine nur allzu bekannte Auswahl an Fertiggerichten – Pizzas, Pommes frites und Nudelgerichte. Man könnte meinen, »richtiges« Essen sei nur etwas für Erwachsene. Und man könnte manchmal den Eindruck gewinnen, dass Kinder besonders ungesunde Speisen erhalten. Doch die Eltern sind verantwortlich dafür, was ihre Kinder essen, und es liegt an ihnen, ihren Kindern die Chance zu geben, sich abwechslungsreich und gesund zu ernähren.

Meine Kinder Scarlett (oben), Lara (Mitte) und Nicholas (unten) sind mit meinen Rezepten groß geworden. Viele ihrer Lieblingsrezepte finden Sie in diesem Buch.

Meine drei Kinder, Nicholas, Lara und Scarlett, waren über Jahre hinweg meine beständige Quelle der Inspiration. Ich bin aber auch all den Babys und Kindern dankbar, die mein Wissen und meinen Erfahrungsschatz in Ernährungsfragen erweitert haben, indem sie meine neuen Rezepte gekostet haben. Kinder sind äußerst unbestechliche Kritiker. Es ist ihnen egal, ob etwas gesund ist, es muss nur gut schmecken. Daher sollen die Rezepte in diesem Buch Kindern schmecken und gleichzeitig wichtigen Ernährungsrichtlinien entsprechen.

Sie finden in diesem Buch neben vielen Rezepten für Kinder aller Altersstufen bis zu sieben Jahren ein spezielles Kapitel mit Rezepten für »schwierige Esser« sowie ein Kapitel mit Anregungen für gesunde Zwischenmahlzeiten, Picknicks und Pausensnacks. Viele der Rezepte in diesem Buch sind für die ganze Familie geeignet. Außerdem finden Sie viele vegetarische Gerichte. Die Informationen zum Thema Ernährung sind auf dem neuesten Stand und entsprechen aktuellen Forschungen auf dem Gebiet der Kinderernährung.

Wenn Sie die Mahlzeiten für Ihre Kinder selbst zubereiten und dabei frische Zutaten verwenden, wissen Sie, dass Sie ihnen den besten Start ins Leben geben. Ich hoffe, dass viele meiner Rezepte über Jahre hinweg zu den Lieblingsgerichten Ihrer Familie gehören werden.

Annabel Karmel

Frühe Ernährung

»In den ersten sechs Lebensmonaten liefert Muttermilch oder Milchnahrung alles, was Ihr Baby braucht.«

Eine ausgewogene Ernährung sollte genau den Bedürfnissen Ihres sich entwickelnden Babys entsprechen. Muttermilch oder Milchnahrung bildet im ersten Lebensjahr die wichtigste Nahrungsquelle. Wenn Sie mit der Einführung von Beikost beginnen, ist es sinnvoll, alle fünf Nährstoffgruppen einzubeziehen: Kohlenhydrate, Eiweiß, Fett, Vitamine und Mineralstoffe. Denken Sie daran, dass Ihr Kind einen anderen Nährstoffbedarf hat als Sie selbst. Kinder unter fünf Jahren benötigen aufgrund ihres raschen Wachstums proportional mehr Fett und kalorien- und nährstoffreichere Nahrungsmittel als Erwachsene.

Die Milch für Ihr Baby

Während der ersten sechs Lebensmonate wird der Nährstoffbedarf Ihres Babys durch Muttermilch oder Milchnahrung gestillt. Auch wenn Sie nach vier, fünf oder sechs Monaten mit der Einführung von Beikost beginnen, so handelt es sich dabei zunächst um erste Kostproben, die die Milchmahlzeiten nicht ersetzen. Verringern Sie die Milchmahlzeiten noch nicht! Vollfette Kuhmilch kann ab dem sechsten oder siebten Lebensmonat für den Milchbrei verwendet werden, sollte aber vor dem ersten Lebensjahr nicht als Getränk gegeben werden und die Milchnahrung nicht ersetzen, weil Kuhmilch wenig Eisen und Vitamin C enthält. Bis zum ersten Geburtstag benötigt Ihr Kind die Vitamine und das Eisen, die in Muttermilch oder Milchnahrung enthalten sind. Fettarme Milch kann nach dem zweiten Geburtstag gegeben werden, wenn das Kind ein guter Esser ist.

Vorteile des Stillens

Die Weltgesundheitsorganisation und die Kinderärzte empfehlen, ein Baby während der ersten sechs Monate ausschließlich zu stillen; wenn das nicht möglich ist, können Sie Ihrem Baby auch Säuglingsmilch anbieten. Im Alter zwischen vier und sechs Monaten brauchen Babys täglich etwa 800 ml Muttermilch oder Säuglingsmilch. Bis zum achten Lebensmonat sollte Ihr Kind mindestens viermal am Tag Mutter- oder Säuglingsmilch trinken.

Das Stillen bietet gesundheitliche Vorteile für Kind und Mutter.

- Stillen stärkt das Immunsystem des Babys. Gestillte Babys tragen ein geringeres Risiko für Atemwegs- und Ohrinfektionen sowie für Mageninfektionen.
- Sechs Monate volles Stillen verzögert das Auftreten bzw. verringert die Intensität von Allergien bei Kindern aus Familien, in denen Asthma, Heuschnupfen, Ekzeme und Nahrungsmittelallergien vorkommen.
- Muttermilch ist leicht verdaulich und beugt Verstopfung vor.
- Gestillte Kinder haben seltener unter Übergewicht zu leiden.
- Die Muttermilch enthält ein ausgewogenes Verhältnis an essenziellen Fettsäuren, die für die Entwicklung des Gehirns wichtig sind.
- Stillen trägt dazu bei, dass Mütter das während der Schwangerschaft zugelegte Gewicht rascher abbauen.
- Das Risiko, vor den Wechseljahren Brustkrebs zu bekommen, sinkt mit zunehmender Stilldauer.

Wasser

Babys sind anfällig für Dehydrierung (Austrocknung); es ist wichtig, dass sie regelmäßig Flüssigkeit aufnehmen. Bei gestillten Babys liefert die Muttermilch ausreichend Flüssigkeit (an heißen Tagen sind eventuell zusätzliche Stillzeiten notwendig). Das trifft auch auf Flaschenbabys zu, die allerdings an heißen Tagen zusätzlich einen Schluck abgekochtes, abgekühltes Wasser brauchen.

Sobald Ihr Baby hauptsächlich feste Nahrungsmittel isst, muss es mehr Flüssigkeit erhalten. Abgekochtes, abgekühltes Leitungswasser ist der beste Durststiller. Die meisten Instanttees und Fruchtsäfte für Babys enthalten Zucker, der die sich entwickelnden Zähne schädigen kann und Ihr Baby an Süßes gewöhnt.

Wenn Sie Mineralwasser verwenden, achten Sie auf natriumarme Sorten und kochen es ebenfalls ab, da es Bakterien enthalten kann. Kaufen Sie nur Sorten, die für Babys empfohlen werden.

Kohlenhydrate

Kohlenhydrate stellen für den Körper die wichtigste Energiequelle dar. Der Körper spaltet die Kohlenhydrate auf, setzt Glukose frei und bezieht daraus Energie. Es gibt zwei Hauptgruppen an Kohlenhydraten: langsam abbaubare und schnell verwertbare. Komplexe Kohlenhydrate, wie Wurzelgemüse und Vollkornbrot, setzen die Glukose langsam frei und liefern damit lang anhaltende Energie. Einfache Kohlenhydrate, wie Bananen und geschälter Reis, setzen Glukose schnell frei und liefern einen raschen Energiestoß. Das verursacht einen schnellen Anstieg des Blutzuckers, der danach rasch wieder abfallen kann. Lebensmittel, die reich an komplexen Kohlenhydraten sind, enthalten Vitamine, Mineralstoffe und Ballaststoffe, die für den Körper wichtig sind. Kohlenhydrate sollten 40 bis 50 Prozent der Ernährung Ihres Babys ausmachen.

Während des Raffinierungsprozesses gehen die natürlichen Ballaststoffe des Getreides und damit wertvolle Nährstoffe verloren. Kuchen, Kekse und gezuckerte Cerealien (wenn sie nicht angereichert sind) gehören in diese Kategorie. Diese Nahrungsmittel werden sehr schnell in Glukose umgewandelt und liefern einen kurzfristigen Energieschub, gefolgt von einem Energietief. Beschränken Sie den Verzehr dieser Nahrungsmittel, da sie nur wenig Nährstoffe, aber viel zu viele »leere« Kalorien enthalten.

Wann welche Milchsorte?
- Von der Geburt bis zum ersten Geburtstag bieten Sie Ihrem Kind ausschließlich Muttermilch oder Säuglingsmilchnahrung (der Muttermilch angepasste Kuhmilch) an.
- Vom sechsten Monat bis zu einem Jahr können Sie Ihrem Baby auch Folgemilch geben, wenn Sie das Gefühl haben, dass es von Beikost und der üblichen Milchnahrung nicht satt wird. Es sollte am Tag etwa 600 bis 800 ml Muttermilch oder Milchnahrung trinken.
- Vom sechsten Monat an können Sie zum Kochen allmählich Kuhmilch verwenden.
- Nach dem ersten Geburtstag geben Sie Ihrem Kind Vollmilch zu trinken. Ein- bis siebenjährige Kinder sollten mindestens 200 bis 400 ml Milch am Tag trinken oder die entsprechende Menge Milchprodukte zu sich nehmen.

Nahrungsmittel mit langsam verwertbaren Kohlenhydraten
- Frühstückscerealien aus Vollkorn • Haferprodukte
- Vollkornmehl und -brot
- Karotten • Vollkornnudeln
- Linsen

Nahrungsmittel mit schnell verwertbaren Kohlenhydraten
- exotische Früchte, wie Melone, Ananas, Kiwi, Banane
- Cornflakes • Weißbrot
- weißer Reis • Zucker
- gezuckerte Frühstückscerealien • Kekse, Kuchen und Gebäck

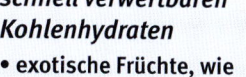

Eiweißquellen
- dunkles Fleisch • Hähnchen
- Fisch • Eier • Milch • Käse (außer Frischkäse) • Tofu
- Hülsenfrüchte • Vollkorn

Eiweiß

Eiweiß ist unerlässlich für das Wachstum und die Reparatur von Körpergewebe. Es liefert die Bausteine aller Körperzellen und bildet einen großen Teil der Muskeln, Organe, Haut und Haare des Kindes. Bei Eiweißmangel sinkt die Widerstandskraft gegenüber Krankheiten und Infektionen.

Eiweiß besteht aus Aminosäuren; manche davon kann der Körper selbst bilden, andere müssen mit der Nahrung aufgenommen werden. Tierisches Eiweiß, z. B. Milch, enthält alle Aminosäuren, die der Körper braucht. Soja ist das einzige pflanzliche Nahrungsmittel, das alle Aminosäuren enthält. Andere Nahrungsmittel müssen kombiniert werden, um vollständiges Eiweiß zu liefern: z. B. Vollkorn mit Hülsenfrüchten.

Kinder wachsen schnell und benötigen im Verhältnis zu ihrer Größe mehr Eiweiß als Erwachsene. Dennoch sollten eiweißreiche Nahrungsmittel nicht den Hauptteil einer Babymahlzeit bilden, da zu viel Eiweiß die Nieren belasten kann.

Kinder benötigen zwei Portionen eiweißreiche Nahrungsmittel am Tag. Sie sollten drei- bis viermal wöchentlich Fleisch essen und zwei- bis dreimal Fisch, davon eine Portion fettreicher Fisch (Lachs, Thunfisch oder Sardinen). Eiweißreiche Nahrungsmittel, z. B. Käse oder Eier, sind zum Frühstuck empfehlenswert. Vegane Eiweiß lieferanten, z. B. Bohnen und Linsen, enthalten wichtige Mineralstoffe sowie sekundäre Pflanzenstoffe und sind gute Ballaststofflieferanten.

Nahrungsmittel mit gesättigten Fettsäuren und Trans-Fettsäuren
- Fleisch • Butter • Speck
- Käse • gehärtetes Pflanzenfett oder Nahrungsmittel, die gehärtete Fette enthalten, z. B. Kekse und Gebäck

Nahrungsmittel mit ungesättigten Fettsäuren
- Olivenöl • Sonnenblumenöl
- Maiskeimöl • Sesamöl
- Rapsöl • Färberdistelöl
- fettreicher Fisch

Nahrungsmittel mit Omega-3-Fettsäuren
- fettreicher Fisch, wie Lachs, frischer Thunfisch, Makrele, Forelle, Sardinen
- Lein- oder Walnussöl
- Lebertrankapseln

Nahrungsmittel mit Omega-6-Fettsäuren
- Sonnenblumen-, Färberdistel- und Maiskeimöl • Margarine, die reich an mehrfach ungesättigten Fettsäuren ist

Fett

Fett bildet die am stärksten konzentrierte Energiequelle. Die Ernährung eines Babys muss proportional mehr Fett enthalten als die eines Erwachsenen. Babys benötigen für ihr rasches Wachstum und ihre Entwicklung Nahrungsmittel mit hoher Energiedichte, z. B. Fleisch und Eier. Bis zum Alter von einem Jahr sollte der Energiebedarf zu 40 bis 50 Prozent über Fett gedeckt werden (Muttermilch enthält mehr als 50 Prozent Fett). Danach sollten etwa 35 Prozent des Energiebedarfs aus Fett bestehen. Es ist wichtig, zwischen den verschiedenen Fettsorten zu unterscheiden.

• **Fette, die reich an gesättigten Fettsäuren sind,** stammen hauptsächlich aus tierischen Quellen. Sie sind bei Zimmertemperatur fest. Butter und das Fett in Fleisch sowie Milchprodukte enthalten vorwiegend gesättigte Fette. Gesättigte Fette können den Cholesterinspiegel im Blut erhöhen. Ein hoher Verzehr wird bei Erwachsenen mit Herzkrankheiten in Verbindung gebracht. Wählen Sie daher mageres Fleisch, verwenden Sie Pflanzenöl zum Braten, und grillen, backen und dämpfen Sie Nahrungsmittel. Milch und Käse enthalten gesättigte Fette, sind aber auch eine gute Quelle für Kalzium, Eiweiß und Vitamine.

• **Fette, die reich an einfach ungesättigten Fettsäuren sind,** sind bei Zimmertemperatur meist flüssig. Olivenöl, Rapsöl, Nussfette und das Fett in Avocados enthalten vorwiegend einfach ungesättigte Fettsäuren. Sie tragen dazu bei, den Cholesterinspiegel zu senken, und bieten Schutz vor Herzkrankheiten. Olivenöl und Rapsöl sind auch zum Braten geeignet.

• **Mehrfach ungesättigte Fettsäuren** kommen in Maiskeim-, Färberdistel- und Sonnenblumenöl vor; auch sie senken den Cholesterinspiegel. Es ist aber aus gesundheitlichen Gründen sinnvoll, einen Ausgleich zwischen den verschiedenen ungesättigten Fettsäuren herzustellen; verwenden Sie daher nicht nur die genannten Sorten.

- **Trans-Fettsäuren** sind ungesättigte Fettsäuren, die bei der Härtung entstehen. Sie kommen in manchen Margarinesorten, in fettarmen Brotaufstrichen, Kuchen und Keksen vor. Sie ähneln ernährungsphysiologisch den gesättigten Fetten. Viele Fachleute halten Trans-Fettsäuren für noch schädlicher als gesättigte Fette.
- **Essenzielle Fettsäuren** sind unverzichtbar für die Entwicklung von Gehirn und Sehvermögen. Es gibt zwei Arten: Omega-3- und Omega-6-Fettsäuren. Beide sollten in die Ernährung aufgenommen werden, da sie im Gegensatz zu anderen Fetten vom Körper nicht selbst gebildet werden können. DHA, das in fettreichem Fisch vorkommt, ist eine Omega-3-Fettsäure, die einen bedeutenden Teil des menschlichen Gehirngewebes bildet. Einige Studien legen nahe, dass eine an diesen Fettsäuren reiche Kost die Leistungsfähigkeit von Kindern mit der Bewegungsstörung Dyspraxie, mit Legasthenie und Aufmerksamkeitsdefizitsyndrom verbessert.

Vitamine

Vitamine sind für die Gesundheit unverzichtbar. Sie sind wasserlöslich (B-Vitamine und Vitamin C) oder fettlöslich (A, D, E und K). Wasserlösliche Vitamine werden durch Hitze zerstört und lösen sich in Wasser. Kochen Sie entsprechende Nahrungsmittel nur kurz. Fettlösliche Vitamine werden im Körper gespeichert und können in großen Dosen schädlich sein. Kinder im Alter zwischen sechs Monaten und zwei Jahren können an einem Mangel an Vitamin A und D leiden. Ein Baby braucht eventuell Ergänzungspräparate, wenn es länger als sechs Monate gestillt wird oder weniger als 500 ml Milchnahrung am Tag trinkt.

- **Vitamin A**, einschließlich Betakarotin und Retinol, ist unverzichtbar für Wachstum, Infektabwehr, gesunde Haut, gutes Sehvermögen und einen starken Knochenbau.
- **Vitamine des B-Komplexes**, einschließlich Folsäure, sind wichtig für Wachstum, Energie, Entwicklung eines gesunden Nervensystems und die Verdauung.
- **Vitamin C** ist erforderlich für Wachstum, Reparatur des Gewebes, gesunde Haut und die Aufnahme von Eisen.
- **Vitamin D** wird von der Haut bei Sonneneinstrahlung gebildet und zur Kalzium- und Phosphoraufnahme für gesunde Knochen und Zähne benötigt.
- **Vitamin E** schützt die Zellen vor aggressiven Sauerstoffverbindungen.

Vitamin-A-Lieferanten
- Karotten • rote Paprikaschoten • Zuckermais • Süßkartoffeln • Tomaten • Melonen • Aprikosen • Mangos • Leber • Butter und Margarine

Vitamin-B-Lieferanten
- Fleisch, insbesondere Leber • Tofu • Sardinen • Eier • Nüsse
- dunkelgrünes Gemüse
- Milchprodukte • Vollkorncerealien • Hefeextrakt
- Avocados • Bananen

Vitamin-C-Lieferanten
- Zitrusfrüchte • Erdbeeren
- schwarze Johannisbeeren
- Kiwis • dunkelgrünes Blattgemüse • Kartoffeln • Paprika

Vitamin-D-Lieferanten
- Lachs • Thunfisch • Sardinen
- Milch • Käse • Eier

Vitamin-E-Lieferanten
- Pflanzenöle • Weizenkeime
- Avocados • Nüsse

»Eine vegetarische Kost ist für Babys und Kinder unbedenklich, sofern die Mahlzeiten ausgewogen sind und nicht zu viele Ballaststoffe enthalten.«

Kalzium

Kalzium ist wichtig für die Bildung und Gesunderhaltung der Knochen und Zähne. 400 ml Milch am Tag liefern eine angemessene Menge Kalzium für Kinder zwischen ein und fünf Jahren.

Zink

Zink ist unverzichtbar für das normale Wachstum und die Funktion des Immunsystems. Eine ausgewogene Kost versorgt das Kind mit der erforderlichen Menge.

Eisen

Eisen ist sowohl für die körperliche als auch für die geistige Entwicklung wichtig. Bei der Geburt verfügt das Baby über einen Eisenvorrat, der für etwa sechs Monate reicht. Danach muss sichergestellt werden, dass das Kind die benötigte Eisenmenge über die Ernährung erhält, da ein Eisenmangel, der unerkannt zu einer Anämie führen kann, Müdigkeit, Antriebsarmut und Infektanfälligkeit verursacht. Frühgeborene sind besonders gefährdet, da ihr Eisenvorrat nur sechs Wochen vorhält. Wenn Ihr Baby zu früh auf die Welt gekommen ist, hat Ihnen Ihr Kinderarzt vermutlich empfohlen, ihm im ersten Lebensjahr ein Eisenpräparat zu geben.

Im Alter zwischen sechs Monaten und zwei Jahren ist der Eisenbedarf des Babys besonders groß. Dies ist eine kritische Periode für die Gehirnentwicklung; eine eisenarme Ernährung kann die geistige Entwicklung beeinträchtigen und zu Konzentrationsschwäche führen. Folgemilch, die mehr Eisen enthält als Säuglingsmilch, kann Babys zwischen sechs Monaten und zwei Jahren gegeben werden.

Eisenmangel erkennen

Eisenmangel ist die häufigste Mangelerscheinung in der Kindheit – bis zu 25 Prozent aller Kinder haben nicht genügend Eisen im Körper. Ein Eisenmangel ist oft schwer festzustellen, da die körperlichen Symptome nicht so offensichtlich sind wie bei Infektionskrankheiten. Wenn Sie Anzeichen von Blässe, Lustlosigkeit und Müdigkeit bei Ihrem Kind feststellen, fehlt ihm vermutlich Eisen. Sie können das Problem beseitigen, indem Sie ihm mehr eisenreiche Kost anbieten – sprechen Sie mit Ihrem Kinderarzt darüber.

Eisenreiche Kost

Eisen tierischen Ursprungs, z. B. rotes Fleisch, besonders Leber, oder fettreicher Fisch (Lachs, Sardinen, Makrele) wird vom Körper gut aufgenommen. Pflanzliches Eisen aus Hülsenfrüchten, grünem Blattgemüse sowie Eisen, das Nahrungsmit-

teln, z. B. Frühstücksflocken, zugesetzt wird, wird weniger gut verwertet. Wenn jedoch Vitamin-C-haltige Speisen oder Getränke gleichzeitig konsumiert werden, wird das Eisen besser resorbiert. Bieten Sie Ihrem Kind daher etwas verdünnten Fruchtsaft zu der Mahlzeit an. Oder servieren Sie einige Streifen Vitamin-C-reiche rote Paprika oder Blumenkohlröschen zu einem eisenreichen Spinat- oder Linsengericht. In beiden Fällen verbessert das Vitamin C die Eisenaufnahme im Körper Ihres Kindes.

Eiweißreiche Nahrungsmittel begünstigen die Aufnahme von Eisen ebenfalls. Indem Sie Fisch, mageres rotes Fleisch oder Hähnchen zu dunkelgrünem Blattgemüse oder Linsen servieren, verbessern Sie die Aufnahme des pflanzlichen Eisens um etwa das Dreifache.

Vegetarische Ernährung

Eltern, die sich vegetarisch ernähren, sorgen sich manchmal, ob diese Ernährungsweise für ihr Kind geeignet ist. Doch nur eine sehr voluminöse, ballaststoffreiche, vegane Kost ohne Milch und Eier ist für Kinder im Wachstum nicht geeignet, weil sie zu wenige Kalorien, essenzielle Fette und Eiweiß enthält und die Eisenaufnahme behindert. Eine vegetarische Kost kann für Babys und Kinder unbedenklich sein, solange die Mahlzeiten ausgewogen sind und nicht zu viele Ballaststoffe enthalten.

Die Eiweißzufuhr erhöhen

Tierische Eiweiße, auch aus Eiern und Milchprodukten, enthalten essenzielle Aminosäuren. Pflanzliche Eiweiße, z. B. in Bohnen, Hülsenfrüchten und Samen, liefern Eiweiß geringerer Wertigkeit. Soja ist das einzige pflanzliche Nahrungsmittel, das alle Aminosäuren enthält.

Wenn Sie Ihr Kind vegetarisch ernähren, solllten Sie sicherstellen, dass es genügend hochwertiges Eiweiß erhält, indem Sie Eiweiß aus Getreideprodukten oder Pflanzenkost, wie Nudeln, Brot, Reis oder Linsen, mit kleinen Mengen an Milchprodukten oder Eiern kombinieren. Alternativ können Sie zwei pflanzliche Eiweißgruppen anbieten. Es gibt drei Gruppen: Hülsenfrüchte, z. B. Bohnen, Linsen und Kichererbsen; Körner, z. B. Weizen, Reis, Hafer, Brot und Nudeln; Nüsse und Samenkerne.

Eine gute Möglichkeit, die Eiweißversorgung Ihres Kindes zu verbessern, ist die Zubereitung von Käsesauce, die Sie portionsweise einfrieren. Wenn Sie Ihrem Kind ein Gemüsegericht geben, fügen Sie einfach etwas Käsesauce hinzu.

Hier finden Sie einige Beispiele für empfehlenswerte vegetarische Gerichte für Kleinkinder:
- Linsen-Gemüse-Püree mit Käse
- Sandwichs mit Erdnussbutter
- Ofenkartoffel mit Käse und Milch
- Nudeln mit Käsesauce
- Käse-Toast
- Reis und Linsen.

Die Eisenaufnahme verbessern

Kinder, die vegetarisch ernährt werden, leiden manchmal an Eisenmangel, da dunkles Fleisch das hochwertigste und am besten verwertbare Eisen liefert. Pflanzliches Eisen ist schwerer verwertbar. Deshalb ist es besonders wichtig, zu den Mahlzeiten auch Vitamin-C-haltige Speisen zu reichen (siehe oben), die die Verwertung des Eisens aus pflanzlichen Quellen verbessern.

Vegane Kost

Wenn Sie Ihr Kind vegan ernähren möchten (ohne Fleisch, Milchprodukte und Eier), sollte seine Ernährung unter Einbeziehung des Kinderarztes bzw. eines Ökotrophologen äußerst sorgfältig geplant werden.

Kalziumquellen
- Milch • Käse • Joghurt
- Blattgemüse • Tofu • Nüsse
- Sesampaste

Zinkquellen
- Schalentiere • dunkles Fleisch • Erdnüsse • Sonnenblumenkerne • angereicherte Frühstückscerealien

Eisenquellen
- Leber und dunkles Fleisch
- Eigelb • fettreicher Fisch, frisch oder aus der Dose
- Hülsenfrüchte, z. B. Linsen und Bohnen • Hirse, Vollkorngetreide • angereicherte Frühstückscerealien • Brot und Zwieback • dunkelgrünes Blattgemüse • Trockenobst, z. B. Aprikosen

Eisenquellen für Vegetarier
- angereicherte Frühstückscerealien • Eigelb • Vollkornbrot • Bohnen und Linsen
- dunkelgrünes Blattgemüse
- Trockenobst, z. B. Aprikosen

Gesund essen

»Spezielle Lebensmittel für Kinder, die auch während des Kinderprogramms beworben werden, enthalten oft viel Fett, Zucker und/oder Salz.«

Die häufigste ernährungsbedingte Krankheit in den westlichen Industrieländern ist Übergewicht. Es gibt bereits fettsüchtige Kinder im Alter von fünf Jahren, die erste Warnzeichen einer Herzkrankheit aufweisen. Diabetes vom Typ 2 – der früher Altersdiabetes genannt wurde – tritt heutzutage schon bei Teenagern auf. Daneben gibt es aber noch weitere ernährungsbedingte Probleme. Es besteht ein Zusammenhang zwischen zu hohem Salzkonsum und Bluthochdruck, der zu Herzkrankheiten und Schlaganfällen führen kann. Viele Kinder essen zu viel Salz. Die meisten Kinder essen bei weitem nicht die täglich empfohlenen fünf Portionen Obst und Gemüse, die das Immunsystem stärken und das Krebsrisiko senken.

Übergewicht abbauen

In Deutschland ist mittlerweile jedes sechste Kind übergewichtig. Sieben bis acht Prozent aller Kinder und Jugendlichen sind sogar fettsüchtig. Dank Computerspielen, Fernsehen und Videos bleiben Kinder heute nur allzu gern in ihren Zimmern und bewegen nur noch ein paar Finger auf der Tastatur. Hier drohen ernste Gesundheitsprobleme für die Zukunft – irgendwann wird ein Drittel dieser Jugendlichen, die die meiste Zeit nur sitzen, an einer ernährungsbedingten Krankheit sterben.

Kinder werden bei der Auswahl ihrer Nahrungsmittel von vielen Seiten beeinflusst: von der Werbung im Fernsehen, davon, was ihre Lieblingsstars essen und trinken, vom Gruppengefühl, von Werbung und Verkaufsförderung, die dazu führen, dass Kinder quengelnd nach bestimmten Produkten verlangen, die oft wenig gesund sind. Egal, ob Chicken Nuggets oder das Kindermenü im Restaurant – Speisen für Kinder sind zu stark verarbeitet und reich an gesättigtem Fett, oft auch an Zucker und Salz. Die meisten Kinder nehmen sogar mehr gesättigte Fettsäuren auf als die für Erwachsene empfohlene Höchstmenge.

Eine ausgewogene Kost

Übergewichtige Kinder sollten nicht auf strenge Diät gesetzt werden. Es ist für ihr Wachstum wichtig, dass sie eine Vielzahl an gesunden Nahrungsmitteln essen, die Kalzium, Eiweiß, Eisen und andere wichtige Nährstoffe liefern.

Indem langfristig eine gesunde Ernährungsweise angestrebt wird, sollte es möglich sein, dass das Kind sein Gewicht hält, statt abzunehmen, und dabei aus seinem Übergewicht »herauswächst«.

Bewegung fördern

Übergewichtigen Kindern ist ihr Körper oft peinlich und sie nehmen nur ungern am Schulsport teil. Sie sind in der Regel auch die Letzten, die in eine Mannschaft gewählt werden.

Gehen Sie selbst mit gutem Beispiel voran – Kinder aktiver Eltern sind mit höherer Wahrscheinlichkeit selbst aktiv. Beschränken Sie die Fernseh- und Computerzeit und suchen Sie nach einem Sport oder einer körperlichen Betätigung, die Ihrem Kind gefällt.

Kaufen Sie Ihrem Kind Sport- und Spielgeräte, z. B. Klettergerüst oder Trampolin. Fördern Sie Familienaktivitäten, z. B. Schwimmbadbesuch, Radtouren, Inline-Skating, Ballspiele. Am besten legen Sie regelmäßige Zeiten für solche Aktivitäten fest, selbst wenn es sich nur um einen Spaziergang im Park handelt. Erwägen Sie, Ihr Kind in einer Sport-, Schwimm- oder Tanzgruppe anzumelden.

Salzkonsum beachten

Vergleichsweise viele Kinder nehmen viel zu viel Salz zu sich. Man geht mittlerweile davon aus, dass bei Erwachsenen durch die Reduzierung der Salzaufnahme um nur 3 g pro Tag die Anzahl der Schlaganfälle um 14 Prozent sinken würde und es darüber hinaus zu zehn Prozent weniger Herzinfarkten kommen würde.

Übermäßiger Salzkonsum kann außerdem Kalziumverlust begünstigen und auf diese Weise die Mineralisierung der Knochen beeinträchtigen und somit das Risiko für Knochenbrüche erhöhen.

Das Verlangen nach Salz und Salzigem ist eine Geschmacksvorliebe, die erworben werden muss. Im ersten Lebensjahr erhalten Babys salzlose Kost und vermissen dabei nichts.

Doch in der Folgezeit schleicht sich immer mehr Salz in die Kost von Kindern ein. Salz ist auch in Brot und Frühstückscerealien versteckt. Kinder nehmen annähernd drei Viertel ihrer Salzzufuhr über verarbeitete Lebensmittel auf. Sie können den Salzkonsum Ihres Kindes entscheidend senken, wenn Sie ihm weniger Fertiggerichte, Snacks und Fastfood, z. B. Pizza, Nudelgerichte und Chips, geben. Bieten Sie Ihrem Kind frisch zubereitete Speisen an, die kein zugesetztes Salz enthalten.

Mehr Obst und Gemüse essen

Forscher schätzen, dass eine Kost, die viel Obst und Gemüse und wenig fettreiche und verarbeitete Nahrungsmittel enthält, in Verbindung mit ausreichender Bewegung, das Auftreten von Krebs um mindestens 30 Prozent senken könnte. Experten empfehlen, dass man mindestens fünf Portionen Obst und Gemüse am Tag essen sollte.

Obst und Gemüse stecken voller wirksamer natürlicher Bestandteile, den sekundären Pflanzenstoffen. Viele der hellen Farben in Obst und Gemüse stammen von diesen Substanzen, die zum Schutz vor Herzkrankheit und Krebs beitragen, die Abwehr stärken und schädliche Bakterien und Viren bekämpfen. Obst und Gemüse enthalten auch Antioxidanzien, die den Körper schützen, indem sie freie Radikale neutralisieren, die die Zellen schädigen können.

Bunte Nahrungsmittel sind oft besonders nährstoffreich. Zum Beispiel ist Spinat gesünder als Salat. Lycopin verleiht Tomaten und Wassermelonen ihre rote Farbe. Es ist ein sehr wirksames Antioxidanz, das vor Herzkrankheiten und bestimmten Krebsarten schützt. Andersfarbiges Obst und Gemüse enthält andere Nährstoffe, mischen Sie daher die Farben!

Obst & Gemüse in Regenbogenfarben
Versuchen Sie verschiedenfarbiges Obst und Gemüse anzubieten, um eine breite Auswahl an Nährstoffen zu liefern.

Orange/gelb:
- Karotten • Mangos • Papayas
- Süßkartoffeln

Rot:
- Tomaten • rote Paprikaschoten
- Erdbeeren • Himbeeren

Grün:
- Brokkoli • Spinat • Erbsen
- Kiwis

Violett/blau:
- Blaubeeren • Weintrauben
- schwarze Johannisbeeren
- Feigen

Weiß:
- Blumenkohl • Zwiebeln
- Knoblauch • Kartoffeln
- Birnen

Nahrungsmittelallergien

Eine allergische Reaktion tritt auf, wenn das Immunsystem auf eine harmlose Substanz überreagiert und es zu unangenehmen, manchmal auch gefährlichen Folgewirkungen kommt. Weil das Immunsystem eines kleinen Kindes noch nicht ausgereift ist, ist eine Sensibilisierung gegenüber häufigen Allergenen, z. B. Eier und Milch, leichter möglich. Daher sollten diese Nahrungsmittel möglichst spät eingeführt werden. Kinder wachsen manchmal mit etwa drei Jahren aus einer Nahrungsmittelallergie »heraus«, manchmal bleibt sie aber auch bestehen und das Allergen muss konsequent gemieden werden.

» Die meisten Babys, die an einer speziellen Nahrungsmittelallergie oder -unverträglichkeit leiden, verlieren sie mit etwa drei Jahren. «

Häufige Allergien

Zu den Nahrungsmitteln, bei denen das höchste Risiko einer allergischen Reaktion besteht, gehören:
- Kuhmilch und Milchprodukte
- Nüsse und Samen
- Eier
- Weizenprodukte
- Fisch und Schalentiere
- Soja.

Beeren, Zitrusfrüchte und Kiwis können bei empfindlichen Babys ebenfalls eine Reaktion auslösen.

Kuhmilch-(Milcheiweiß-)Allergie

Eine allergische Reaktion auf einen der Eiweißstoffe in Kuhmilch, in Milchpulver auf Kuhmilchbasis oder in Milchprodukten kann sich in verschiedenen Reaktionen äußern, z. B. Durchfall, Erbrechen, Bauchschmerzen, Ekzeme und Laktoseunverträglichkeit (siehe rechte Seite). Babys, bei denen eine solche allergische Reaktion auftritt, können auf Anraten des Arztes Milchnahrung auf Sojabasis oder hypoallergene Nahrung erhalten, wenn keine Muttermilch gegeben werden kann. Ältere Kinder müssen eine milchfreie Ernährung befolgen (wenden Sie sich an den Arzt oder einen Ernährungsberater).

Nussallergie

Eine Allergie auf Baumnüsse ist verhältnismäßig selten. Erdnüsse können aber eine der schwersten allergischen Reaktionen auslösen, einen anaphylaktischen Schock (dabei schwillt der Hals zu und es kommt zu Atemnot). In Familien mit einer allergischen Vorbelastung, z. B. Heuschnupfen, Asthma und Ekzeme sowie Nahrungsmittelallergien, ist es ratsam, auf erdnusshaltige Produkte oder unraffiniertes Erdnussöl zu verzichten, bis das Kind drei Jahre alt ist. Wenn es keine allergische Vorbelastung gibt, können gegen Ende des ersten Lebensjahres zerkleinerte Erdnüsse (z. B. feine Erdnussbutter) eingeführt werden. Ganze Nüsse sollte wegen der Gefahr des Verschluckens erst nach dem fünften Lebensjahr gegeben werden.

Eine wachsende Anzahl an Menschen reagiert allergisch auf Sesam; die Symptome können ebenso schlimm sein wie bei einer Erdnussallergie.

Symptome
- Anschwellen von Lippen oder Zunge und laufender Nase
- anhaltender Durchfall
- Erbrechen
- Keuchen oder Atemprobleme
- Bauchschmerzen
- im Extremfall anayphlaktischer Schock – eine plötzliche, lebensgefährliche Reaktion mit Atemnot, Ausschlag, Anschwellen des Halses und Schock

Diagnose
Die sicherste Diagnosemethode besteht darin, alle verdächtigen Nahrungsmittel vom Speisezettel zu streichen und abzuwarten, ob die Symptome nachlassen. Nach einigen Wochen werden die Nahrungsmittel eins nach dem anderen wieder eingeführt, bis erneut Symptome auftreten. Das zuletzt gegebene Nahrungsmittel hat gewöhnlich die allergische Reaktion bewirkt. Diese Methode sollte nur unter ärztlicher Aufsicht durchgeführt werden.

Wenn Sie vermuten, dass Ihr Kind auf ein häufiges Nahrungsmittel allergisch reagiert, z. B. auf Milch oder Weizen, wenden Sie sich an den Arzt, der einen Ernährungsplan ausarbeiten wird.

Was ist eine Nahrungsmittelunverträglichkeit?

Bei Unverträglichkeit eines Nahrungsmittels oder eines Nahrungsmittelbestandteils führt der Verzehr zu einer widrigen Reaktion, die aber nicht das Immunsystem betrifft. Der Körper ist unfähig, ein bestimmtes Nahrungsmittel zu verdauen.

Laktoseunverträglichkeit/ Laktoseintoleranz
Kindern, die an einer dauerhaften Laktoseunverträglichkeit leiden, fehlt das Enzym Laktase, das für die Verdauung von Laktose (Milchzucker) benötigt wird. Betroffene Babys benötigen eine laktosearme Säuglingsnahrung. Laktoseunverträglichkeit führt zu Durchfall und Blähungen nach dem Verzehr von Milch oder Milchprodukten.

Eine vorübergehende Laktoseintoleranz – gewöhnlich infolge einer bakteriellen oder viralen Gastroenteritis, die die Schleimhaut, in der Laktase gebildet wird, schädigt – kommt häufiger vor. Sobald die Erkrankung vorüber ist, wird das Enzym wieder produziert und die Unverträglichkeit klingt ab. Während der Erkrankung kann man auf Milchnahrung auf Sojabasis oder laktosefreie Säuglingsmilch ausweichen.

Glutenunverträglichkeit
Weizen, Buchweizen, Roggen und Hafer sowie alle daraus hergestellten Produkte enthalten das Eiweiß Gluten. Eine Glutenunverträglichkeit löst Zöliakie aus, eine genetisch bedingte, lebenslange Erkrankung, die in jedem Alter erstmals auftreten kann. Vor dem sechsten Monat sollte ein Baby keine glutenhaltigen Nahrungsmittel erhalten. Bei einer familiären Vorbelastung rät man dazu, Gluten nach dem sechsten Monat einzuführen, damit eine mögliche Erkrankung frühzeitig diagnostiziert werden kann.

Meist verschwinden die Symptome, sobald sich die Darmschleimhaut von der entzündlichen Reaktion erholt hat. Symptomatisch sind häufige, voluminöse, helle, faul riechende Stühle, Appetitlosigkeit, Wachstumsstörungen, dünne Gliedmaßen, Reizbarkeit und Apathie sowie ein flacher Po.

Die spätere Einführung von festen Nahrungsmitteln (nach dem sechsten Monat) verzögert das Auftreten einer Unverträglichkeit, bis das Kind kräftiger ist. Wird eine Zöliakie diagnostiziert, sind eine strenge Diät und ärztliche Überwachung notwendig. Glutenfreie Getreideprodukte, wie Reis und Mais, können als Beikost eingeführt werden.

Allergikerfamilien
Wenn in Ihrer Familie Nahrungsmittelallergien oder atopische Erkrankungen (wie Heuschnupfen, Asthma, Nesselsucht oder Ekzeme) vorkommen, ist das Allergierisiko erhöht. In diesem Fall sollten Nahrungsmittel, die häufiger Allergien auslösen, frühestens nach dem achten Monat eingeführt werden. Sprechen Sie mit Ihrem Kinderarzt.

- Beginnen Sie nicht vor dem sechsten Monat mit der Einführung von Beikost.
- Geben Sie als erste Beikost allergenarme Nahrungsmittel, z. B. Reisflocken, Kartoffeln, Karotten, Blumenkohl, Brokkoli, Birne, Apfel, Melone, Pfirsich- und Nektarinenmus.
- Geben Sie jeweils nur ein neues Nahrungsmittel (vor allem von »riskanten« Nahrungsmitteln), damit negative Reaktionen zugeordnet werden können.
- Verzichten Sie auf »riskante« Nahrungsmittel, wie Eier, Nüsse, Fisch, Weizen und Zitrusfrüchte, bis das Baby mindestens acht Monate alt ist.
- Wenn in der Familie eine Allergie gegen bestimmte Nahrungsmittel besteht, fragen Sie den Kinderarzt, wann Sie diese geben sollen.
- Die Speisen, die die Mutter isst, können über die Muttermilch auch das Baby beeinträchtigen. In solchen Fällen bessern sich Ekzeme oder Koliken beim Baby manchmal, wenn die Mutter Kuhmilch oder manche Nahrungsmittel, z. B. Tomaten, vom Speisezettel streicht – nach Rücksprache mit dem Arzt.

Glutenfreie Getreidesorten
- Reis
- Hirse
- Mais

Küchenpraxis

Es gibt viele Küchengeräte und einfache Tricks, die die Nahrungszubereitung für Ihr Baby oder Kleinkind erleichtern und Aufwand und Zeit sparen helfen. Dazu gehören bestimmte Gerätschaften, sinnvolle Vorräte und Kochtechniken. Darüber hinaus sollten Sie wissen, wie man Babynahrung richtig einfriert, wenn Sie nicht jeden Tag kochen wollen. Kenntnisse über Nahrungsmittelhygiene tragen ebenfalls dazu bei, dass Ihr Baby gesund bleibt.

Ausstattung

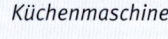
Küchenmaschine

Den Großteil der für die Zubereitung von Kindernahrung erforderlichen Gerätschaften besitzen Sie bestimmt schon; bestimmte Dinge können die Speisenzubereitung aber erleichtern und auch für die Zubereitung der Familienmahlzeiten hilfreich sein. Diese Gerätschaften müssen weder teuer noch aufwändig sein; halten Sie Ausschau nach Geräten, die Ihnen die Zubereitung von Beikost vereinfachen und die Ihrem Baby später das Selberessen erleichtern.

Sterilisiergeräte
Warme Milch ist ein hervorragender Nährboden für Bakterien; daher müssen Flaschen gründlich gereinigt und sterilisiert werden. Sterilisieren Sie alle Flaschen, Sauger und Schnabeltassen, bis Ihr Baby ein Jahr alt ist. In den ersten sechs Monaten sterilisieren Sie auch die Löffel, mit denen Sie Ihr Baby füttern. Sie können ein elektrisches oder ein Dampfgerät zum Sterilisieren verwenden oder die Teile zehn Minuten in einem Topf mit kochendem Wasser auskochen oder, nach dem sechsten Monat, in der Geschirrspülmaschine reinigen.

Küchenmaschine & Mixer
Elektrische Küchenmaschinen, Pürierstäbe oder Mixer erlauben das schnelle Pürieren großer Nahrungsmengen. Manche Nahrungsmittel, z. B. gekochte Äpfel, lassen sich zu einem weichen Brei vermusen, andere festere Nahrungsmittel, wie Erbsen oder getrocknete Aprikosen, sollten nach dem Pürieren durch ein Metallsieb gestrichen werden, um Pflanzenfasern zu entfernen.
- Mit einem **Pürierstab** kann man kleine Mengen Babynahrung zubereiten.
- **Normale Küchenmaschinen** mit Mixaufsatz erleichtern die Zubereitung großer Mengen.
- Mit einem **Passiersieb** (»Flotte Lotte«) können Sie Nahrungsmittel pürieren, wobei Hülsen oder Schalen zurückgehalten werden. Das ist ideal in der ersten Phase, wenn Sie nährstoffreiche Nahrungsmittel zubereiten, z. B. getrocknete Aprikosen und Erbsen, deren Schalen für das Baby unverdaulich sind.
- **Handrührgeräte** sind ideal zur Zubereitung kleiner Mengen.
- Mithilfe eines **Metallsiebs** können Nahrungsfasern entfernt werden.

Dampfgarer
Das Dämpfen von Gemüse erhält die darin enthaltenen Vitamine:
- Im **Dampfgarer** können mehrere Nahrungsmittel in verschiedenen Einsätzen übereinander gegart werden.
- Ein zusammenklappbarer **Dampfeinsatz** wird in einen Topf gestellt. Der Einsatz passt sich an Töpfe unterschiedlicher Größe an und ist eine praktische und preiswerte Alternative zu einem Dampfgarer.

Passiersieb

Zusammenklappbarer Dampfeinsatz   Dampfgarer

Gefrierbehälter

Kleine Portionen Brei können löffelweise in Eiswürfelbehälter gegeben und eingefroren werden (siehe S. 22). Für größere Portionen eignen sich Gefrierbehälter mit Schnappverschluss. Diese sind besonders praktisch, da sie direkt von der Tiefkühltruhe in die Mikrowelle gestellt werden können.

- **Eiswürfeltabletts** ermöglichen das Einfrieren mahlzeitengerechter Portionen verschiedener Breisorten. Biegsame Behälter können gebogen werden, damit die Würfel leichter herausgehen.
- **Tiefkühlbehälter** mit Schnappverschluss sind gut zu transportieren. Sie können Ihr Baby auch daraus füttern.

Stühle fürs Baby

Eine Wippe, die den Rücken abstützt, ist ideal, wenn das Baby noch nicht frei sitzen kann. Auch im Baby-Autositz kann das Baby gefüttert werden. Sobald Ihr Baby sitzen kann, ist ein stabiler Hochstuhl mit Sicherheitsgurt geeignet. Ein am Tisch einhängbarer Sitz mit Sicherheitsgurt ist eine leicht transportable und platzsparende Alternative.

- **Wippen** sind leicht und können in verschiedene Positionen gestellt werden. Abwaschbare oder waschbare Bezüge sind praktisch.
- **Hochstühle** sollten einen breiten Stand haben, stabil sein und ein abwaschbares Tablett haben.
- **Tischsitze** können an einem stabilen Tisch eingehängt werden. Befestigen Sie sie nicht über einer Tischdecke.

Geschirr

Für den Anfang braucht man eine Schüssel für Beikost und einen flachen Plastiklöffel, am besten aus flexiblem Material, das das Zahnfleisch nicht verletzen kann. Später sind Schüsseln mit Saugnapf oder Warmhalteteller, Schnabeltassen und Kinderbesteck nützlich.

- **Breischüsseln** sollten aus hitzebeständigem Plastik bestehen. Wählen Sie eine mit Handgriff.
- **Sicherheitslöffel** verfärben sich, wenn die Speise zu heiß ist.
- **Saugnäpfe** an Schüsseln garantieren einen sicheren Stand auf dem Tablett des Hochstuhls.
- **Erste Löffel** sollten eine kleine, flache Mulde, aber keine harten Kanten haben.
- Mit der **Schnabeltasse** kann das Baby lernen, allein zu trinken. Die meisten Babys wechseln von der Flasche zu einer Lerntasse mit Deckel und Schnute und danach zu einem offenen Becher.

Lätzchen

Beim Füttern kann so einiges daneben gehen. Schützen Sie die Kleidung des Babys mit einem Lätzchen und legen Sie eine Plastikfolie oder ein altes Plastiktischtuch unter den Essplatz.

- **Weiche Baumwolllätzchen** sollten innen mit Plastik überzogen sein und einen Klettverschluss haben.
- **Lätzchen mit Ärmeln** zum Hineinschlüpfen geben den besten Schutz, wenn Ihr Baby beginnt, selber zu essen.
- **Plastikschürzen** sind für ältere Babys geeignet. Dank ihrer abwaschbaren Oberfläche sind sie eine sehr praktische Alternative zu Baumwolllätzchen.

Breischüssel

Warmhalteteller

Schüssel mit Saugnapf

Beikostlöffel

Trinklernbecher mit Maßeinheit   *Schnabeltasse*

Vorratshaltung

»Ein gut gefüllter Vorrats-schrank ist die beste Form der Präventivmedizin.«

Ein gut gefüllter Vorratsschrank ist von unschätzbarem Wert. Wenn Sie keine Zeit zum Einkaufen hatten, finden Sie hier immer Zutaten, um schnell eine nahrhafte Mahlzeit für Ihre Kinder oder die ganze Familie zuzubereiten. Die folgende Liste an Nahrungsmitteln ist keineswegs erschöpfend, doch sie verweist auf einen praktischen und vielseitigen Grundstock an Vorräten. Lesen Sie immer die Zutatenlisten, da bestimmte Lebensmittelzusatzstoffe, z. B. die Lebensmittelfarben Annatto (E 160b) und Tartrazin (E102), bei empfindlichen Kindern allergische Reaktionen auslösen können.

EMPFEHLENSWERTE VORRÄTE

Trockenprodukte

Brot und andere Getreideprodukte, z. B. Nudeln und Reis, sind wertvolle Kohlenhydratlieferanten, die die Grundlage schneller, gesunder Mahlzeiten bilden können. Getrocknete Bohnen und Hülsenfrüchte erfordern zwar eine gewisse Vorbereitungszeit, sie sind jedoch nährstoffreich und preiswert. Kaufen Sie auch Mehl und Stärke auf Vorrat.

Brot Kaufen Sie verpacktes Vollkornbrot, Knäckebrot, getoastete Vollkornbrötchen und Taco-Schalen auf Vorrat.

Bohnen & Hülsenfrüchte Dazu gehören rote Kidneybohnen, rote und grüne Linsen und gelbe Erbsen.

Trockenobst Dazu gehören Aprikosen, Mangos, Pfirsiche, Pflaumen, Apfelringe, Rosinen und Ananas.

Reis Halten Sie Reisflocken für Brei vorrätig, ebenso weißen und braunen Langkornreis und Risottoreis.

Nudeln Verschiedene Nudelsorten, z. B. Suppennudeln, Farfalle, Fusilli, Spaghetti, Lasagne, Cannelloni und chinesische Eiernudeln.

Couscous & andere Weizenprodukte Einschließlich Grieß und Mehl.

Frühstückscerealien

Wählen Sie zuckerarme Sorten aus Reis, Hafer oder Weizen. Bevorzugen Sie Vollkornprodukte; geben Sie Kindern aber keine Kleie-Flakes mit zugesetzten Ballaststoffen.

Frühstücksflocken Kaufen Sie Cornflakes, Reiscrispies und Weizenflakes auf Vorrat. Achten Sie dabei auf den Zuckergehalt.

Müsli Machen Sie eine Mischung aus Hafer-, Weizen- und Roggenflocken, gerösteten Weizenkeimen und klein gehacktem Trockenobst.

Eier & Milchprodukte

Eier Wählen Sie Eier aus biologischer Hühnerhaltung und bewahren Sie sie im Kühlschrank auf. Sie können daraus in wenigen Minuten eine äußerst nährstoffreiche Mahlzeit zaubern.

Milchprodukte Verwenden Sie für Kinder unter fünf Jahren ausschließlich vollfette, pasteurisierte Produkte.

Käse Haben Sie Frischkäse für Dips und Brotaufstriche vorrätig, sowie Käse, z. B. Gouda, Edamer oder Gruyère und Parmesan.

Milch Verwenden Sie vollfette, pasteurisierte Kuhmilch. Zum Vorrat gehören auch einige Kartons H-Milch.

Joghurt Wählen Sie vollfetten Naturjoghurt, Frucht- oder Vanillejoghurt mit geringem Zuckergehalt (vorzugsweise mit lebenden Kulturen) und Quark.

Butter Verwenden Sie als Brotaufstrich oder zum Dünsten bei niedrigen Temperaturen ungesalzene Butter oder qualitativ hochwertige Margarine.

Saucen, Öle & Gewürze

Ein reichhaltiger Vorrat an Saucen und Ölen in Flaschen, an Kräutern und Gewürzen wird Ihre kulinarische Fantasie sehr anregen.

Saucen & Aromen Dazu gehören Sojasauce, Tomatenmark, Pesto, Gemüsebrühe und Hühnerbrühe (Instantpulver).

Öle & Essig Einschließlich Olivenöl, Sonnenblumenöl, Pflanzenöl, Sesamöl, Balsamico und Weinessig zum Kochen und für Salatsaucen.

Kräuter Dazu gehören frische und getrocknete Kräuter, z. B. Lorbeerblätter, Oregano, Thymian, Suppenkräuter, frisches Basilikum, frische und getrocknete Petersilie.

Gewürze Wichtig sind vor allem Zimt und Vanille zum Backen, Muskatnuss (kaufen Sie ganze Nüsse) und mildes Paprikapulver.

Tiefkühlprodukte

Viele Gemüsesorten und Früchte, z. B. Erbsen und Maiskörner, werden zwei bis drei Stunden nach der Ernte tiefgefroren. Dadurch bleiben wertvolle Nährstoffe erhalten. Frisches Gemüse, das mehrere Tage aufbewahrt wird, enthält weniger Nährstoffe als Tiefkühlgemüse.

Kleine Portionen Hähnchenfleisch und Fischfilet ergeben schnelle Gerichte. Wenn Sie panierten Fisch kaufen, wählen Sie größere Stücke, da sie im Verhältnis mehr Fisch als Panade enthalten.

Frieren Sie Brot und Butter für den Notfall ein und Eiscreme als Nachtisch.

Dosenprodukte

Manche Dosenprodukte enthalten viel Zucker und Salz und meist auch Zusatzstoffe. Lesen Sie daher immer sorgfältig das Etikett, bevor Sie ein Produkt kaufen. Dennoch sind auch Dosenprodukte ernährungsphysiologisch wertvoll. Folgende Produkte sollten Sie vorrätig haben: Thunfisch, Bohnen, Kidneybohnen, Tomaten und Mais.

Babynahrung zubereiten

Die Zutaten für industrielle Babykost werden hoch erhitzt und dann abgekühlt, damit sie lange haltbar sind. Dabei werden jedoch Geschmack und bestimmte Nährstoffe zerstört. Wenn Sie Babynahrung selbst herstellen, können Sie aus hochwertigsten Zutaten einen frisch schmeckenden, nährstoffreichen Brei ohne Zusätze herstellen. Sie können auch eine breite Auswahl an Nahrungsmitteln einführen und nach dem Geschmack Ihres Babys kombinieren. Mit den im Folgenden vorgestellten Zubereitungsmethoden können Sie dünnflüssigen Brei für die erste Beikost kochen (Rezepte finden Sie auf S. 36ff.).

Sorgfältige Produktwahl
Babys sind empfindlich gegenüber Pestizidrückständen und anderen schädlichen Chemikalien, die in herkömmlichen Nahrungsmitteln vorkommen.
• **Biologischer Landbau** setzt kaum Antibiotika, keine künstlichen Düngemittel oder Pestizide und keine genveränderten Organismen ein. Bio-Produkte sind umweltfreundlich, aber teurer. Da sie keine chemischen Frischhaltemittel enthalten, müssen Sie mehrmals wöchentlich frisches Obst und Gemüse kaufen.
• **Der Einsatz der Pestizide** ist gesetzlich kontrolliert, sodass eine konventionelle Kost nicht zwangsläufig gesundheitsschädlich ist. Die meisten Rückstände in Frischprodukten sitzen in der Schale. Schälen Sie Obst und entfernen Sie die äußeren Blätter von Kohl und Salat.

Verschiedene Garmethoden
Es gibt Möglichkeiten der Rationalisierung, sodass selbst viel beschäftigte Eltern Mahlzeiten zubereiten können, die den Bedürfnissen ihres Babys entsprechen. Viele erste Nahrungsmittel, z. B. zerdrückte Banane und Avocado, ergeben einen vorzüglichen Babybrei und müssen überhaupt nicht gekocht werden. Für andere Mahlzeiten können Sie entweder vor dem Würzen eine Portion der Speise, die Sie für die ganze Familie zubereitet haben (z. B. Gemüse), abnehmen oder einen Vorrat an Babybrei kochen und einfrieren.
• **Dämpfen** bewahrt Geschmack und Nährstoffe frischer Produkte am besten. Es bleiben mehr Antioxidanzien erhalten als beim Kochen oder Garen in der Mikrowelle. Die wasserlöslichen Vitamine B und C können beim Kochen zerstört werden: Brokkoli verliert 60 Prozent seines Vitamin-C-Gehalts beim Kochen, beim Dämpfen nur 20 Prozent.
• **Kochen** kann Nährstoffe zerstören. Achten Sie daher auf eine geringe Kochzeit bei nicht zu starker Hitzezufuhr und verwenden Sie nur wenig Wasser.
• Ob in der **Mikrowelle** Nährstoffe zerstört werden, ist noch nicht abschließend geklärt. Besser also, Sie verzichten weitgehend auf ihre Benutzung.
• **Backen** erhält Nährstoffe und Geschmack. Kartoffeln, Süßkartoffeln und Kürbis können gewaschen, mit einer Gabel eingestochen und im Backofen gegart werden. Das weiche Fleisch kann im Anschluss herausgeschabt und zerdrückt werden.

Brei pürieren
Das Pürieren von rohen, weichen Früchten oder gedämpften, festeren Früchten oder Gemüsesorten im Mixer ist die schnellste und einfachste Methode, Mus oder Brei herzustellen.

»Babynahrung selbst zuzubereiten ist preiswerter als Gläschenkost und gibt Ihnen die Möglichkeit, Ihr Baby von Anfang an abwechslungsreich und gesund zu ernähren.«

Garen Sie kleine Stücke Gemüse oder Obst, bis sie weich sind. Geben Sie sie mit ein oder zwei Esslöffeln Kochwasser in den Mixer oder pürieren Sie sie mit dem Stabmixer zu einem weichen und gleichmäßigen Brei. Wenn nötig, geben Sie noch etwas Kochwasser hinzu.

Der Brei sollte möglichst dünnflüssig sein. Er kann auch mit Muttermilch, Milchnahrung oder abgekochtem, abgekühltem Wasser verdünnt werden. Um Pflanzenfasern zu entfernen, z. B. von Erbsen oder getrockneten Aprikosen, streichen Sie den Brei durch ein Sieb. Legen Sie die feinste Passierscheibe ein und stellen das Passiersieb auf eine Schüssel. Geben Sie das Obst oder Gemüse mit der Flüssigkeit hinein und streichen Sie den Brei langsam in die Schüssel. Entfernen Sie dann die Pflanzenfasern.

Der Brei hat nun eine weiche, gleichmäßige Beschaffenheit.

Einfrieren & Erhitzen

Am zeitsparendsten lässt sich Babykost herstellen, wenn man auf Vorrat kocht und Brei einfriert. Nur wenige erste Breisorten – z. B. Banane, Avocado, Melone und Aubergine – sind dafür nicht geeignet.

Nahrungsmittel sollten bei mindestens −18 °C rasch tiefgefroren werden. Tiefgefrorene Speisen dürfen nach dem Auftauen nicht wieder eingefroren werden. Aufgetaute rohe Nahrungsmittel, z. B. Tiefkühlerbsen, können gekocht und danach nochmals eingefroren werden.

Brei einfrieren

Lassen Sie frisch gekochten Brei bei Zimmertemperatur abkühlen und geben ihn in saubere Eiswürfelbehälter. Schieben Sie diese in Gefrierbeutel und stellen sie in die Tiefkühltruhe. Wenn sie gefroren sind, nehmen Sie die Behälter heraus und geben die Breiwürfel auf einen Teller. Füllen Sie die Würfel in neue Gefrierbeutel, verschließen sie luftdicht und datieren die Beutel. Die Beutel können bis zu sechs Wochen in der Tiefkühltruhe aufbewahrt werden.

Zum Auftauen nehmen Sie die gewünschte Anzahl Breiwürfel heraus und

»Dank der Zubereitung größerer Mengen und dem anschließenden Einfrieren ist es einfach, dem Baby selbst gemachten Brei zu geben.«

erhitzen sie in einem Topf bis zum Siedepunkt. Vor dem Servieren rühren Sie den Brei durch und lassen ihn abkühlen.

Regeln für das Aufwärmen

Seien Sie bei der Mikrowelle besonders wachsam, da Speisen dort oft ungleichmäßig erwärmt werden. Lassen Sie den Brei nach dem Erhitzen abkühlen und kontrollieren Sie die Temperatur, bevor Sie ihn Ihrem Baby füttern. Der Mund des Babys ist viel hitzeempfindlicher als der eines Erwachsenen, daher sollten Speisen lauwarm oder bei Zimmertemperatur gegeben werden. Wenn Sie unsicher sind, ob die Temperatur stimmt, verwenden Sie einen hitzeempfindlichen Beikostlöffel.

Nahrungsmittelhygiene

Babys und Kleinkinder sind anfällig für Lebensmittelvergiftungen. In den ersten Lebensmonaten sollten alle Gerätschaften sterilisiert werden (siehe S. 18). Sobald Ihr Baby mobil ist und Gegenstände mit dem Mund untersucht, müssen nur noch Fläschchen und Sauger sterilisiert werden. Die Befolgung der Regeln der Nahrungsmittelhygiene ist jedoch auch weiterhin unerlässlich.

Sichere Lebensmittel

- **Bewahren Sie rohes Fleisch, Fisch und Eier** getrennt von anderen Nahrungsmitteln auf. Waschen Sie sich nach dem Kontakt mit diesen Nahrungsmitteln gründlich die Hände. Verwenden Sie ein Schneidebrett für Fleisch und Fisch und ein anderes für Obst und Gemüse.
- **Bewahren Sie Speisen, die Ihr Baby zur Hälfte aufgegessen hat, nicht für später auf.** Wenn Sie ein Gläschen geben, das mehr enthält, als Ihr Baby auf einmal essen wird, füllen Sie eine Portion in eine Schüssel um und füttern Ihr Baby daraus.
- **Datieren Sie tiefgefrorene Speisen,** damit Sie wissen, wann sie verwendet werden müssen.
- **Stellen Sie Speisen immer in den Kühlschrank,** da sich Bakterien bei Zimmertemperatur rasch vermehren. Kühlen Sie Speisen schnell ab, wenn sie in den Kühlschrank gestellt oder eingefroren werden sollen. Sie können das Abkühlen beschleunigen, wenn Sie die Schüssel in Eiswasser stellen.
- **Verbrauchen Sie Babykost,** die im Kühlschrank aufbewahrt wird, innerhalb von 24 Stunden.
- **Decken Sie Speisen und Getränke ab,** damit keine Keime durch Insekten übertragen werden können. Halten Sie Haustiere von Nahrungsmitteln und Arbeitsflächen fern.

Küchenhygiene

Wenn Sie folgende Regeln befolgen, halten Sie das Risiko einer Verunreinigung von Nahrungsmitteln gering.

- Waschen Sie sich vor der Zubereitung von Speisen immer die Hände und stellen Sie sicher, dass sich auch Ihr Kind vor dem Essen die Hände gewaschen hat.
- Wischen Sie Oberflächen, die in Kontakt mit Babynahrung kommen, täglich mit einem antibakteriellen Mittel ab.
- Spülen Sie Schneidebretter und Küchenmesser sofort nach Gebrauch und lassen sie an der Luft trocknen.
- Verwenden Sie nur saubere Küchentücher, um das Geschirr Ihres Babys abzutrocknen.

TIPP Wenn Sie auf Vorrat kochen, lassen Sie die Speisen so schnell wie möglich abkühlen und frieren sie dann ein. Lassen Sie sie vor dem Einfrieren nicht im Kühlschrank stehen.

Erste Beikost

Rezepte in diesem Kapitel

Obstmus **36, 38, 42–45**
Gemüsebrei **37, 39, 46–50**
Der abendliche Milchbrei **46–47**
Der Getreide-Obst-Brei **50**
Fischgerichte **51**
Suppen & Brühen **49, 52**
Hähnchengerichte **52–53**
Fleischgerichte **53**

Erste Beikost

Zur Erinnerung

- Bis zum sechsten Lebensmonat liefert Muttermilch oder Milchnahrung alle Nährstoffe, die Ihr Baby benötigt.
- Im Alter zwischen sechs Monaten und einem Jahr sollten Babys 600 bis 800 ml Muttermilch oder Milchnahrung am Tag bekommen.

Einführung von Beikost

Das erste Lebensjahr ist von schnellem Wachstum und rascher Entwicklung gekennzeichnet. Die meisten Babys haben mit sechs Monaten ihr Geburtsgewicht zumindest verdoppelt. Beikost sollte frühestens 17 Wochen nach dem Geburtstermin des Babys eingeführt werden. Davor ist das Verdauungs- und Immunsystem nicht genügend ausgereift und es besteht ein höheres Allergierisiko. Bis zum sechsten Lebensmonat versorgt Muttermilch oder Milchnahrung Ihr Baby mit allen Nährstoffen, die es braucht; danach ist sein Verdauungssystem bereit für Beikost – und sein Appetit auch!

Wann braucht mein Baby Beikost?

Nach dem sechsten Monat braucht ein Baby neben Milch auch Beikost, da z. B. der Eisenvorrat, den es von der Mutter mitbekommen hat, aufgebraucht ist. Zu diesem Zeitpunkt empfiehlt die Weltgesundheitsorganisation, mit Beikost zu beginnen. Die erste Gabe von Beikost ist ein bedeutender Meilenstein und bezeichnet den Anfang eines allmählichen Übergangs zu fester Kost.

Der Würgereflex, mit dem das Baby auf unbekannte, feste Speisen reagiert, ist ein natürlicher Reflex. Wenn Beikost erst einige Zeit später gegeben wird, haben manche Babys Probleme, Kauen und Schlucken zu lernen. Jedes Baby

»Beginnen Sie mit einem Esslöffel dünnflüssigem Gemüsebrei.«

muss erst lernen, Speisen mit der Zunge im Mund nach hinten zu transportieren und sie zu schlucken.

Erkennen, wann es bereit ist
Ihr Baby gibt Ihnen Anhaltspunkte dafür, dass es bereit ist für Beikost:

- Es wirkt nach der Milchmahlzeit unzufrieden und wird unruhig.
- Es wacht nachts wieder auf und verlangt nach einer Mahlzeit, nachdem es bereits durchgeschlafen hat.
- Es zeigt Interesse an den Speisen, die Sie essen.

Erste Speisen

Der vom Forschungsinstitut für Kinderernährung empfohlene Ernährungsplan sieht vor, dass dem Baby als erste Beikost ein Frühkarottenbrei gegeben wird. Wenn sich das Baby daran gewöhnt hat, gibt man eine Mischung aus Karotten- und Kartoffelbrei mit etwas Sonnenblumen- oder Rapsöl. Danach folgen weitere milde Gemüsesorten, die Sie jeweils einzeln, bzw. mit Kartoffeln gemischt, reichen und allmählich mit Fleisch und Saft erweitern. Auch Obstmus ist geeignet. Geben Sie immer nur eine Sorte, damit Sie erkennen können, ob Ihr Baby sie verträgt. Geben Sie keine Nahrungsmittel, die Allergien verursachen könnten (siehe S. 16).

Wurzelgemüse ist bei kleinen Babys am beliebtesten, weil es eine natürliche Süße besitzt. Als erstes Obst eignen sich reife zerdrückte Bananen und gedämpfte Äpfel und Birnen. Als erstes Getreide eignen sich Reisflocken, die intensivere Geschmacksrichtungen neutralisieren. Auch zerdrückte Papayas oder Avocados können schon früh gegeben werden. Sie müssen nicht gekocht werden und sind sehr nährstoffreich.

Selbst gemacht ist am besten
Wenn Sie Babykost selbst zubereiten, sind Sie sicher, dass Sie nur die besten Zutaten verwenden. Es ist preiswerter und ermöglicht eine abwechslungsreiche Kost. Selbst gemachte Speisen haben einen frischeren Geschmack als industrielle Babykost. Diese schmeckt oft sehr fad und eintönig.

Richtige Organisation

Die Zubereitung kleiner Mengen ist zeitaufwändig, daher ist es ratsam, auf Vorrat zu kochen – z. B. einmal in der Woche – und Portionen in Eiswürfelbehältern einzufrieren (siehe S. 22). Anfangs wird Ihr Baby nur mit Beikost zurechtkommen, die dünnflüssig ist, und Sie werden die Konsistenz im Laufe der Wochen verändern.

Sie können die Speisen Ihres Babys auch mit den Familienmahlzeiten zubereiten: Wenn Sie zum Abendessen Gemüse kochen, verzichten Sie auf Gewürze, nehmen eine kleine Portion für Ihr Baby ab und pürieren diese, wenn es Zeit für seine Mahlzeit ist.

Spezielle Ausstattung
Empfehlungen für Küchengeräte zur Zubereitung von Babynahrung finden Sie auf Seite 18. Den Brei geben Sie von einem kleinen Beikostlöffel aus einer Schale.

Spezielle Beikostlöffel bestehen aus weichem Plastik, das das zarte Zahnfleisch schont. Der Löffel sollte flach sein, damit Ihr Baby die Speise leicht herabsaugen kann. Die Schale sollte einen Haltegriff haben, damit Sie sie Ihrem Baby hinhalten können. Schützen Sie seine Kleidung mit einem Lätzchen und halten Sie Küchentücher bereit.

Ideal als erste Beikost
(siehe S. 34f.)
- Karotte • Kartoffel • Banane
- Brokkoli • Süßkartoffel
- Kürbis • süße Speiseäpfel, geschält • Pfirsich • Birne

Zur Erinnerung
- Waschen Sie sich immer gründlich die Hände, bevor Sie Nahrungsmittel zubereiten oder anbieten, und waschen Sie auch Ihrem Baby vor jeder Mahlzeit die Hände.
- Zum Verdünnen von Breien verwenden Sie abgekochtes, abgekühltes Wasser, etwas Kochwasser oder Muttermilch oder Milchnahrung.
- Verwenden Sie nur Mineralwasser, das für die Zubereitung von Kindernahrung geeignet ist, und kochen Sie es vor der Verwendung ab.
- Das gesamte Zubehör für die Mahlzeiten sollte bei einer Temperatur von über 80 °C gereinigt werden (tragen Sie dabei Gummihandschuhe). Sie können es auch in die Spülmaschine geben. Trocknen Sie es mit einem sauberen, trockenen Handtuch ab.

Beikost anbieten

»Machen Sie sich keine Sorgen, wenn Ihr Baby Beikost anfangs verweigert – viele Babys brauchen ein wenig Zeit, um sich daran zu gewöhnen. Versuchen Sie es am nächsten Tag nochmal.«

Wählen Sie für die Mahlzeit Ihres Babys eine Tageszeit, zu der Sie nicht in Eile sind. In der Regel wird die erste Beikost, der Gemüsebrei, zur Mittagsmahlzeit angeboten. Sie können dem Baby zunächst seine halbe Milchmahlzeit geben, damit es nicht so ausgehungert ist.

Die Mengen abschätzen

Jedes Baby hat seinen individuellen Appetit und Bedarf. Anfangs wird Ihr Baby vermutlich ein bis zwei Teelöffel Brei essen; sehen Sie also einen Esslöffel (15 ml) oder eine Eiswürfel-Portion vor. Bieten Sie ihm allmählich etwas mehr an und füttern es, bis es kein Interesse mehr zeigt. Dann geben Sie ihm seine restliche Milchmahlzeit.

Langsam beginnen

Selbst wenn Ihr Baby von Anfang an von Beikost begeistert ist, braucht es Zeit, bis es das Essen und Schlucken beherrscht. Lassen Sie es seine Mahlzeiten genießen, indem Sie das Füttern im Tempo Ihres Babys angehen. Wählen Sie keine Zeiten, in denen es übermüdet oder unruhig ist. Sprechen Sie aufmunternd auf es ein und stellen Sie sicher, dass es bequem in der Wippe oder auf Ihrem Schoß sitzt. Zeigen Sie ihm, dass diese Erfahrung Freude macht, und stellen Sie Blickkontakt her. Seien Sie darauf gefasst, ein bisschen Karottenbrei abzubekommen.

Worauf Sie verzichten sollten

Um das Risiko einer Infektion oder einer allergischen Reaktion gering zu halten und von Anfang an gesunde Essgewohnheiten einzuführen, verzichten Sie auf folgende Nahrungsmittel:

- **Salz** Babys unter einem Jahr sollten nur gering gesalzene Speisen bekommen. Sonst könnte schon früh eine Vorliebe für Salziges anerzogen werden. Ein zu hoher Salzkonsum führt später zu Bluthochdruck. Geben Sie auch keine geräucherten Nahrungsmittel.
- **Zucker** Solange das Nahrungsmittel nicht sauer ist, fügen Sie keinen Zucker hinzu. Sonst entsteht eine Vorliebe für Süßes. Zucker fördert Karies.
- **Rohe oder weich gekochte Eier** Wegen der Gefahr einer Salmonelleninfektion: Eier immer durchgaren!
- **Nicht pasteurisierter Käse** Um die Gefahr einer Listerieninfektion auszuschließen, geben Sie keinen Rohmilchkäse, Brie oder Camembert.
- **Glutenhaltige Nahrungsmittel** Geben Sie vor dem sechsten Monat keinen Weizen, Hafer, Buchweizen und Roggen (siehe S. 17).
- **Nüsse** An gehackten und ganzen Nüssen können Kinder unter fünf Jahren ersticken. Außerdem besteht ein Allergierisiko (siehe S. 16).
- **Honig** Sehr selten enthält Honig ein Bakterium, das im Verdauungssystem von Babys unter einem Jahr

ERSTE KOSTPROBEN

Waschen Sie Ihre Hände und tauchen Sie einen Finger in die Speise, um die Temperatur zu prüfen – sie sollte lauwarm sein. Wenn sie kühl genug ist, lassen Sie Ihr Baby die Speise von Ihrem Finger saugen, um es an den Geschmack zu gewöhnen. Das Gefühl Ihres Fingers ist ihm vermutlich vertraut und verringert die Fremdartigkeit dieser Kostprobe. Dann können Sie den Löffel benutzen.

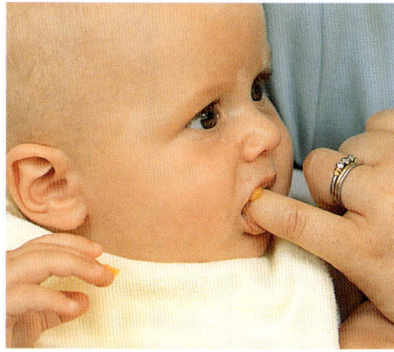

▶ Am Anfang bieten Sie dem Baby eine kleine Menge Brei von Ihrer sauberen Fingerspitze an und lassen sie absaugen.

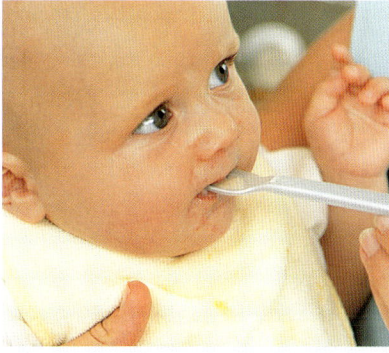

▶ Tauchen Sie die Spitze eines weichen Beikostlöffels in den Brei. Legen Sie den Löffel zwischen die Lippen des Babys und lassen es den Brei absaugen. Wenn es ihn ausspuckt, bieten Sie ihn nochmals an.

Toxine bilden kann. Dies kann eine gefährliche Krankheit, Säuglingsbotulismus, auslösen.
• **Schalentiere** Diese Nahrungsmittel verursachen relativ häufig eine Lebensmittelvergiftung und können bei Kleinkindern auch allergische Reaktionen auslösen.
• **Sehr ballaststoffreiche Nahrungsmittel** Eine zu hohe Zufuhr kann die Absorption wichtiger Mineralstoffe beeinträchtigen.

Wenn Ihr Baby Speisen ablehnt

Vielleicht gehört auch Ihr Baby zu den vielen, die Beikost erst einmal ablehnen. Haben Sie Geduld. Versuchen Sie es am nächsten Tag erneut. Geben Sie Ihrem Baby anfangs immer nur eine Gemüse- oder Obstsorte. Verringern Sie auf keinen Fall die Milchmenge, denn zu diesem Zeitpunkt ersetzt Beikost noch keine Milch. Wenn Ihr Baby einen Brei nicht mag, mischen Sie ihn mit einer vertrauten oder milden Geschmacksrichtung, z. B. Kartoffeln, damit er leichter akzeptiert wird. Wenn das Baby ihn immer noch ablehnt, versuchen Sie es zu einem späteren Zeitpunkt nochmals. Das Abstillen wird kaum gleichmäßig verlaufen; es gibt Tage, an denen Ihr Baby Beikost verweigert, vielleicht, weil es sich nicht wohl fühlt oder in einer fremden Umgebung ist und nach seiner Trost spendenden Milch verlangt. Machen Sie sich deswegen keine Sorgen: Eine kurze Pause bei Beikost schadet Ihrem Baby nicht. Versuchen Sie nach ein paar Tagen wieder Beikost zu geben oder bereiten Sie sie dünnflüssiger zu, damit Ihr Baby sie leichter schlucken kann. In dieser frühen Phase bekommt Ihr Baby genügend Nahrung, wenn es die übliche Milchmenge trinkt und über mehrere Tage hinweg kontinuierlich zunimmt.

Zur Erinnerung

• Wenn Sie zu früh Beikost geben, wird Ihr Baby den Brei mit der Zunge herausschieben. Dieser Reflex säubert den Mund von Fremdkörpern und schützt es vor dem Ersticken. Zwischen vier und sechs Monaten verschwindet dieser Reflex.

• Kontrollieren Sie die Temperatur jeder Speise. Bei der Verwendung aufgetauter Speisen lassen Sie diese aufkochen und wieder abkühlen. Rühren Sie den Brei um und kontrollieren Sie, ob er lauwarm ist, ehe Sie ihn Ihrem Baby geben.

• Wärmen Sie Speisen höchstens einmal auf. Nehmen Sie eine kleine Menge ab und lassen Sie den Rest im Kühlschrank.

• Verwenden Sie nur Muttermilch, Milchnahrung oder abgekochtes, abgekühltes Wasser zur Breiherstellung oder zum Verflüssigen von Brei.

• Bewahren Sie halb leer gegessene Portionen nicht auf, da über den Löffel Speichel hineingelangt ist.

• Füllen Sie den Löffel nicht zu voll, da das Baby sonst spuckt.

• Beim Einfrieren von Speisen füllen Sie die Behälter voll und verschließen sie gut, um die Qualität des Breis zu erhalten.

• Am besten geben Sie Ihrem Baby vor dem sechsten Monat keine Beikost; wenn doch, verzichten Sie auf Eier, Zitrusfrüchte oder -säfte, Nüsse und Schalentiere.

Geschmackserlebnisse

»Führen Sie gröbere Konsistenzen und neue Geschmacksrichtungen ein: Zerdrücken Sie Nahrungsmittel oder schneiden sie klein und kombinieren Sie süße mit herzhaften Zutaten.«

Im Alter zwischen sechs und neun Monaten vollzieht sich eine rasche Entwicklung. Ihr Baby ist viel länger wach als bisher. Führen Sie nun neben den bekannten auch viele neue Geschmacksrichtungen ein. Da für Ihr Kind alles neu und spannend ist, wird es für diese Veränderungen offen sein. In diesem Stadium sollte Beikost fester Bestandteil der täglichen Ernährung Ihres Babys sein.

Mehr als Brei

Kauen lernen

Jedes Baby entwickelt sich in seinem eigenen Tempo; der erste Zahn (ein Schneidezahn unten) bricht jedoch meist zwischen sechs und sieben Monaten durch; in den nächsten fünf Monaten folgen die weiteren Schneidezähne. Wenn die Zähne da sind, können Sie gröbere Nahrung anbieten. Ihr Baby wird vor allem mit seinem Zahnfleisch »kauen«. Zerdrückte und klein geschnittene Speisen ermöglichen vielfältige Kaupraxis. Bieten Sie nicht zu lange ausschließlich Brei an, da das Baby sonst kaufaul wird und Schwierigkeiten hat, die zum Zerkleinern fester Nahrung erforderlichen Zungenbewegungen zu entwickeln. Wenn es gröbere Nahrung ablehnt, erleichtern Sie ihm den Übergang, indem Sie einige zerdrückte oder geriebene Nahrungsmittel unter den Brei mischen oder vielleicht eine Lieblingsspeise etwas dicker oder gröber zubereiten. Probieren Sie Gerichte mit mehreren Zutaten und scheuen Sie sich nicht, Süßes mit Herzhaftem zu mischen: Obst, kombiniert mit Gemüse, Fisch oder Fleisch, mögen viele Babys gern.

Milch und Milchprodukte

Im Alter zwischen sechs Monaten und einem Jahr sollten Babys zwischen 600 und 800 ml Milch am Tag zu sich nehmen, überwiegend in Form von Muttermilch oder Milchnahrung. Zum Kochen können Sie nun Kuhmilch verwenden, als Getränk sollte Ihr Baby jedoch weiterhin Muttermilch oder Milchnahrung trinken, da diese Nährstoffe enthalten, die der Kuhmilch fehlen, z. B. Eisen und Vitamin C.

Wenn Ihr Baby gestillt wird oder weniger als 500 ml Milchnahrung am Tag trinkt, braucht es vermutlich bis zum ersten Geburtstag ein Ergänzungspräparat mit Vitamin A, C und D. Sprechen Sie mit dem Arzt.

Gegen Ende des ersten Lebensjahres kann Ihr Baby kleine Mengen Milchprodukte zu sich nehmen, z. B. etwas Käse oder Joghurt, oder Sie können Speisen mit Milchprodukten zubereiten, z. B. Käsesauce. Wenn Ihr Baby zu den Mahlzeiten keinen Hunger hat, hilft es eventuell, die Milchmenge, die es trinkt, zu beschränken.

Mit der Einführung von Beikost braucht Ihr Baby zusätzliche Flüssigkeit. Bieten Sie Wasser oder verdünnten Fruchtsaft zu den Mahlzeiten an.

Neue Nahrungsmittel für Ihr Baby

- **Brot und Cerealien,** einschließlich Vollkornbrot, Zwieback, Flocken (z. B. Haferflockenbrei), können etwa ab dem siebten Monat gegeben werden. Führen Sie Gluten nicht vor dem sechsten Monat ein. Vermeiden Sie große Mengen stark ballaststoffreicher Nahrungsmittel – sie füllen den Magen, ohne wichtige Nährstoffe zuzuführen.
- **Milchprodukte,** z. B. pasteurisierter Joghurt, Hüttenkäse, Frischkäse und milder Hartkäse, wie Gouda und Edamer, sind sehr nährstoffreiche Nahrungsmittel, die in kleinen Mengen etwa ab dem zehnten Monat gegeben werden können. Fettarme Produkte sind nicht geeignet, da sie für das wachsende Baby zu wenig Nährstoffe liefern.
- **Eier,** hart gekocht oder gut durchgegart, z. B. als gebratenes Eierbrot, Omelett oder Rührei, sind schnell zubereitet und nährstoffreich. Servieren Sie Babys unter einem Jahr keine rohen oder nicht durchgegarten Eier.
- **Fischfilet,** z. B. Scholle oder Kabeljau, kann zusammen mit Wurzelgemüse oder grünem Gemüse, z. B. Zucchini oder Brokkoli, püriert werden. Fettreicher Fisch, z. B. Sardinen, Lachs und Thunfisch, ist eine gute Quelle für essenzielle Fettsäuren, die für die Entwicklung des Gehirns wichtig sind. Überprüfen Sie Fisch vor dem Servieren sorgfältig auf Gräten.
- **Dunkles Fleisch,** wie mageres Rind- oder Lammfleisch, kann mit Kartoffeln im Mixer zerkleinert werden. Geschmortes Lammfleisch, Schweinefleisch oder Rindfleisch ist für Kombinationen mit Gemüse gut geeignet.
- **Hähnchen** ist wegen seines milden Geschmacks allgemein beliebt bei Babys. Servieren Sie es klein geschnitten oder püriert, als Eintopf oder gekocht. Es passt gut zu Wurzelgemüse, z. B. Kartoffeln und Karotten, und Früchten, z. B. Äpfeln, Trauben oder Mangos.
- **Gemüse,** einschließlich Zwiebeln, Lauch, Kohl, grünen Bohnen, Spinat und anderem grünem Blattgemüse, rote Paprika, Tomaten, Zuckermais, Erbsen und Pilzen, erweitern den Speisezettel. Tiefkühlgemüse enthält in den meisten Fällen ebenso viele Nährstoffe wie frisches Gemüse.
- **Obst,** insbesondere Mangos, Trauben (geschält, halbiert und entkernt), Zitrusfrüchte und Beeren, können angeboten werden. Entfernen Sie die Kerne von Zitrusfrüchten und die Samen bei Beeren. Geben Sie nur kleine Mengen an Beeren, da sie unverdaulich sein können. (Manche Babys haben eine Erdbeerallergie.) Geben Sie Babys unter neun Monaten keine Kiwis und achten Sie sorgfältig auf allergische Reaktionen.
- **Bohnen und Hülsenfrüchte** sind ideal zur Anreicherung von Fleischbrei und besonders wertvoll für vegetarisch ernährte Babys. Linsen und andere getrocknete Hülsenfrüchte sind eine gute Eiweiß- und Eisenquelle. Tofu (Sojabohnenquark) ist eine gute Alternative zu Fleisch.

Neue Geschmacksrichtungen & Konsistenzen

- ungezuckerte Getreideflocken
- Zwieback • Reiswaffeln • hart gekochte Eier • fettreicher Fisch, z. B. Lachs • Hähnchenpüree mit Karotten • grünes Gemüse • Tofu • Mangos
- Linsen

Zur Erinnerung

- Wenn Sie vor dem sechsten Monat Beikost einführen, geben Sie noch keine glutenhaltigen Getreidesorten.
- Geben Sie Babys unter einem Jahr keine rohen oder weich gekochten Eierspeisen.
- Erdbeeren führen manchmal zu allergischen Reaktionen. Beobachten Sie Ihr Baby sorgfältig, vor allem wenn es an Ekzemen oder Asthma leidet.

Familienmahlzeiten mit dem Baby

Sobald Ihr Baby Kopf und Oberkörper halten kann, können Sie es in einen Hochstuhl setzen. Wenn sein Rücken abgestützt ist, genießt es diese erhöhte Position und die Möglichkeit, das Geschehen in seiner Umgebung zu beobachten. Schnallen Sie es mit einem Gurt fest, damit es nicht herausfallen kann, stellen Sie den Stuhl freistehend auf und legen Sie eine abwaschbare Folie auf den Boden, um die Reinigung zu vereinfachen. Gewöhnen Sie Ihr Baby daran, im Hochstuhl zu sitzen, ein Lätzchen zu tragen und ein Tablett vor sich zu haben, indem Sie ihm die Möglichkeit geben, hier mit seinem Lieblingsspielzeug zu spielen. Wenn Sie es füttern, geben Sie ihm einen eigenen Plastiklöffel zum Festhalten. Wenn es seine Milch aus dem Fläschchen trinkt, geben Sie sie ihm erst im Hochstuhl. Dann wird es hier auch bald gern essen.

Anfängliche Verweigerung

Anfangs ist es ungewohnt, auf diese Weise gefüttert zu werden, und Ihr Baby weist den Brei vielleicht zurück, indem es jedes Mal den Kopf wegdreht. Lassen Sie sich von dieser anfänglichen Weigerung nicht verunsichern. Ermutigen Sie es sachte, selber zu essen, auch wenn es anfangs eine Riesenkleckerei ist. Seine Augen-Hand-Koordination verbessert sich ständig und es wird bald beginnen, seinen Löffel gezielt in den Brei zu tauchen und ihn zum Mund zu führen.

Dabei sein

Auch wenn Ihr Baby gerade erst begonnen hat, Beikost zu essen, und noch viel häufigere Mahlzeiten benötigt als die älteren Familienmitglieder, stellen Sie seinen Hochstuhl an den Tisch, damit es möglichst oft an den Mahlzeiten teilhaben kann. So lernt es, dass Mahlzeiten gesellig und lustig sind und den Magen zufrieden stellen. Versuchen Sie seine Mahlzeiten nach den Grundsätzen der Familienmahlzeiten zu planen und zu variieren.

»Ihr Baby wird schnell lernen, dass die Mahlzeiten nicht nur seinen Hunger stillen, sondern auch gesellig sind.«

Nicht nur Milch – neue Getränke

Wasser ist das beste Getränk, wenn Ihr Baby Durst hat. Babys unter sechs Monaten geben Sie abgekochtes, abgekühltes Wasser. Mineralwasser aus der Flasche kann einen hohen Mineralstoffgehalt aufweisen, was für kleine Babys ungeeignet ist. Gestillte Babys brauchen normalerweise erst Wasser, wenn sie auch Beikost essen und ihren Durst stillen müssen.

Fruchtsaft, z. B. reiner Orangensaft, ist eine gute Vitamin-C-Quelle und unterstützt die Aufnahme des mit der Nahrung aufgenommenen Eisens. Achten Sie jedoch darauf, dass Säfte, wie auch Kräutertee für Babys, keinen zugesetzten Zucker enthalten, der Karies verursachen kann. Auch der in reinem Fruchtsaft enthaltene fruchteigene Zucker kann Karies verursachen. Geben Sie Ihrem Baby daher nur stark verdünnten Saft und nur während einer Mahlzeit. Geben Sie Saft immer aus einem Becher, nicht aus dem Fläschchen.

Getränke mit zugesetztem Zucker oder Süßstoffen sind für Babys und Kleinkinder völlig ungeeignet.

Aus einem Becher trinken

Auch wenn Ihr Baby den Hauptteil seiner Flüssigkeitszufuhr über die Milchmahlzeiten zu sich nimmt, hat es gern einen Becher mit Wasser, den es selber halten kann. So kann es selbstständig entscheiden, wann und wie viel es trinken will.

Sobald Ihr Baby in der Lage ist, einen Becher zu halten, geben Sie ihm einen Schnabelbecher mit zwei Henkeln bzw. eine Lerntasse. Es gibt verschiedene Modelle, die jeweils über einen Deckel verfügen. Vielleicht möchte Ihr Baby zunächst einen Becher mit Schnute, der das vertraute Saugen ermöglicht.

Becher mit einem weichen, biegsamen Schnabel können allmählich durch Tassen mit kürzerem, festerem Schnabel ersetzt werden und dann durch einen normalen Becher.

Getränke & Karies

Das tröstende Nuckeln an süßen Getränken ist die bedeutendste Ursache für Karies bei Babys und Kleinkindern. Fläschchenkaries entsteht, wenn ein Baby oder Kleinkind häufig süße Getränke aus einem Fläschchen bekommt. Das Trinken aus der Flasche ist für die Zähne schädlicher als das Trinken aus einem Becher, weil das Getränk die Zähne länger umspült. Die auf den Zähnen vorhandenen Bakterien bilden aus dem Zucker eine Säure, die den Zahnschmelz angreift und Karies verursacht.

Es ist noch schädlicher, dem Baby nachts ein Fläschchen zum Nuckeln zu geben, da zu dieser Zeit noch weniger Speichel im Mund ist und der Zucker so die ganze Nacht über an den Zähnen festklebt. Wenn Ihr Baby zum Einschlafen ein Fläschchen braucht, füllen Sie es mit Wasser – nicht mit Fruchtsaft. Gewöhnen Sie Ihr Baby, sobald es ein Jahr alt ist, an einen Becher, mit der möglichen Ausnahme eines Wasserfläschchens zur Schlafenszeit.

Zur Erinnerung

- Lassen Sie Ihr Baby beim Essen nicht allein. Im Hochstuhl schnallen Sie es immer mit dem Sitzgurt an.

- Zwingen Sie Ihr Kind nicht, eine Speise zu essen, die es nicht will, oder den Teller leer zu essen. Lassen Sie sich vom Appetit Ihres Babys leiten.

- Erlauben Sie Ihrem Baby, das Selberessen zu üben. Das gibt mit Sicherheit eine Manscherei, also stellen Sie den Hochstuhl von Wänden entfernt auf und legen eine abwaschbare Folie oder alte Plastiktischdecke unter seinen Stuhl.

- Essen Sie, wann immer möglich, mit Ihrem Baby. Versuchen Sie, aus dem Füttern von Anfang an eine soziale Erfahrung zu machen.

Karies vorbeugen

- Gewöhnen Sie Ihr Baby an die Tasse, sobald es sie halten kann.

- Füllen Sie nur Milch oder Wasser ins Fläschchen.

- Geben Sie Ihrem Baby kein Fläschchen mit ins Bett.

- Geben Sie zwischen den Mahlzeiten nur Wasser; verdünnten Fruchtsaft bieten Sie nur zu den Mahlzeiten an.

- Setzen Sie den Speisen Ihres Babys keinen Zucker zu.

- Verdünnen Sie alle Fruchtsäfte für Ihr Baby (ein Teil Fruchtsaft auf mindestens fünf Teile abgekochtes, abgekühltes Wasser), da selbst der natürliche Fruchtzucker Karies verursacht.

Erste Kostproben

Die allerersten Speisen müssen leicht verdaulich sein und aus Zutaten bestehen, die das Baby vorsichtig an neue Geschmacksrichtungen und Konsistenzen gewöhnen. Auch wenn Ihr Baby recht intensive Geschmacksrichtungen mag, wie Fenchel, Kohlrabi oder Karotte, bevorzugen viele Babys anfangs eher Mildes, wie Kartoffel- oder Bananenbrei. Am Anfang sollte der Brei dünnflüssig und ganz geschmeidig sein, und nur aus ein oder zwei Zutaten bestehen.

1 Reisflocken
Milchbrei aus Reisflocken ist leicht verdaulich. Er ist ideal für den ersten Milchbrei geeignet oder auch zur Anreicherung von Obst- oder Gemüsebrei.

2 Kartoffelbrei
Kartoffeln sind gut als erste Beikost geeignet. Kochen und zerdrücken Sie mehlige Kartoffeln und streichen sie durch ein Sieb. (Siehe Kartoffel-Gemüse-Brei, S. 37.)

3 Karottenbrei
Babys mögen den süßen Geschmack von Karotten. Dämpfen oder kochen und pürieren Sie sie mit ein wenig Kochwasser. (Siehe Erster Gemüsebrei, S. 37.)

4 Brokkoli-Kartoffel-Brei
Brokkoli enthält viele Vitamine. Kombinieren Sie ihn mit gekochten, durchgepressten Kartoffeln. (Siehe S. 39.)

5 Reisflocken mit getrockneten Aprikosen
Getrocknete Aprikosen sind reich an Eisen und Betakarotin. Mit Reisflocken ergeben sie eine gesunde Obstspeise. (Siehe Brei aus getrockneten Aprikosen, S. 38.)

6 Apfelmus
Aus süßen Speiseäpfeln lässt sich problemlos ein weiches Apfelmus zubereiten. Sie können das Apfelmus auch gut mit Birnenmus mischen. (Siehe Erstes Obstmus, S. 36.)

7 Bananenmus
Eine reife Banane ergibt einen Instantbrei, wenn sie gut zerdrückt wird. Durch die Zugabe von abgekochtem Wasser wird er etwas flüssiger. (Siehe Erstes Obstmus, S. 36.)

8 Birnenmus
Reife Birnen, weich gedämpft, sind ein ideales Nahrungsmittel für den Anfang, das sich auch mit Reisflocken kombinieren lässt. (Siehe Erstes Obstmus, S. 36.)

9 Papayamus
Eine vollreife Papaya muss nicht gekocht werden. Sie ist natürlich süß und enthält viele Antioxidanzien. (Siehe Erstes Obstmus, S. 36.)

10 Pastinaken-Karotten-Brei
Pastinaken haben einen süßen Geschmack, den Babys mögen. Sie passen auch gut zu Äpfeln.

11 Kürbisbrei
Kürbis ist eine gute Vitamin-A-Quelle. Dämpfen oder kochen Sie den Kürbis weich und pürieren ihn. (Siehe S. 39.)

12 Süßkartoffelbrei
Süßkartoffeln sind eine hervorragende Vitamin-A-Quelle. Babys mögen den süßen Geschmack. Weich dämpfen oder kochen.

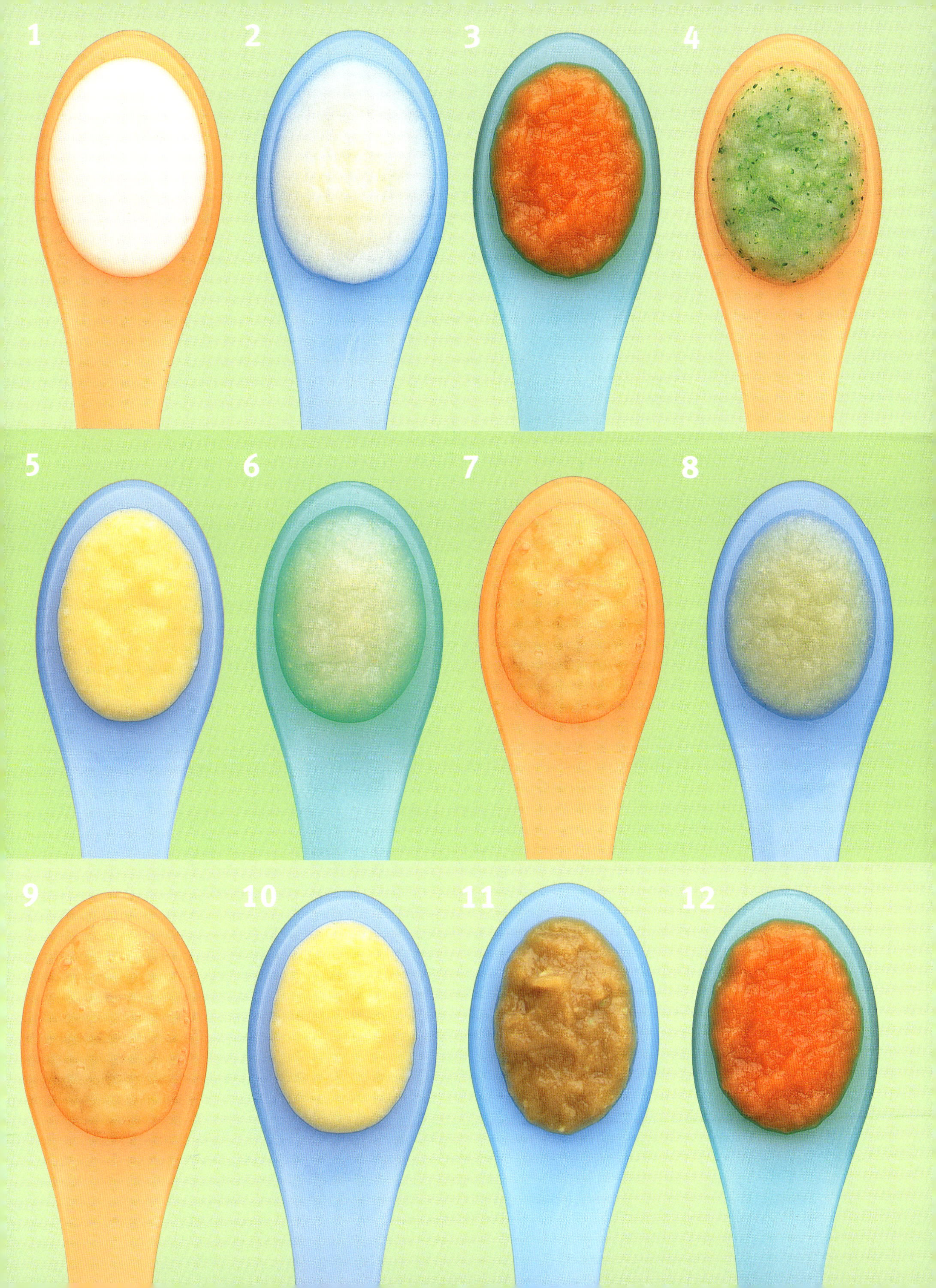
1
2
3
4
5
6
7
8
9
10
11
12

Erstes Obstmus

⏱ Vorbereitungszeit: 5 Minuten; Garzeit: 8 Minuten bei Äpfeln, 3–4 Minuten bei Birnen
🍴 Für 6 Portionen ❄ Zum Einfrieren geeignet

Obstmus ist, ebenso wie mildes Gemüse, als erste Beikost ideal. Verwenden Sie nur natursüße, ausgereifte Früchte. Sobald sich Ihr Baby an Apfel- oder Birnenmus gewöhnt hat und es gut verträgt, können Sie die beiden Obstsorten mischen. Obstmus ist etwas dünnflüssiger als Gemüsebrei.

▶ Das Obst in kleine, gleichmäßige Stücke schneiden, in einen Topf geben und etwas Wasser oder Apfelsaft hinzufügen. (Bei reifen Birnen wird kein Wasser benötigt.) Den Topf abdecken und bei schwacher Hitze garen, bis das Obst weich ist. (Sie können das Obst auch im Dampfgarer garen.)

▶ Das Obst mit dem Pürierstab zu einem weichen Mus pürieren und mit etwas Kochwasser oder abgekochtem, abgekühltem Wasser verdünnen (siehe S. 22).

▶ Etwas Obstmus in eine Schüssel füllen und lauwarm anbieten. Den Rest in einen Eiswürfelbehälter gießen und einfrieren (siehe S. 22).

Variation

▶ Eine Banane oder halbe Papaya zerdrücken und mit etwas abgekochtem, abgekühltem Wasser pürieren. Wenn nötig, die Banane kurz in der Mikrowelle erhitzen, damit sie sich leichter zerdrücken lässt. Nicht zum Einfrieren geeignet.

2 mittelgroße **süße Speiseäpfel** oder **reife Birnen**, geschält und das Kerngehäuse entfernt

3 EL **abgekochtes Wasser** oder **naturreiner Apfelsaft**

TIPP Für die erste Breikost müssen alle Obstsorten, mit Ausnahme von Bananen, Papayas und Avocados, gekocht werden. Etwa einen Monat nach Beginn der Beikost können Sie ungekochte Birnen, Pfirsiche, Mangos, Pflaumen und Melonen verwenden, sofern sie reif und saftig sind.

Erster Gemüsebrei: Karottenbrei

⏱ Vorbereitungszeit: 5 Minuten; Garzeit: 15–20 Minuten ⊘ Für 2 Portionen
❄ Zum Einfrieren geeignet

Die erste Beikost eines Babys besteht meist aus Karottenbrei, der mild im Geschmack, weich und leicht verdaulich ist und meist gut vertragen wird. Geben Sie einige Tage lang nur Karottenbrei und ergänzen Sie ihn dann durch Kartoffeln (siehe unten). Danach können Sie auch andere milde Gemüsesorten anbieten.

▶ Die Karotten in kleine Stücke schneiden. In einen Dampfgarer geben und in etwa 15–20 Minuten weich garen. Oder in einen Kochtopf geben, mit ausreichend Wasser bedecken und in etwa 15 Minuten weich kochen.
▶ Mit etwas Kochwasser zu einem geschmeidigen Brei pürieren (siehe S. 22).
▶ Ein wenig Karottenbrei in eine Schüssel füllen und lauwarm füttern. Den Rest in Eiswürfelbehälter gießen und einfrieren (siehe S. 22).

Variation

▶ Später können Sie weitere milde Gemüsesorten, z. B. Kürbis, Kohlrabi, Fenchel oder Brokkoli, verwenden. Sie werden wie oben beschrieben zubereitet.

250 g **Frühkarotten**, geschält

TIPP Die Menge der zum Pürieren benötigten Flüssigkeit hängt davon ab, ob Ihr Baby Probleme mit dem Schlucken hat. Als Richtlinie gilt, einen sehr dünnflüssigen Brei ohne Klumpen zuzubereiten.

Erster Gemüse-Kartoffel-Brei

⏱ Vorbereitungszeit: 10 Minuten; Garzeit: 15–20 Minuten ⊘ Für 1 Portion
❄ Zum Einfrieren geeignet

Hat sich Ihr Baby an den Karottenbrei gewöhnt, können Sie ihm eine Mischung aus Karottenmus und Kartoffelbrei mit Sonnenblumen- oder Rapsöl oder etwas Butter geben. So können Sie später weitere Gemüsesorten zubereiten (siehe oben).

▶ Kartoffel in einen Topf legen, Wasser zugeben und 15–20 Minuten garen.
▶ Karotte waschen, schälen, schneiden und in Wasser etwa 15 Minuten garen.
▶ Kartoffel pellen und zerdrücken, Karotte mit dem Pürierstab zerkleinern. Beides vermengen. Öl oder Butter zugeben. Wenn nötig, mit etwas Kochwasser verdünnen.

1 **Kartoffel** von etwa 50 g, geschält
100 g **Karotten**, geschält
1 EL **Sonnenblumen-** oder **Rapsöl** oder 1 EL **Butter**

TIPP Pürieren Sie Kartoffeln oder Süßkartoffeln nicht in der Küchenmaschine, da die Masse klebrig und zäh wird. Pressen Sie sie lieber durch die Kartoffelpresse

---

Gemüse-Kartoffel-Brei mit Fleisch

⏱ Vorbereitungszeit: 10 Minuten; Garzeit: 15–20 Minuten ⊘ Für 1 Portion
❄ Zum Einfrieren geeignet

Zur Eisen- und Eiweißversorgung benötigt Ihr Baby nun auch kleine Mengen Fleisch, das Sie etwa fünf- bis sechsmal in der Woche dem Gemüse-Kartoffel-Brei zugeben. Geeignet sind mageres Kalb-, Rind-, Schwein- sowie Geflügelfleisch.

▶ Das Fleisch klein scheiden und wie das Gemüse (siehe oben) in wenig Wasser garen. Pürieren und mit dem Gemüse-Kartoffel-Brei mischen.
▶ Kartoffeln, Fleisch und Gemüse können klein geschnitten auch zusammen in einem Topf gegart und anschließend im Mixer püriert werden.

1 **Kartoffel** von etwa 50 g
100 g **Karotten**
20–30 g **mageres Fleisch**
1 EL **Sonnenblumen-** oder **Rapsöl** oder 1 EL **Butter**
evtl. 30 ml **Orangensaft**

Einfache Obst- und Gemüsebreie

»Beginnen Sie mit Brei aus einer einzelnen, milden Gemüsesorte und führen Sie dann allmählich intensivere Geschmacksrichtungen ein.«

Sobald Ihr Baby die ersten Kostproben akzeptiert hat, können Sie ihm nach und nach weitere Obst- und Gemüsesorten anbieten. Wenn Ihr Baby manche Nahrungsmittel, z. B. Aprikosen, Mango oder Blumenkohl, ablehnt, verzichten Sie darauf und versuchen es ein paar Wochen später erneut. Sie können mit den hier angeführten Gemüse- und Obstsorten auch die Grundrezepte (siehe S. 37) zubereiten.

Melone

Von einer kleinen Scheibe Melone die Kerne entfernen und das Fruchtfleisch herausschneiden. Grüne Teile wegwerfen. Das Fruchtfleisch pürieren. Lässt sich gut mit Banane oder Avocado kombinieren. Für 1 Portion.

Pfirsich oder Nektarine

Einen kleinen reifen Pfirsich oder eine Nektarine an der Unterseite einschneiden und 1 Minute in kochendes Wasser tauchen. Enthäuten und das Fruchtfleisch klein schneiden, dann pürieren. (Reife, süße Pfirsiche und Nektarinen können ungekocht verwendet werden.) Für 2 Portionen.

Getrocknete Aprikosen

Eine Hand voll getrocknete Aprikosen etwa 5 Minuten in wenig Wasser köcheln lassen. Zu einem Mus von gewünschter Konsistenz pürieren und die erforderliche Menge Kochwasser zugeben. Das Fruchtfleisch durch ein Püriersieb streichen, um die Fasern zu entfernen. Das Mus kann auch mit Apfel- oder Birnenmus gemischt werden. Für 4 Portionen.

Avocado

Eine weiche, reife Avocado halbieren, den Stein entfernen und das Fleisch einer Hälfte mit der Gabel zerdrücken oder pürieren, dabei etwas abgekochtes, abgekühltes Wasser zugeben. Direkt vor dem Verzehr zubereiten (die Avocado verfärbt sich an der Luft). Für 2 Portionen.

Blumenkohl- oder Brokkolibrei

250 g kleine Blumenkohl- oder Brokkoliröschen in den Dampfgarer geben und in etwa 10 Minuten weich kochen. Abgießen und pürieren. Mit Kartoffelbrei mischen und etwas Öl oder Butter zugeben. Für 6 Portionen.

Zucchini

250 g klein geschnittene Zucchini im Dampfgarer etwa 12 Minuten garen. Oder in einen Topf mit Wasser geben, zum Kochen bringen und etwa 6 Minuten köcheln lassen. Pürieren. Mit Kartoffelbrei und etwas Öl mischen. Für 6 Portionen.

Kürbis

500 g Kürbis schälen, entkernen und in kleine Stücke schneiden. In etwas Wasser weich kochen und pürieren; wenn nötig, etwas Kochwasser zugeben.

Oder den Kürbis halbieren bzw. eine Scheibe herausschneiden, die Kerne entfernen und mit geschmolzener Butter bestreichen. Das Kürbisstück mit Alufolie bedecken und im vorgeheizten Ofen bei 180 °C ungefähr 1 ½ Stunden lang backen, bis er weich ist. Für 4 Portionen.

Süßkartoffeln

300 g Süßkartoffeln waschen, abtrocknen und mit einer Gabel einstechen. Im vorgeheizten Ofen bei 200 °C 45–60 Minuten backen. Das Fruchtfleisch herausschaben und mit etwas abgekochtem, abgekühltem Wasser zerdrücken. Oder die Süßkartoffeln schälen, würfeln und in etwas Wasser garen. Mit Apfel- oder Birnenmus oder Brokkolibrei kombinieren. Etwas Butter oder Öl zugeben. Für 4 Portionen.

Ernährungskunde

- **Cantaloupe-Melonen** sind die nährstoffreichste Melonensorte – sie sind reich an Vitamin C und liefern darüber hinaus auch Betakarotin und Kalium.
- **Pfirsiche** enthalten Vitamin C.
- **Nektarinen** liefern Vitamin C und Kalium.
- **Getrocknete Aprikosen** enthalten Betakarotin, Eisen und Kalium und sind besonders wertvoll, wenn keine Saison für frisches Obst ist.
- **Avocados** liefern Kalium und die Vitamine B_6 und E. Sie haben einen butterartigen Geschmack und eine cremige Konsistenz, was Babys mögen.
- **Blumenkohl** enthält Folsäure, Kalium und Vitamin C.
- **Brokkoli** liefert Betakarotin, Folsäure, Kalium und Vitamin C.
- **Zucchini** liefert Betakarotin, Kalium, Vitamin C und Magnesium. Die meisten Nährstoffe sitzen in der Schale, deshalb nicht schälen!
- **Kürbis** enthält Betakarotin, Kalium, Vitamin C und E.
- **Süßkartoffeln** sind eine hervorragende Quelle für Betakarotin, Kalium und Vitamin C.

Neu für den Gaumen

Sobald sich Ihr Baby mittags an einen einfachen Gemüse-Kartoffel-Brei gewöhnt hat, bieten Sie ihm neue Geschmacksrichtungen und Konsistenzen an. Bis Ihr Baby gut kauen und schlucken kann, sollte der Brei allerdings weich sein. Dann können Sie allmählich einen Teil der Speisen zerdrücken oder reiben und unter den pürierten Brei geben. Nach etwa einem Monat wird die zweite Milchmahlzeit des Babys durch Beikost ersetzt: Abends bekommt es nun einen Milchbrei und einen Monat später statt der Milchmahlzeit am Nachmittag einen Obst-Getreide-Brei. Auch hierfür finden Sie im Folgenden Rezepte.

1 Tomaten-Blumenkohl-Brei
Die Kombination von Blumenkohl mit entkernten Tomaten ist sehr geschmackvoll. Zudem wird Ihr Baby an den Geschmack von Blumenkohl gewöhnt (Rezept siehe S. 49.)

3 Fisch mit Karotten & Orange
Dieses Püree aus frischem Weißfisch bietet eine köstliche Kombination verschiedener Geschmacksrichtungen und steckt voller Nährstoffe. (Rezept siehe S. 51.)

5 Hähnchenkasserolle
Zartes Hähnchenbrustfilet, püriert mit mildem Wurzelgemüse, ergibt einen feinen Brei, der Babys gut schmeckt. (Rezept siehe S. 53.)

2 Spinat-Kartoffeln-Pastinaken-Lauch-Brei
Gemüsesorten mit intensiverem Geschmack, wie Spinat, werden anfangs am besten mit Wurzelgemüse kombiniert. (Rezept siehe S. 48.)

4 Pfirsich-Apfel-Erdbeer-Mus
Bereiten Sie dieses Mus zu, wenn Pfirsiche gerade Saison haben. Die Fruchtsäure kann durch Reisflocken abgemildert werden. (Rezept siehe S. 45.)

6 Bananen mit Mango oder Papaya
Süße, reife Mangos oder Papayas, mit Bananen püriert, ergeben ein fruchtiges, nährstoffreiches Obstmus ohne Kochaufwand. (Rezept siehe S. 42/43)

1

2

3

4

5

6

Zur Erinnerung

• Zerdrückte Banane oder Papaya ergeben eine schnelle und perfekte Babymahlzeit.

• Rohe Früchte sind am besten, weil keine Nährstoffe beim Kochen verloren gehen. Achten Sie darauf, dass die Früchte reif und süß sind – am besten, Sie probieren sie selbst.

Ernährungskunde

• **Bananen** liefern Kalium und Vitamin B_6.

• **Papayas** enthalten Betakarotin, Magnesium und Vitamin C.

• **Mangos** liefern Betakarotin und die Vitamine C und E.

• **Blaubeeren** enthalten Vitamin C.

• **Äpfel** liefern Vitamin C.

• **Pflaumen** besitzen Kalium.

• **Frische Aprikosen** enthalten Betakarotin und Vitamin C.

• **Pfirsiche** liefern Vitamin C.

• **Erdbeeren** enthalten Folsäure und Vitamin C.

TIPP Bereiten Sie diese Breie am besten direkt vor dem Verzehr zu.

Ungekochte Breie

Es gibt viele Breie, die sich ohne Kochen rasch zubereiten lassen und lecker und nährstoffreich sind. Probieren Sie die folgenden Obstkombinationen. Jedes Rezept auf diesen beiden Seiten ergibt eine Portion. Für das Apfelmus mit drei Früchten können Sie frische Früchte zerdrücken und mit etwas ungesüßtem Apfelmus, entweder selbst gemacht (vielleicht tauen Sie zwei Würfel auf) oder gekauft, mischen. Statt Apfelmus können Sie auch Birnen- oder Apfel-Birnen-Mus verwenden.

Mango & Banane

Das Fruchtfleisch einer viertel reifen Mango mit einer halben reifen, geschälten und in Scheiben geschnittenen Banane pürieren oder zerdrücken. Sofort servieren.

Avocado & Banane oder Papaya

Eine viertel kleine Avocado mit einer halben kleinen, reifen Banane und 1–2 EL abgekochtem, abgekühltem Wasser zerdrücken. Die Banane kann nach Wunsch auch durch eine halbe Papaya ersetzt werden.

Bananen & Blaubeeren

Schneiden Sie eine mittelgroße reife Banane in Stücke und pürieren Sie sie zusammen mit 30 g Blaubeeren. Den Brei sofort servieren.

Apfelmus mit drei Früchten

Einen reifen, enthäuteten und in Stücke geschnittenen Pfirsich, eine kleine, reife, klein geschnittene Banane und 30 g Blaubeeren mit 2 EL Apfelmus vermengen und pürieren. Für ältere Babys müssen die Früchte nicht mehr püriert, sondern nur zerdrückt und mit dem Apfelmus gemischt werden.

Pflaumen oder Aprikosen & Birne

Eine reife Aprikose oder Pflaume schälen und entsteinen. In Schnitze schneiden und mit dem klein geschnittenen, weichen Fruchtfleisch einer reifen Birne pürieren oder zerdrücken.

Cantaloupe-Melone & Erdbeere

Eine halbe reife Cantaloupe-Melone, geschält und in Stücke geschnitten, mit zwei halbierten Erdbeeren pürieren. 2 TL Reisflocken einrühren.

Papaya & Himbeere

Eine kleine, reife Papaya halbieren, die Kerne entfernen und das Fleisch einer halben Frucht pürieren oder zerdrücken. Einige Himbeeren waschen und verlesen, durch ein Sieb streichen und unter das Papayamus rühren.

Papaya & Banane

Eine kleine, reife Papaya halbieren, die Samen entfernen und eine halbe Frucht mit einer kleinen Banane pürieren.

»Sobald Ihr Baby seinen ersten Obstbrei problemlos isst, können Sie verschiedene Kombinationen ausprobieren. Obst wird immer gern gegessen.«

44 Erste Beikost

2 **reife Birnen**, geschält, entkernt und klein geschnitten

2 entsteinte **getrocknete Pflaumen**, klein geschnitten

1 EL **Reisflocken** (nach Belieben)

Saftiges Birnen-Pflaumen-Mus

Vorbereitungszeit: 5 Minuten; Garzeit: 5 Minuten   Für 2 Portionen
Enthält Kalium und Vitamin C   Zum Einfrieren geeignet

Frische und getrocknete Früchte sind eine gute Ballaststoffquelle.

▶ Das Obst in einem Topf mit wenig Wasser 5 Minuten köcheln lassen. Pürieren, dabei das erforderliche Kochwasser zugeben. Durch ein Sieb streichen, um die raue Haut der Pflaumen zu entfernen.
▶ Evtl. Reisflocken einrühren.

---

1 **süßer Apfel**, geschält, entkernt und klein geschnitten

1 **reife Birne**, entkernt und klein geschnitten

40 g **Blaubeeren**

50 g **Erdbeeren**, in Viertel geschnitten

2 EL **Reisflocken** (nach Belieben)

Apfel-Birnen-Blaubeer-Erdbeer-Mus

Vorbereitungszeit: 3 Minuten; Garzeit: 5 Minuten   Für 2 Portionen
Enthält Kalium und Vitamin C   Zum Einfrieren geeignet

▶ Das Obst in einen Topf geben, zudecken und bei schwacher Hitze etwa 5 Minuten garen. Im Mixer pürieren, durch ein Sieb streichen. Evtl. Reisflocken einrühren.

Variation
Statt Reisflocken können Sie auch Bananen unterrühren.

Kompott aus Aprikosen, Birne, Pfirsich & Apfel

Vorbereitungszeit: 5 Minuten; Garzeit: 10 Minuten   Für 4 Portionen
Enthält Betakarotin und Vitamin C   Zum Einfrieren geeignet

▶ Alle Früchte klein schneiden. Die Obststückchen in einen Topf geben und in etwas Wasser in etwa 8–10 Minuten weich kochen.
▶ Das Kompott pürieren.

Variation
Um eine cremigere Masse zu erhalten, mischen Sie 2 EL Reisflocken mit 4 EL Muttermilch oder Milchnahrung und pürieren dies mit dem Kompott.

Zutaten:
3 **getrocknete Aprikosen** oder **frische Aprikosen**, klein geschnitten
1 große, **reife Birne**, geschält, entkernt und klein geschnitten
1 großer, **reifer Pfirsich**, geschält, oder 1 **Pflaume**, entsteint und klein geschnitten
1 **süßer Apfel**, geschält, entkernt und klein geschnitten

Pfirsich-Apfel-Erdbeer-Mus

Vorbereitungszeit: 5 Minuten; Garzeit: 9–12 Minuten   Für 2 Portionen
Enthält Ballaststoffe und Vitamin C   Zum Einfrieren geeignet

Ein köstliches Obstmus für den Sommer. Sie können es mit Reisflocken, die in Wasser angerührt werden, anreichern.

▶ Den Apfel in etwa 6 Minuten weich garen. Pfirsich und Erdbeeren ebenfalls in den Dampfgarer geben und weitere 3 Minuten garen. Zu einem weichen Mus pürieren und durch ein Sieb streichen.

Zutaten:
1 **süßer Apfel**, geschält, entkernt und klein geschnitten
1 großer, **reifer Pfirsich**, geschält, entsteint und klein geschnitten
3 große **Erdbeeren**

ANMERKUNG Erdbeeren können bei empfindlichen Babys eine allergische Reaktion hervorrufen.

Pfirsich-Bananen-Mus

Vorbereitungszeit: 5 Minuten; Garzeit: 3 Minuten   Für 1 Portion
Enthält Kalium und Vitamin B_6 und C

Statt mit Pfirsich können Sie das Mus mit einer Nektarine oder zwei süßen, saftigen Pflaumen zubereiten.

▶ Alle Zutaten in einen kleinen Topf geben, zudecken und bei schwacher Hitze 2–3 Minuten kochen, bis das Obst leicht musig ist. Pürieren und vor dem Servieren abkühlen lassen.

Zutaten:
1 kleiner, **reifer Pfirsich**, geschält, entsteint und klein geschnitten
½ kleine **Banane**, geschält und in Scheiben geschnitten
1 EL frisch gepressten **Orangensaft**

Apfel-Birnen-Mus mit Rosinen & Zimt

Vorbereitungszeit: 5 Minuten; Garzeit: 8 Minuten   Für 2 Portionen
Enthält Kalium und Vitamin C   Zum Einfrieren geeignet

▶ Alle Zutaten in einen Topf geben, zum Kochen bringen, zudecken und 5 Minuten lang kochen. Pürieren und abkühlen lassen.

Zutaten:
1 **süßer Apfel**, geschält, entkernt und klein geschnitten
1 **reife Birne**, entkernt und klein geschnitten
1 EL **Rosinen**
1 EL naturreiner **Apfelsaft**
1 Prise **Zimt** (nach Belieben)

Der abendliche Milchbrei

Inzwischen isst Ihr Kind zur Mittagsmahlzeit schon eine breite Auswahl an Gemüsegerichten und Obstspeisen. Ungefähr einen Monat, nachdem der Gemüse-Kartoffel-Brei eingeführt wurde – also meist etwa im siebten Monat –, wird eine weitere Milchmahlzeit durch einen Brei ersetzt. Am Abend bekommt Ihr Baby nun einen Vollmilch-Getreide-Brei (ca. 200–250 g). Dieser Brei wird nötig, weil das Kind einen erhöhten Energie- und Nährstoffbedarf hat. Außerdem kommen nun die ersten Zähne und das Baby beginnt langsam mit Kaubewegungen. Um diese Entwicklung zu fördern, können die Breie in gröberer Struktur zubereitet werden. Auch der Milch-Getreide-Brei ist gröber und nicht mehr so fein püriert. Er enthält Ballaststoffe, Kalzium und Eisen.

Zur Zubereitung sind Getreideflocken geeignet, die entweder zusammen mit der Flüssigkeit aufgekocht oder in die kochende Milch eingerührt werden. Auch Vollkorngrieß, der aufkochen und etwas nachquellen muss, ist geeignet. Achten Sie beim Kauf darauf, dass den Getreideflocken kein Zucker oder ein anderes Süßungsmittel zugesetzt ist.

Grundrezept Vollmilch-Getreide-Brei

Zubereitungszeit: 3 Minuten   Für 1 Portion

200 ml pasteurisierte **Vollmilch**
20 g **Vollkorngetreideflocken**
20 g **Obstmus** oder **Obstsaft**

TIPP Bei allergiegefährdeten Kindern kochen Sie die Getreideflocken in 200 ml Wasser auf und geben zum Schluss die entsprechende Menge hypoallergenes Milchpulver dazu.

▶ Vollmilch in einem Topf aufkochen. Das Vollkorngetreide in die Milch einrühren und das Ganze etwas abkühlen lassen. Im Anschluss Obstmus oder Obstsaft dazugeben.

Haferbrei mit Apfel

Zubereitungszeit: 5 Minuten   Für 1 Portion

200 ml pasteurisierte **Vollmilch**
2 gehäufte EL blütenzarte **Haferflocken**
1 kleiner, **süßer Apfel**

Der Milch-Getreide-Brei wird besonders eisenhaltig, wenn er aus Haferflocken zubereitet wird. Wenn das Kind zusätzlich etwas Orangensaft zum Trinken erhält, fördert dessen hoher Vitamin-C-Gehalt die Eisenaufnahme im Darm.

▶ Die Milch mit den Haferflocken in einem kleinen Topf bei mittlerer Hitze zum Kochen bringen. Das Ganze nach 1 Minute vom Herd nehmen und zugedeckt 3–4 Minuten quellen lassen.
▶ Inzwischen den Apfel gründlich waschen, trockenreiben und schälen. Das Fruchtfleisch auf einer Reibe fein abreiben.
▶ Den geriebenen Apfel unter den Haferbrei rühren und in eine Babyschüssel füllen.

Grießbrei mit Pfirsichmus

⏱ Zubereitungszeit: 10 Minuten   🥄 Für 1 Portion

1 kleiner, reifer, **süßer Pfirsich**
200 ml pasteurisierte **Vollmilch**
3 EL **Vollkorn-Kindergrieß**

▶ Den Pfirsich waschen, schälen, entsteinen und fein zerdrücken.
▶ Die Hälfte der Milch in einem kleinen Topf erhitzen. Den Grieß zugeben, in der Milch aufkochen und bei schwacher Hitze in etwa 3 Minuten unter ständigem Rühren ausquellen lassen.
▶ Den Topf vom Herd nehmen, nach und nach die übrige Milch mit dem Schneebesen unterschlagen.
▶ In ein Schälchen füllen und das Pfirsichmus darüber geben.

Korn-Milchbrei mit Bananenmus

⏱ Zubereitungszeit: 5 Minuten   🥄 Für 1 Portion

200 ml pasteurisierte **Vollmilch**
7–8 EL **4-Korn-Schmelzflocken**
½ **reife Banane**

▶ Die Milch zum Kochen bringen.
▶ Den Topf vom Herd nehmen und die Schmelzflocken mit einem Schneebesen unterrühren.
▶ Die Banane mit einer Gabel zerdrücken und unter den Milchbrei rühren.

Dinkelbrei mit Birne

⏱ Zubereitungszeit: 5 Minuten   🥄 Für 1 Portion

200 ml pasteurisierte **Vollmilch**
3 EL **Dinkelflocken**
1 kleine **weiche Birne**

▶ Die Milch in einen Topf gießen und die Dinkelflocken einrühren.
▶ Den Brei aufkochen und 2–3 Minuten unter Rühren weiterköcheln.
▶ Die Birne gründlich waschen, schälen, entkernen und in Stücke schneiden. Mit einer Gabel zerdrücken und unter den Dinkelbrei rühren.

Zwiebackbrei mit Karottenmus

⏱ Zubereitungszeit: 5 Minuten   🥄 Für 1 Portion

200 ml pasteurisierte **Vollmilch**
3 **Zwiebäcke**
2 EL **Karottenmus** (aus dem Glas)

▶ Die Milch in einem Topf erhitzen.
▶ Die Zwiebäcke zerkleinern, in einen Kinderteller geben und die heiße Milch darüber gießen. Etwa 1 Minute ziehen lassen und, falls nötig, mit einer Gabel weiter zerdrücken.
▶ Das Karottenmus unterrühren.

Kartoffel-Lauch-Erbsen-Brei

30 g **Butter**

1 Stange **Lauch**, nur den weißen Teil, gewaschen und in Ringe geschnitten

175 g **Kartoffeln**, geschält und klein geschnitten

250 ml ungesalzene **Gemüsebrühe** (siehe S. 49) oder **Hühnerbrühe** (siehe S. 52) oder **Wasser**

60 g **Tiefkühlerbsen**

Vorbereitungszeit: 5 Minuten; Garzeit: 25 Minuten   Für 3 Portionen
Enthält Ballaststoffe, Folsäure und Vitamin A und C   Zum Einfrieren geeignet

Verwenden Sie für dieses Rezept nur ungesalzene Brühe. Wenn Sie mehr Brühe und Gewürze hinzufügen, erhalten Sie eine köstliche Suppe für die ganze Familie.

▶ Die Butter in einem Topf schmelzen, den Lauch beigeben und in etwa 5–6 Minuten goldgelb dünsten. Die Kartoffeln zugeben und die Brühe darüber gießen. Zum Kochen bringen, dann die Hitze reduzieren und 10 Minuten köcheln lassen.
▶ Die Tiefkühlerbsen zugeben und weitere 6 Minuten kochen lassen, bis das Gemüse weich ist. Im Mixer pürieren oder durch ein Sieb streichen.

Spinat-Kartoffel-Pastinaken-Lauch-Brei

30 g **Butter**

50 g **Lauch**, nur den weißen Teil, gewaschen und in dünne Ringe geschnitten

250 g **Kartoffeln**, geschält und klein geschnitten

100 g **Pastinaken (als Alternative Karotten)**, geschält und klein geschnitten

250 g **kochendes Wasser** oder ungesalzene Gemüsebrühe (siehe S. 49)

100 g frischer **Spinat**, gewaschen und die harten Stiele entfernt, oder 50 g **Tiefkühlspinat**

100 g gekochtes, mageres **Fleisch**

Vorbereitungszeit: 10 Minuten; Garzeit: 30 Minuten   Für 4 Portionen
Enthält Betakarotin, Ballaststoffe, Folsäure, Kalium, Eiweiß und Vitamin A und C

▶ Die Butter in einem Topf schmelzen lassen, den Lauch zugeben und 2–3 Minuten dünsten. Kartoffeln und Pastinaken zugeben, 1 Minute dünsten, dann das kochende Wasser oder die Brühe darüber gießen. Abdecken und 12 Minuten köcheln lassen.
▶ Die frischen Spinatblätter zugeben und weitere 3–4 Minuten kochen lassen. Tiefkühlspinat entsprechend der Anweisung auf der Verpackung kochen, abtropfen lassen und mit Kartoffeln, Lauch und Pastinaken mischen. Das Gemüse abgießen, das Kochwasser dabei auffangen.
▶ Das Gemüse mit 50 ml Kochwasser und dem Fleisch pürieren. Wenn nötig, nochmals Kochwasser beigeben.

Selbst gemachte Gemüsebrühe

⏱ Vorbereitungszeit: 10 Minuten; Garzeit: 1 Stunde 10 Minuten   Ergibt 850 ml
Enthält Betakarotin, Folsäure und Kalium   ❄ Zum Einfrieren geeignet

Eine selbst gemachte Gemüsebrühe, die sich im Kühlschrank bis zu einer Woche hält, ist einfach zubereitet. Sie eignet sich als Grundlage für Gemüsebreie.

▶ Das Gemüse grob zerkleinern. Das Olivenöl in einem großen Topf mit dickem Boden erhitzen, das Gemüse zugeben und fünf Minuten andünsten, ohne dass es Farbe annimmt – eventuell einen Deckel aufsetzen.

▶ Kaltes Wasser zugeben und zum Kochen bringen. Kräuter, Lorbeerblatt und Pfefferkörner beigeben. Die Hitze reduzieren, zudecken und alles 1 Stunde köcheln lassen.

▶ Die Brühe zwei Stunden abkühlen lassen und dann durch ein Sieb gießen. Das Gemüse mit einem Kartoffelstampfer ausdrücken.

1 **Zwiebel**, geschält
2 große **Karotten**, geschält
1 große Stange **Lauch**, gewaschen
1 Stange **Staudensellerie**
1 EL **Olivenöl**
850 ml **Wasser**
1 Bund **Petersilie**
1 Zweig **Thymian** (nach Belieben)
1 **Lorbeerblatt**
4 **Pfefferkörner**

Kartoffel-Karotten-Brokkoli-Brei

⏱ Vorbereitungszeit: 5 Minuten; Garzeit: 20 Minuten   Für 4 Portionen
Enthält Betakarotin, Ballaststoffe, Folsäure und Vitamin C   ❄ Zum Einfrieren geeignet

Mischen Sie beliebte Gemüsesorten mit weniger beliebten: In diesem Rezept mildern Karotten und Kartoffeln, die Kinder normalerweise gern essen, den starken Eigengeschmack von Brokkoli.

▶ Kartoffeln und Karotten in den Dampfgarer geben und 10 Minuten garen. Brokkoli hinzufügen und nochmals knapp 10 Minuten dämpfen, bis das Gemüse weich ist.

▶ Das Gemüse mit 6–7 EL Kochwasser pürieren und die Butter unterrühren.

300 g **Kartoffeln**, geschält und klein geschnitten
1 große **Karotte**, geschält und in Scheiben geschnitten
125 g **Brokkoli**, in Röschen zerteilt
50 g **Butter**

Tomaten-Blumenkohl-Brei

⏱ Vorbereitungszeit: 5 Minuten; Garzeit: 20 Minuten   Für 3 Portionen
Enthält Betakarotin, Folsäure, Eiweiß und Vitamin A, B_{12} und C   ❄ Zum Einfrieren geeignet

▶ Blumenkohlröschen in den Dampfgarer geben und etwa 12 Minuten garen.
▶ Inzwischen die Butter in einem Topf schmelzen, die Tomaten zugeben und musig dünsten. Vom Herd nehmen, den Käse zugeben und rühren, bis er geschmolzen ist. Blumenkohl mit Tomaten und Käsesauce mischen und pürieren.

Variation

▶ Den Blumenkohl weich dämpfen, mit 20 g Butter pürieren und etwas Kartoffelbrei unterziehen.

150 g **Blumenkohl**, in Röschen zerteilt
30 g **Butter**
250 g **Tomaten**, enthäutet, entkernt und grob gehackt
30 g **geriebener Käse**, z. B. Gouda

Der Getreide-Obst-Brei am Nachmittag

Nach einem weiteren Monat wird die Milchmahlzeit am Nachmittag durch einen milchfreien Getreide-Obst-Brei ersetzt. Er trägt dank seines hohen Vitamin- und Mineralstoffgehalts zu einer ausgewogenen Ernährung bei. Bei der morgendlichen Milchmahlzeit und im Abendbrei bekommt Ihr Baby nun genügend Milch. Den Getreide-Obst-Brei können Sie einfach und abwechslungsreich mit verschiedenen Getreideflocken und Obstsorten zubereiten. Wichtig sind die Bestandteile des Getreides: Reines Obstmus kann diesen Brei nicht ersetzen und Fruchtjoghurt würde zu viel Eiweiß liefern.

Grundrezept Getreide-Obst-Brei

Zubereitungszeit: 5 Minuten Für 1 Portion

100 ml **Wasser**
20 g **Getreideflocken**
100 g **Obst** nach Wahl
1 TL hochwertiges **Pflanzenöl** oder **Butter**

▶ Das Wasser erhitzen und die Getreideflocken nach Packungsanweisung einrühren. Die Butter dazugeben. Das Obst zu Mus verarbeiten und unter den Getreidebrei mischen.

Bananenbrei

Zubereitungszeit: 5 Minuten Für 1 Portion

125 ml **Wasser**
20 g **Weizenflocken**
100 g **reife Banane**, geschält
1 EL **Butter**

▶ Das Wasser mit den Flocken in einem kleinen Topf verrühren. Bei schwacher Hitze zum Kochen bringen, 1–2 Minuten kochen lassen und vom Herd nehmen.

▶ Die Banane in den Topf schneiden, die Butter zugeben und mit einem Pürierstab durchmixen oder mit einer Gabel zerdrücken.

Pfirsichreis

Zubereitungszeit: 5 Minuten Für 1 Portion

200 ml **Wasser**
20 g **Reisflocken**
1 **reifer Pfirsich**
1 EL **Butter**

▶ Das Wasser aufkochen, die Reisflocken mit dem Schneebesen einrühren.
▶ Den Pfirsich waschen, schälen, entsteinen und mit einer Gabel zerdrücken.

▶ Die Butter und das Pfirsichmus unter den Reisbrei ziehen.

Fisch mit Karotten & Orange

Vorbereitungszeit: 5 Minuten; Garzeit: 20 Minuten   Backofen 180 °C oder Mikrowelle auf höchster Stufe   Für 4 Portionen   Enthält Betakarotin, Eiweiß und B-Vitamine, einschließlich Folsäure   Zum Einfrieren geeignet

Dieser Brei ist reich an Vitaminen und Eiweiß und sehr schmackhaft. Scholle ist dank ihres weichen Fleischs für kleine Babys gut geeignet.

▶ Karotten und Kartoffeln in einen Topf geben, mit Wasser bedecken und weich kochen. Oder in einem Dampfgarer garen.

▶ Inzwischen den Fisch in eine mikrowellengeeignete Form geben, den Orangensaft darüber gießen und den Fisch mit Butter bestreichen. Einen Deckel aufsetzen, einen Spaltbreit auf lassen und 3 Minuten in die Mikrowelle stellen, bis der Fisch zerfällt. Oder mit Folie bedecken und im vorgeheizten Ofen etwa 20 Minuten backen.

▶ Den Fisch mit einer Gabel zerteilen, und dabei sorgfältig auf Gräten achten. Gemüse, Fisch und ausgetretenen Saft pürieren.

175 g **Karotten**, geschält und in Scheiben geschnitten

125 g **Kartoffeln**, geschält und klein geschnitten

175 g **Schollenfilet**, grätenfrei

Saft einer **Orange**

1 Stück **Butter**

Hühnersuppe nach Großmutterart

Vorbereitungszeit: 10 Minuten und 4 Stunden zum Abkühlen; Garzeit: 2 Stunden
Für 1,85 l   Enthält Kalium
Zum Einfrieren geeignet

Für viele Rezepte verwende ich frische Hühnerbrühe als Grundlage. Die Brühe lässt sich einfach zubereiten und zwei Tage im Kühlschrank aufbewahren. Sie ergibt auch für ältere Familienmitglieder eine köstliche Suppe, wenn Sie etwas Gewürze, gekörnte Hühnerbrühe und eventuell einige gekochte Suppennudeln hinzufügen. Hühnerbrühe ist für seine medizinischen Eigenschaften wohl bekannt. Geben Sie sie Ihren Kindern, wenn sie sich nicht wohl fühlen.

Zutaten:

- 1 großes **Hähnchen** mit **Innereien**, in acht Stücke zerteilt, sichtbares Fett entfernt
- 3 l **Wasser**
- 2 große **Zwiebeln**, geschält und grob gehackt
- 3 große **Karotten**, geschält und in große Stücke geschnitten
- 2 Stangen **Lauch**, gewaschen und in Ringe geschnitten
- 1 Stange **Staudensellerie**
- 2 Bund **Petersilie**
- 1 Zweig **Thymian** (nach Wunsch)
- etwas gekörnte **Hühnerbrühe** (nur für Babys über einem Jahr)

ANMERKUNG Verwenden Sie für Babys unter einem Jahr keine Instantbrühe, da diese Produkte viel Salz enthalten.

▶ Die Hähnchenteile in einen großen Topf legen und mit Wasser bedecken. Langsam zum Kochen bringen und den aufsteigenden Schaum abschöpfen.

▶ Alle weiteren Zutaten zugeben. Zudecken und etwa 3 Stunden köcheln lassen. Gelegentlich durchrühren und, wenn nötig, Wasser zugeben.

▶ Den Topf vom Herd nehmen und abkühlen lassen. Mindestens 4 Stunden oder über Nacht im Kühlschrank ruhen lassen. Dann die Fettschicht abschöpfen.

▶ Die Brühe durch ein Sieb in eine saubere Schüssel gießen und zur Zubereitung von Babybrei verwenden.

Hähnchen mit Kartoffeln & Trauben

Vorbereitungszeit: 5 Minuten; Garzeit: 15 Minuten   Für 2 Portionen
Enthält Betakarotin, Kalium, Eiweiß und B-Vitamine   Zum Einfrieren geeignet

Kartoffeln und Hähnchen haben einen milden Geschmack und passen gut zusammen. Hähnchenfleisch lässt sich auch mit vielen Früchten kombinieren. Hähnchen mit Trauben oder Äpfeln sind eine schmackhafte Kombination.

Zutaten:

- 30 g **Zwiebeln**, geschält und gehackt
- 1 EL **Olivenöl**
- 125 g **Hähnchenbrustfilet**, in Würfel geschnitten
- 1 **Kartoffel**, geschält und klein geschnitten
- 250 ml ungesalzene **Hühnerbrühe** (siehe oben)
- 6 kernlose **Weintrauben**, ohne Haut

▶ Die Zwiebeln im Olivenöl andünsten, ohne dass sie Farbe annimmt. Das Hähnchen zugeben und 3–4 Minuten andünsten. Die Kartoffeln zufügen und mit Brühe übergießen.

▶ Zudecken und etwa 12 Minuten, bis das Hähnchenfleisch gar ist, köcheln lassen. Die Trauben zugeben und alles im Mixer zerkleinern.

Hähnchenkasserolle

Vorbereitungszeit: 10 Minuten; Garzeit: ca. 20 Minuten Für 3 Portionen Enthält Betakarotin, Kalium, Eiweiß und B-Vitamine, einschließlich Folsäure Zum Einfrieren geeignet

Babys mögen Hähnchenfleisch wegen seines milden Geschmacks. Hier wird es mit Gemüse kombiniert, das eine natürliche Süße besitzt. Wurzelgemüse lässt sich auch gut pürieren.

▶ Das Öl in einem Topf erhitzen, Karotten und Lauch zugeben und in etwa 6 Minuten weich dünsten. Das Hähnchenfleisch zugeben und andünsten, dabei gelegentlich wenden, bis sich die Poren geschlossen haben.

▶ Kartoffeln und Kohlrabi zugeben und mit kochendem Wasser bedecken. Einen Deckel aufsetzen und etwa 15 Minuten köcheln lassen, bis das Gemüse weich ist. Je nach Alter des Babys pürieren oder zerdrücken.

1 EL **Pflanzenöl**

100 g **Karotten**, geschält und klein geschnitten

60 g **Lauch**, nur den weißen Teil, gewaschen und in Ringe geschnitten

75 g **Hähnchenbrustfilet**, in Würfel geschnitten

250 g **Kartoffeln**, geschält und klein geschnitten

75 g **Kohlrabi**, geschält und klein geschnitten

Würziges Hackfleisch mit Kohlrabi & Tomaten

Vorbereitungszeit: 10 Minuten; Garzeit: 40 Minuten Für 4 Portionen Enthält Eisen, Eiweiß, Vitamin A und B und Zink Zum Einfrieren geeignet

Hackfleisch ist durch seine feine Struktur für erste Gerichte gut geeignet und lässt sich mit vielerlei Gemüse kombinieren.

▶ Das Öl in einem Topf erhitzen, die klein geschnittene Zwiebel zugeben und weich dünsten. Das Hackfleisch zugeben und anbraten, dabei gelegentlich rühren, bis das Fleisch rundum angebräunt ist.

▶ Kohlrabi und Tomaten zugeben, die Brühe angießen (etwas Brühe zurückbehalten, falls eine festere Konsistenz gewünscht wird). Zum Kochen bringen. Hitze reduzieren, zudecken. 30 Minuten kochen lassen. Zerdrücken oder pürieren.

½ EL **Pflanzenöl**

30 g **Zwiebeln**, geschält und fein gehackt

250 g **mageres Rinderhackfleisch**

250 g **Kohlrabi**, geschält und klein geschnitten

2 **Tomaten**, enthäutet, entkernt und klein geschnitten

250 ml ungesalzene **Hühnerbrühe** (siehe linke Seite) oder **Rinderbrühe**

Geschmortes Rindfleisch mit Karotten, Kohlrabi & Kartoffeln

Vorbereitungszeit: 10 Minuten; Garzeit: 1¾–2½ Stunden 180 °C Für 8 Portionen Enthält Betakarotin, Kalium, Eiweiß, B-Vitamine, einschließlich Folsäure, und Zink Zum Einfrieren geeignet

Dieser Eintopf aus Wurzelgemüse und Rindfleisch ist schmackhaft und cremig und wird von Babys gern gegessen.

▶ Die Butter in einer feuerfesten Kasserolle erhitzen, den Lauch hineingeben und 5 Minuten andünsten, bis er weich ist. Das Rindfleisch zugeben und anbräunen.

▶ Karotten, Kohlrabi und Kartoffeln in die Kasserolle geben und mit Rinder- oder Hühnerbrühe übergießen. Zum Kochen bringen.

▶ Die Kasserolle in den vorgeheizten Ofen stellen und 1½–2 Stunden garen lassen, bis das Fleisch weich ist. Nach Wunsch pürieren.

30 g **Butter**

125 g **Lauch**, nur der weiße Teil, gewaschen und in Ringe geschnitten

175 g **mageres Rindfleisch**, in Würfel geschnitten

150 g **Karotten**, geschält und in Scheiben geschnitten

125 g **Kohlrabi**, geschält und klein geschnitten

250 g **Kartoffeln**, geschält und klein geschnitten

450 ml ungesalzene **Hühnerbrühe** (siehe linke Seite) oder **Rinderbrühe**

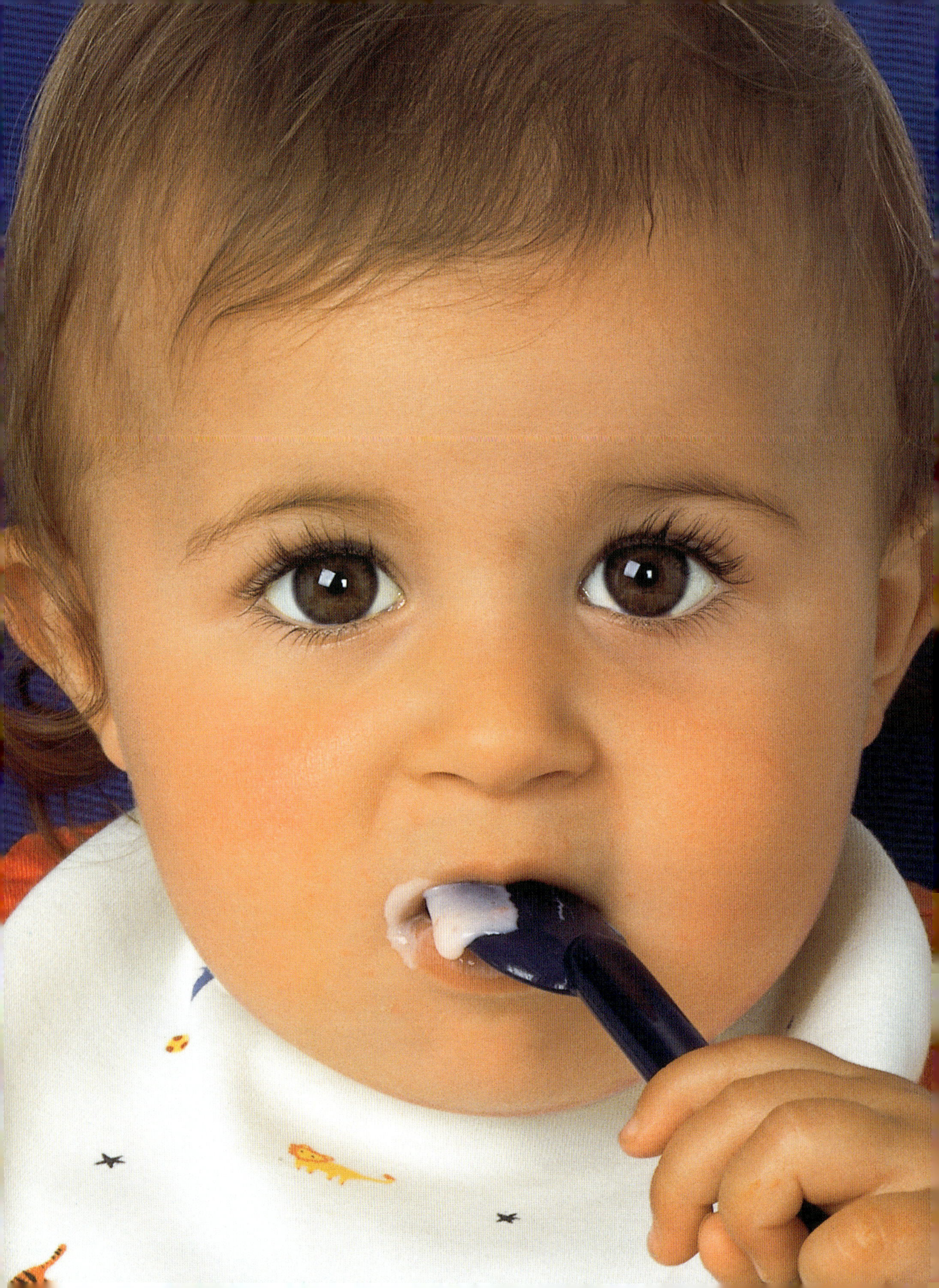

9 bis 12 Monate

Rezepte in diesem Kapitel

Gemüsedips & -brei **62**

Obst & Obstmus **63**

Cerealien **63**

Nudeln **64**

Fisch **65–66**

Hähnchen **66–67**

Dunkles Fleisch **67**

Der Appetit wächst

Feste Nahrungsmittel spielen in der Ernährung Ihres Babys eine immer größere Rolle. In dieser Phase wachsender Unabhängigkeit besteht Ihr Baby vielleicht darauf, selber zu essen. Das kann zunächst eine ziemliche Manscherei bedeuten, aber je mehr Sie das Baby experimentieren lassen, umso schneller wird es selber essen lernen. Es wird nun auch viel bereitwilliger kauen, sodass Sie seinen Brei grobstückiger lassen können. Die Rezepte aus dem vorigen Kapitel sind auch weiterhin geeignet. Verändern Sie einfach die Konsistenz.

Forscherdrang

Inzwischen sind bereits drei Milchmahlzeiten am Tag durch Breimahlzeiten ersetzt worden und Ihr Baby ist so weit, sich nach und nach an die Familienkost zu gewöhnen. Seine Mahlzeiten bestehen aus Kombinationen von stärkehaltigen Nahrungsmitteln, pflanzlichem oder tierischem Eiweiß und Obst oder Gemüse. Es kommt nun mit einer festeren Beschaffenheit der Lebensmittel zurecht (siehe S. 60f.), besonders wenn die ersten Zähne sein Kauvermögen verbessern (siehe S. 59). Es kann mit kleinen Stückchen umgehen (siehe S. 58). Sie können ihm zwischen den Mahlzeiten gesunde Snacks, z. B. Sandwichs oder Obst- und Gemüseschnitze, anbieten, damit es gleichmäßig mit Energie versorgt wird.

Nun kann es schon viele der Nahrungsmittel bekommen, die die anderen Familienmitglieder essen, mit Ausnahme von weich gekochten Eiern, nicht pasteurisiertem oder Weichkäse, Rohmilchkäse, fettarmen oder sehr ballaststoffreichen Produkten, Salz und Honig.

Milch bleibt wichtig

Wenn Ihr Baby nun mehr Appetit auf feste Speisen hat, wird es vielleicht weniger Milch trinken; es benötigt jedoch immer noch 400–500 ml Muttermilch oder Milchnahrung am Tag (siehe S. 30).

Wenn es bisher die Flasche bekommen hat, gewöhnen Sie es allmählich an einen Becher, damit es mit etwa einem Jahr ohne Flasche auskommt. Geben Sie ihm die Milchmahlzeiten in einem Becher oder einer Tasse und das Fläschchen nur abends zum Einschlafen.

Manche Babys haben nur noch wenig Interesse an Milch, wenn sie kein Fläschchen mehr bekommen. Wenn dies bei Ihrem Baby der Fall ist, geben Sie ihm morgens einen Milchbrei und gelegentlich eine Milchspeise zum Nachtisch.

Wenn Ihr Baby zu den Mahlzeiten keinen Hunger hat, müssen Sie eventuell die Milchmenge verringern. Achten Sie dann darauf, dass Ihr Baby bei den Mahlzeiten eiweißreiche Speisen bekommt. Bereiten Sie diese immer mit vollfetten Milchprodukten zu.

Gleichbleibender Energiepegel

Babys haben einen kleinen Magen und können daher nur kleine Mahlzeiten zu sich nehmen. Leichte Mahlzeiten, die Eiweiß und langsam verwertbare Kohlenhydrate enthalten, z.B. Gemüse und Kartoffeln mit etwas Fleisch, liefern »Brennstoff« für ihr rasches Wachstum.

Zwischenmahlzeiten sind wichtig. Versorgen Sie Ihr Baby mit nährstoffreichen Snacks, wie Karottenstücke, Zwieback oder Reiswaffeln.

Zur Erinnerung

- Waschen Sie Ihrem Baby vor und nach dem Essen immer die Hände.

- Babys unter einem Jahr sollten keinen Honig bekommen, weil er in seltenen Fällen Bakterien enthalten kann, die Säuglingsbotulismus verursachen. Honig in Fertigprodukten ist aber unbedenklich.

- Wenn Ihr Baby zu krabbeln beginnt, benötigt es mehr energiereiche Speisen, wie Getreideprodukte und frische und getrocknete Früchte.

- Das Selberessen wird vereinfacht, wenn Sie Ihrem Baby einen Kinderteller mit Saugnapf geben, der nicht vom Tisch fallen kann. Geben Sie ihm auch Fingerfood zum Knabbern.

Neue Selbstständigkeit

Ihr Baby erwirbt neue körperliche Fähigkeiten: rollen, krabbeln, sitzen oder laufen. Die zunehmende Muskelkraft und verbesserte Augen-Hand-Koordination ermöglichen ihm mehr selbstständige Bewegung. Ihr Baby wird entzückt sein von den Möglichkeiten seines Körpers und es wird auch bei den Mahlzeiten die Führung übernehmen und selber essen wollen. Vielleicht wird es sogar ungeduldig, wenn Sie es füttern möchten. Es hat nun einen festeren Schlafrhythmus, was zur Regelmäßigkeit der Mahlzeiten beiträgt.

Das Selberessen unterstützen

Ihr Baby wird beim Essen immer weniger Hilfe benötigen und breiige Speisen selber löffeln wollen. Wenn mehr Brei auf dem Boden oder seinem Schoß landet als in seinem Mund, schließen Sie einen Kompromiss: Geben Sie ihm selbst einen Löffel, um eigene Essversuche zu machen, und füttern Sie es mit einem zweiten Löffel.

Experimentieren

Je mehr Sie Ihr Baby experimentieren lassen, umso schneller wird es selber essen lernen. Es kann eine ziemliche Mantscherei sein, aber Sie sollten seine Versuche nicht behindern oder sich wegen seiner »Tischmanieren« sorgen. Wenn Sie sich zu sehr einmischen, können die Mahlzeiten bald zu einem Kampf werden. Erlauben Sie Ihrem Baby zu erfahren, wie sich die Speisen anfühlen, und sich beim Essen Zeit zu lassen.

»*Ihr Baby kann nun gröbere Speisen essen und es wird einzelne Stücke selber mit den Händen in den Mund stecken.*«

Zur Erinnerung

• Bieten Sie Fingerfood zu den Mahlzeiten an, damit Ihr Baby das Kauen üben kann und lernt, selbstständig zu essen.

• Geben Sie Babys und Kleinkindern keine Nüsse und keine rohen oder weich gekochten Eier, keine Rohmilch, keinen Weich- oder nicht pasteurisierten Käse und keine Schalentiere.

»Wenn es zahnt, will Ihr Baby vielleicht nicht mit dem Löffel gefüttert werden, sondern knabbert lieber Fingerfood.«

Fingerfood

Mit Fingerfood lässt sich das Selberessen hervorragend trainieren – sie sollte nun einen gewissen Teil in der Ernährung Ihres Babys ausmachen. Es gefällt ihm, dass es diese Nahrungsmittel ohne die Hilfe von Erwachsenen essen kann. Geben Sie ihm gekochte oder rohe Gemüsestücke mit einem kalten Dip oder lassen es den Brei mit einer Brotscheibe austunken. Fingerfood sollte so fest sein, dass Ihr Baby es gut fassen kann, und doch weich genug, dass es sich leicht kauen und schlucken lässt. Ihr Baby hat nun zwar seine ersten Zähne, doch es weiß nicht sofort, wie es damit richtig kauen kann: Babys beißen oft ein Stück ab, wollen es dann im Ganzen schlucken und beginnen zu würgen. Lassen Sie Ihr Kind beim Essen also keinen Augenblick unbeaufsichtigt.

Ideal als Fingerfood

• **Gemüse**, z. B. Karotten- oder Gurkenstücke, Blumenkohlröschen oder gekochte grüne Bohnen – am besten ein paar Minuten in kochendem Wasser gegart oder gedämpft, damit sie noch knackig, aber nicht hart sind. Wenn Ihr Baby im Kauen geübter ist, können Sie ihm rohes Gemüse geben.

• **Obst**, z. B. Bananenscheiben oder Apfel- oder Birnenschnitze; geben Sie weiches Obst, wie Banane und reife Birne, wenn Ihr Baby Schwierigkeiten mit dem Kauen hat.

• **Trockenobst**, z. B. weiche Aprikosen, Feigen oder Apfelringe.

• **Toastscheiben, Reiswaffeln oder Zwieback.**

• Kleine **Sandwichs** mit weicher Füllung, z. B. zerdrückte Banane, Streichkäse oder Butter.

• **Gekochte Nudeln.**

• Kleine **Stücke Hähnchen- oder Putenfleisch.**

• **Fleischbällchen.**

SO PUTZEN SIE IHREM BABY DIE ZÄHNE

Beginnen Sie mit dem Zähneputzen, sobald die ersten Zähne durchbrechen – mindestens zweimal am Tag, morgens und vor dem Schlafengehen. Machen Sie ein Spiel daraus: Lassen Sie Ihr Baby eine Zahnbürste halten, während Sie seine Zähne putzen. Erklären Sie ihm, was Sie tun. Fordern Sie es auf, es Ihnen gleich zu tun. Natürlich kann es seine Zähne noch nicht richtig putzen, aber es gewinnt eine Vorstellung davon.

Eine mild schmeckende Zahnpasta (Zahnpasten für Kinder enthalten weniger Fluor) und eine gesunde Ernährung sind die Grundlage für gesunde Zähne. Zu viel Fluor ist schädlich und kann zu Zahnverfärbungen führen. Sie brauchen nur ein erbsengroßes Stück Zahnpasta und eine weiche Bürste. Bringen Sie Ihrem Kind bei, die Zahnpasta auszuspucken.

Zahnen

In den drei Monaten vor dem ersten Geburtstag brechen meist mehrere Zähne durch. Es ist wichtig, gröbere Speisen anzubieten, die das Baby zum Kauen anregen. Auf Gemüsestückchen, die im Kühlschrank gekühlt wurden, kauen zahnende Babys gern herum. Kalte, geschälte Gurkenscheiben sind ideal. Auch halbgefrorene Bananenstücke lindern wundes Zahnfleisch. Halten Sie einen Beißring im Kühlschrank bereit, auf dem Ihr Baby beißen kann, wenn es keinen Hunger hat.

Die Meinungen darüber, ob das Zahnen das Wohlbefinden des Babys beeinträchtigt, gehen auseinander. Es ist aber wahrscheinlich, dass das Zahnen ein gewisses Unbehagen verursacht. Auch Probleme beim Essen treten häufiger auf. Einige Tage vor dem Durchbruch eines Zahns bemerken Sie eventuell eine harte, weißliche Schwellung. Ihr Baby sabbert. Tragen Sie etwas Vaselin um Mund und Kinn auf, damit die Haut nicht austrocknet. Bei sehr empfindlichem Zahnfleisch will das Baby vielleicht nicht mit dem Löffel gefüttert werden. Geben Sie ihm in diesem Fall Fingerfood.

Karies vorbeugen

Kinder tragen ein größeres Kariesrisiko als Erwachsene, da die neu gebildeten Zähne säureanfälliger sind. Außerdem ist in den ersten ein bis zwei Lebensjahren der Immunmechanismus im Mund noch nicht voll entwickelt.

Um Karies vorzubeugen, geben Sie Ihrem Baby keine Fläschchen mit Saft oder gesüßtem Tee. Wenn Ihr Baby Fruchtsaft aus dem Fläschchen trinkt, werden Zähne und Zahnfleisch über längere Zeit von Zucker und der säurehaltigen Flüssigkeit umspült.

Auch Milchzucker kann die Zähne schädigen, wenn sie nicht regelmäßig geputzt werden. Geben Sie Ihrem Baby nach dem Zähneputzen keine süßen Getränke oder Speisen mehr. Nachts ist auch die Speichelproduktion verringert und die schädlichen Säuren werden nicht weggespült. Geben Sie Ihrem Baby nachts nur Wasser.

Zur Erinnerung

- Es gibt keinen »gesunden« Zucker. Honig, brauner Zucker, Fruchtzucker und Haushaltszucker schädigen die Zähne gleichermaßen.

- Sobald die ersten Zähne durchbrechen, kaufen Sie eine milde Kinderzahnpasta und eine Kinderzahnbürste und putzen Ihrem Baby morgens und abends die Zähne.

- Am besten geben Sie Ihrem Kind süße Speisen nur zu den Mahlzeiten, da beim Essen mehr Speichel gebildet wird. Speichel neutralisiert die Säure im Mund. Verdünnter Fruchtsaft ist zu den Mahlzeiten erlaubt, zwischendurch geben Sie Ihrem Baby besser Wasser.

- Ermuntern Sie Ihr Baby, aus einer Tasse oder einem Becher zu trinken, und bieten Sie ihm nur Wasser, verdünnten Fruchtsaft oder seine Milchnahrung an.

- Versuchen Sie, Ihr Baby bis zum ersten Geburtstag von der Flasche zu entwöhnen, außer vielleicht einem Fläschchen zur Schlafenszeit.

- Zahnungsbeschwerden lassen nach, wenn das Baby auf einem sauberen, feuchten Waschlappen kaut, der 30 Minuten in die Tiefkühltruhe gelegt worden ist.

- Schmerzen können gelindert werden, wenn Sie ein zuckerfreies Zahnungsgel ins Zahnfleisch einmassieren. Diese Gele enthalten ein lokales Betäubungsmittel. Bei starken Schmerzen können Sie dem Baby ein Paracetamolzäpfchen geben. Oder Sie probieren ein homöopathisches Präparat aus.

Eine abwechslungsreiche Kost

Gegen Ende des ersten Lebensjahres hat Beikost schon einen Großteil der Milchmahlzeiten ersetzt. Bieten Sie Ihrem Baby in dieser Phase viele verschiedene Texturen und Geschmacksrichtungen an. Offerieren Sie einige Speisen in zerdrückter Form, andere unzerkleinert, gerieben oder gewürfelt: Es ist überraschend, was ein paar Zähne und ein starker Gaumen vermögen. Fingerfood wird zu einem wichtigen Teil der täglichen Kost und gewöhnt Ihr Baby an das selbstständige Essen und viele neue Konsistenzen.

1 Sternchennudeln mit Sauce
Kleine Sternchen- oder andere Suppennudeln sind beliebte erste Nudelgerichte. Hier werden sie mit Tomatensauce und geriebenem Käse kombiniert und mit Karotten gesüßt. (Rezept siehe S. 64.)

2 Schnelles Couscous mit Hähnchen
Couscous, das aus Weizen hergestellt wird, hat einen milden Geschmack und eine weiche Konsistenz und ist daher für Babys bestens geeignet. Es ist schnell zubereitet und passt zu vielerlei Gemüse und Obst. (Rezept siehe S. 66.)

3 Verschiedene Dips
Diese leckeren, farbenfrohen, süßen Dips gibt's zu Toast, Käsestücken, Obstschnitzen oder rohen Gemüsestücken, die gekühlt werden können, um das schmerzende Zahnfleisch zu beruhigen. (Rezepte siehe S. 62f.)

1

2

3

Sahniger Avocado-Dip & Gemüsesticks

⏱ Vorbereitungszeit: 10 Minuten; Garzeit: ca. 8 Minuten   🔪 Für 4 Portionen
💪 Enthält Folsäure, Kalium und Vitamin A, C und E

1 reife **Avocado**, halbiert und entsteint
60 g weicher **Frischkäse**
1 EL **Schnittlauch**, fein geschnitten
1 reife **Tomate**, enthäutet, entkernt und klein geschnitten

Gedämpftes Gemüse, in Formen geschnitten

Gemüse, z. B. Kohlrabi, Karotten, Kartoffeln, gewaschen und geschält

Avocados besitzen einen hohen Eiweißgehalt; Babys lieben ihre milde, cremige Konsistenz. Dieser Dip eignet sich auch als Brotbelag, wenn er mit geriebenem Käse oder klein geschnittener Brunnenkresse verrührt wird.

▶ Das Gemüse in Streifen oder Figuren schneiden, in den Dampfgarer geben und in etwa 8 Minuten weich kochen.

▶ Das Avocadofleisch zerdrücken und mit den restlichen Zutaten vermischen. (Für Erwachsene können Sie Zitronensaft, Gewürze, klein gehackten Koriander und eventuell etwas klein gehackte Chilischote zugeben.)

Roter Paprikadip & Gemüsesticks

⏱ Vorbereitungszeit: 10 Minuten; Garzeit: 10 Minuten   🔪 Für 4 Portionen
💪 Enthält Vitamin A, B$_{12}$ und C   ❄ Zum Einfrieren geeignet

1 kleine **rote Paprikaschote**, halbiert und entkernt
½ EL **Pflanzenöl**
1 **Schalotte**, fein gehackt
1 reife **Tomate**, enthäutet, entkernt und klein geschnitten
200 g weicher **Frischkäse**

Gemüsesticks

Gemüse, z. B. Karotten, Sellerie, Gurke, Paprika und Kohlrabi, gewaschen und geschält

TIPP Wenn Ihrem Baby das rohe Gemüse zu hart ist, bieten Sie ihm gedämpften Blumenkohl oder gedämpftes Wurzelgemüse an. Verringern Sie die Garzeit nach und nach.

Die Gemüsestücke müssen so klein sein, dass das Baby sie halten kann, aber groß genug, dass es sie nicht im Ganzen verschlucken kann. Sie können zum Dippen auch Toaststücke anbieten.

▶ Für den Dip die rote Paprikaschote grillen, dann schälen und grob hacken.
▶ Inzwischen das Öl in einer kleinen Pfanne erhitzen, die Schalotte hineingeben und weich dünsten, aber nicht bräunen.
▶ Die Paprika mit der Schalotte, den Tomaten und dem Frischkäse mischen und zu einer weichen Masse pürieren.

▶ Das rohe Gemüse in Streifen schneiden oder mit Ausstechern (für Kekse) Formen ausstechen.

Gemüse-Käse-Püree

⏱ Vorbereitungszeit: 10 Minuten; Garzeit: ca. 20 Minuten   🔪 Für 4 Portionen
💪 Enthält Kalzium, Ballaststoffe, Folsäure, Kalium, Eiweiß und Vitamin A, B$_{12}$ und C

250 g **Kohlrabi**, geschält und klein geschnitten
125 g **Kartoffeln**, geschält und klein geschnitten
250 ml **Milch**
30 g geriebener **Käse** (z. B. Gouda)

Aus diesem Rezept lässt sich sowohl ein weiches Püree als auch ein gröberer Brei zubereiten.

▶ Gemüse und Milch in einen Topf geben. Zum Kochen bringen, zudecken und köcheln lassen, bis das Gemüse weich ist.

▶ Vom Herd nehmen und den Käse einrühren. Wenn der Käse geschmolzen ist, die Masse pürieren oder zerdrücken.

Fruchtiges Babymüsli

⏱ Zubereitungszeit: 10 Minuten und 2–12 Stunden Quellzeit 👶 Für 2 Portionen
💪 Enthält Ballaststoffe, Eisen, Magnesium, B-Vitamine (außer B_{12}), Vitamin C und Zink

Hafer hebt den Blutzuckerspiegel relativ langsam an, daher versorgen Frühstücksbreie auf Haferbasis den Körper konstanter mit Energie als andere Cerealien.

▶ Hafer und Weizenkeime mit der Aprikose und den Sultaninen in eine Schüssel geben. Den Traubensaft darüber gießen. Mindestens zwei Stunden oder über Nacht im Kühlschrank quellen lassen.

▶ Den Apfel und die Trauben zum Müsli geben und pürieren. (Sobald Ihr Baby das Kauen beherrscht, müssen Sie das Müsli nicht mehr pürieren.)

30 g **Hafervollkornflocken**
30 g **geröstete Weizenkeime**
1 **getrocknete Aprikose** oder **Birne**, klein geschnitten
1 EL **Sultaninen**
150 ml **weißer Traubensaft** oder **Apfelsaft**
1/2 **roter Apfel**, geschält und gerieben
3 **Trauben**, halbiert und entkernt

Apfel-Dattel-Brei

⏱ Vorbereitungszeit: 2 Minuten; Garzeit: ca. 10 Minuten 👶 Für 2 Portionen
💪 Enthält Kalzium, Ballaststoffe und B-Vitamine

▶ Den Apfel und die Datteln zusammen mit dem Wasser in einen Topf geben und bei mittlerer Hitze 5 Minuten kochen.
▶ Inzwischen die Milch in einem Topf erhitzen, die Haferflocken einrühren, zum Kochen bringen und 3–4 Minuten köcheln lassen. Mit dem Obst mischen, dann zur gewünschten Konsistenz pürieren.

1 **süßer Apfel**, geschält, entkernt und klein geschnitten
45 g **Datteln**, entsteint
4 EL **Wasser**
150 ml **Milch**
15 g **Hafervollkornflocken**

Exotischer Obstsalat

⏱ Zubereitungszeit: 10 Minuten 👶 Für 4 Portionen
💪 Enthält Betakarotin, Ballaststoffe, Folsäure und Vitamin C

Wenn Sie keine vollreifen, exotischen Früchte kaufen können oder Ihr Kind zu Allergien neigt, verwenden Sie Pfirsiche, Birnen und Bananen.

▶ Früchte klein schneiden und mit dem Orangensaft übergießen.

1/2 **Mango**, geschält und entsteint
1/2 **Papaya**, geschält und entsteint
1 **Kiwi**, geschält
2 **Lychees**, geschält und entsteint
Saft von 1 großen **Orange**

Himbeer-Birnen-Pfirsich-Mus

⏱ Vorbereitungszeit: 5 Minuten; Garzeit: 5 Minuten
👶 Für 4 Portionen 💪 Enthält Folsäure und Vitamin C

Dieses Sommermus schmeckt am besten, wenn Himbeerzeit ist und die Pfirsiche reif und süß sind. Es kann mit Reisflocken oder zerdrückter Banane gemischt werden.

▶ Das Obst in einen Topf geben und etwa 5 Minuten köcheln lassen. Etwas abkühlen lassen, durch ein Sieb streichen und mit dem Joghurt mischen.

125 g **Himbeeren**
2 reife **Birnen**, geschält, entkernt und klein geschnitten
1 **Pfirsich**, geschält und klein geschnitten
2 EL **Joghurt**

Kürbis mit Buchstabennudeln

300 g **Kürbis**, geschält und gewürfelt
2–3 EL **Buchstabennudeln**
30 g **Butter**
½ EL gehackter **frischer Salbei**
1 EL frisch geriebener **Parmesan** (nach Belieben)

Vorbereitungszeit: 5 Minuten; Garzeit: 20 Minuten Für 2 Portionen
Enthält Betakarotin und Folsäure Zum Einfrieren geeignet

▶ Die Kürbisstücke in den Dampfgarer geben und in etwa 15 Minuten weich garen. Mit 4–5 EL Kochwasser zu einem Brei pürieren.
▶ Inzwischen die Nudeln entsprechend der Packungsanweisung in leicht gesalzenem Wasser kochen, dann abgießen.
▶ Die Butter in einem Topf schmelzen, den gehackten Salbei zugeben und 1 Minute anschwitzen.
▶ Den Salbei, die Butter und eventuell den Parmesan mit dem Kürbis und den Nudeln mischen.

Sternchennudeln mit Sauce

125 g **Karotten**, geschält und in Scheiben geschnitten
200 ml **kochendes Wasser**
30 g **Butter**
200 g **Tomaten**, enthäutet, entkernt und klein geschnitten
45 g **geriebener Käse** (z. B. Gouda)
2 EL **Sternchennudeln** (Suppennudeln)

Vorbereitungszeit: 10 Minuten; Garzeit: 25 Minuten Für 4 Portionen
Enthält Betakarotin, Kalzium, Folsäure, Eiweiß und Vitamin B_{12} und C
Zum Einfrieren geeignet

Kleine Sternchennudeln sind bei Kindern sehr beliebt. Die Karotten verleihen der Sauce einen süßlichen Geschmack, der bei Kindern ebenfalls gut ankommt.

▶ Die Karotten in einen kleinen Topf geben, mit kochendem Wasser bedecken und in 15–20 Minuten weich kochen.
▶ Die Butter in einem extra Topf erwärmen, die Tomaten zugeben und musig dünsten. Vom Herd nehmen. Den Käse einrühren und schmelzen lassen.
▶ Inzwischen die Nudeln entsprechend der Packungsanweisung in leicht gesalzenem Wasser kochen, dann abgießen.
▶ Die gekochten Karotten mit der Kochflüssigkeit und der Käse-Tomaten-Sauce mischen. Zu einem Püree mixen und die Sternchennudeln unterrühren.

Nudelsauce mit Tomaten & Thunfisch

1 EL **Olivenöl**
1 kleine **Zwiebel**, geschält und fein gehackt
1 **Knoblauchzehe**, geschält und zerdrückt
400 g **Dosentomaten**, in Stücken
1 EL **Tomatenmark**
½ TL **Balsamico-Essig**
½ TL **feiner Zucker**
¼ TL **getrocknete Mischkräuter**
100 g **Thunfisch in Öl**, aus der Dose
2 EL **weicher Frischkäse** oder **Mascarpone**

Vorbereitungszeit: 5 Minuten; Garzeit: 20 Minuten Für 4 Portionen Enthält Betakarotin, Kalium, Eiweiß und Vitamine A, B_{12}, C, D und E Zum Einfrieren geeignet

Aus Vorräten schnell gezaubert, schmeckt dieses Gericht eigentlich immer.

▶ Das Öl in einem Topf erhitzen, die Zwiebel und den Knoblauch zugeben und in 5 Minuten weich dünsten.
▶ Die restlichen Zutaten, außer Thunfisch und Frischkäse oder Mascarpone, zugeben und im offenen Topf bei mittlerer Hitze etwa 12 Minuten garen.
▶ Abgießen, den Thunfisch zerteilen, in die Sauce geben und erhitzen.
▶ Frischkäse oder Mascarpone einrühren und schmelzen lassen.

Fischfilet mit Gemüse

- Vorbereitungszeit: 10 Minuten; Garzeit: 35 Minuten   Für 4 Portionen
- Enthält Betakarotin, Kalzium, Eiweiß, B-Vitamine, einschließlich Folsäure, und Vitamin C
- Zum Einfrieren geeignet

Diese schmackhafte Kombination aus weißem Fisch und Gemüse in einer milden Käsesauce ist bei Babys sehr beliebt.

▶ Die Butter in einem Topf schmelzen, den Lauch zugeben und 2–3 Minuten dünsten. Die Karotten zugeben, mit Wasser bedecken und 10 Minuten kochen. Den Brokkoli zugeben und 5 Minuten kochen. Die Erbsen einrühren und weitere 5 Minuten köcheln lassen, bis das Gemüse weich ist (wenn nötig, etwas Wasser zugeben).

▶ In der Zwischenzeit den Fisch mit der Milch, den Pfefferkörnern, dem Lorbeerblatt und der Petersilie in einen Topf geben. 5 Minuten köcheln lassen, bis der Fisch gar ist. Beiseite stellen, die Kochflüssigkeit aufheben. Die Gewürze entfernen.

▶ Für die Sauce die Butter in einem Topf schmelzen lassen, das Mehl einrühren und 1 Minute anschwitzen. Nach und nach die Kochflüssigkeit mit dem Schneebesen einrühren, zum Kochen bringen und unter stetigem Rühren kochen, bis die Sauce sämig wird. Vom Herd nehmen, den Käse zugeben und rühren, bis er geschmolzen ist.

▶ Das Gemüse abgießen und mit dem zerteilten Fisch (auf Gräten achten!) und der Käsesauce mischen. Zu einem Brei in der gewünschten Konsistenz pürieren. Wenn das Gemüse zart ist, kann das Gericht für ältere Babys auch zerdrückt oder klein geschnitten werden.

Eine abwechslungsreiche Kost

15 g **Butter**

60 g **Lauch**, gewaschen und in dünne Ringe geschnitten

125 g **Karotten**, geschält und klein geschnitten

60 g **Brokkoli**, in kleine Röschen zerteilt

45 g **frische** oder **Tiefkühlerbsen**

150 g **Kabeljau-**, **Seehecht-**, **Schollen-** oder **Schellfischfilet**, enthäutet und absolut grätenfrei

150 ml **Milch**

3 **Pfefferkörner**

1 **Lorbeerblatt**

1 Stängel **Petersilie**

Sauce

20 g **Butter**

1 EL **Mehl**

45 g **geriebener Käse** (Gouda oder Edamer)

Kabeljau mit Tomaten & Zucchini

150 g **Kabeljaufilet**, enthäutet und absolut grätenfrei
100 ml **Milch**
30 g **Butter**
1 **Schalotte**, geschält und gehackt
90 g **Zucchini**, klein geschnitten
375 g **Tomaten**, enthäutet, entkernt und gehackt
60 g geriebener **Käse** (z. B. Gouda)

TIPP Der Kabeljau kann bei hoher Temperatur drei Minuten in der Mikrowelle gegart werden.

Vorbereitungszeit: 10 Minuten; Garzeit: 20 Minuten Für 4 Portionen
Enthält Kalzium, Kalium, Eiweiß, B-Vitamine, einschließlich Folsäure, und Vitamin C
Zum Einfrieren geeignet

▶ Den Fisch in einen Topf legen, mit der Milch begießen und etwa 6 Minuten vorsichtig pochieren.
▶ Inzwischen die Butter in einem Topf schmelzen, die Schalotte hineingeben und weich dünsten. Die Zucchini zugeben und 5 Minuten dünsten. Die Tomaten zugeben und weitere 5 Minuten dünsten, bis sie musig sind. Den Topf vom Herd nehmen und den Käse einrühren und schmelzen lassen.
▶ Den Fisch sorgfältig mit einer Gabel zerteilen (Gräten entfernen!) und in die Tomaten-Zucchini-Sauce rühren. Für Babys, die gröbere Kost nicht mögen, kann das Gericht auch püriert werden.

Hähnchen auf kalifornische Art

45 g gekochte **Hähnchenbrust**, ohne Knochen und Haut
1 **Tomate**, enthäutet, entkernt und klein geschnitten
30 g **Avocado**
2 EL milder, vollfetter **Naturjoghurt**
1½ EL **geriebener Käse** (z. B. Gouda)

Vorbereitungszeit: 10 Minuten; Garzeit: 20 Minuten Für 1 Portion Enthält Kalzium, Eiweiß, B-Vitamine, einschließlich Folsäure, Vitamin A, C und E und Zink

Aus diesen Zutaten können Sie auch für sich selbst einen Salat oder ein Sandwich als schnelle Mahlzeit zubereiten.

▶ Das Hähnchen klein schneiden und mit den anderen Zutaten vermengen.
Alles zerdrücken oder pürieren. Sie können den Käse auch weglassen.

Schnelles Couscous mit Hähnchen

20 g **Butter**
60 g **Lauch**, nur den weißen Teil, gewaschen und klein geschnitten
80 g **Hähnchenbrust**, ohne Knochen und Haut, in Würfel geschnitten
30 g **Kohlrabi**, geschält und gewürfelt
30 g **Karotten**, geschält und gewürfelt
250 ml ungesalzene **Hühnerbrühe** (siehe S. 52)
100 g **Couscous** (ersatzweise **gekochter Reis**)

Vorbereitungszeit: 10 Minuten; Garzeit: 20 Minuten Für 4 Portionen
Enthält Betakarotin, Folsäure, Eisen und Eiweiß

Sie können das Hähnchenfleisch durch zusätzliches Saisongemüse ersetzen.

▶ Die Butter in einem Topf erwärmen, den Lauch hineingeben und in 5 Minuten weich dünsten. Das Hähnchenfleisch zugeben und garen.
▶ Inzwischen den Kohlrabi und die Karotten im Dampfgarer oder in einem Topf mit kochendem Wasser in etwa 10 Minuten weich garen.
▶ Die Hühnerbrühe in einem Topf zum Kochen bringen. Das Couscous einrühren, den Topf vom Herd nehmen, zudecken und 5 Minuten quellen lassen, bis die Brühe aufgesogen ist. Mit einer Gabel auflockern und das Hähnchenfleisch und das Gemüse einrühren. Wenn nötig, nochmals Brühe oder Wasser zugeben.

Fruchtiges Hähnchen mit Karotten

⏱ Vorbereitungszeit: 10 Minuten; Garzeit: 20 Minuten 🥄 Für 2 Portionen
🍴 Enthält Betakarotin, Niacin, Eiweiß und Vitamin B_6 ❄ Zum Einfrieren geeignet

Apfel passt gut zu Hähnchenfleisch; er verleiht diesem schnell zubereiteten Gericht ein feines Aroma. Als Beilage passt Reis.

▶ Die Butter in einem Topf erhitzen, die Zwiebel hineingeben und 3–4 Minuten dünsten. Das Hähnchen zugeben und dünsten, bis es Farbe annimmt. Die Karotten zugeben und 2 Minuten kochen, dann den klein geschnittenen Apfel einrühren und mit der Hühnerbrühe übergießen.

▶ Die Mischung zum Kochen bringen, abdecken und bei mittlerer Hitze etwa 15 Minuten kochen. Je nach Wunsch klein schneiden oder pürieren.

15 g **Butter**

30 g **Zwiebeln**, geschält und fein gehackt

75 g **Hähnchenbrust**, ohne Knochen und Haut, klein geschnitten

125 g **Karotten**, geschält und in Scheiben geschnitten

½ **Apfel**, geschält, entkernt und in Schnitze geschnitten

300 ml ungesalzene **Hühnerbrühe** (siehe S. 52)

Hähnchen & Brokkoli in Käsesauce

⏱ Vorbereitungszeit: 5 Minuten; Garzeit: 15 Minuten 🥄 Für 4 Portionen
🍴 Enthält Kalzium, Eiweiß, B-Vitamine, einschließlich Folsäure, und Vitamine A und C
❄ Zum Einfrieren geeignet

Sie können dieses Gericht auch mit gekochten Suppennudeln, z. B. Sternchennudeln, anreichern.

▶ Für die Käsesauce die Butter in einem Topf schmelzen lassen, das Mehl einrühren und 1 Minute kochen lassen. Nach und nach die Milch mit dem Schneebesen einrühren, zum Kochen bringen und eindicken lassen. Vom Herd nehmen, den Käse einrühren und schmelzen lassen.

▶ Inzwischen den Brokkoli weich dämpfen (oder in der Mikrowelle garen). Käsesauce, Hähnchenfleisch und Brokkoli mischen, mit einem Pürierstab pürieren oder einer Gabel grob zerkleinern.

90 g **Brokkoli**, in kleine Röschen zerteilt

125 g gekochte **Hähnchenbrust**, ohne Knochen und Haut, klein geschnitten

Milde Käsesauce

30 g **Butter**

2 EL **Mehl**

300 ml **Milch**

60 g geriebener, **milder Käse** (z. B. Edamer)

TIPP Wenn Ihr Baby Käse nicht mag, bereiten Sie eine Béchamelsauce mit einer Prise Muskatnuss zu.

Spaghetti Bolognese

⏱ Vorbereitungszeit: 10 Minuten; Garzeit: 35 Minuten 🥄 Für 4 Portionen
🍴 Enthält Betakarotin, Eisen, Eiweiß, B-Vitamine, einschließlich Folsäure, und Zink
❄ Sauce zum Einfrieren geeignet

▶ Das Öl in einem Topf erwärmen, die Zwiebel, den Knoblauch und den Sellerie hineingeben und 3–4 Minuten dünsten. Die geraspelten Karotten zugeben und 2 Minuten kochen lassen.

▶ Das Hackfleisch hinzufügen und unter Rühren anbräunen. Das Tomatenmark, die frischen und getrockneten Tomaten und die Brühe einrühren. Die Mischung zum Kochen bringen, die Hitze reduzieren, bedecken und etwa 10 Minuten kochen lassen. Die Fleischsauce in der Küchenmaschine zerkleinern.

▶ Die Spaghetti entsprechend der Packungsanweisung in leicht gesalzenem Wasser kochen. Abgießen, in Stücke schneiden und mit der Sauce mischen.

1 EL **Pflanzenöl**

½ kleine **Zwiebel**, geschält und gehackt

1 kleine **Knoblauchzehe**, zerdrückt

15 g **Sellerie**, klein geschnitten

30 g **Karotten**, geschält und geraspelt

125 g mageres **Rinderhackfleisch**

½ TL **Tomatenmark**

2 **Tomaten**, enthäutet, entkernt und klein geschnitten

1 EL getrocknete **Tomaten**, klein geschnitten

90 ml ungesalzene **Hühnerbrühe** (siehe S. 52)

60 g **Spaghetti**

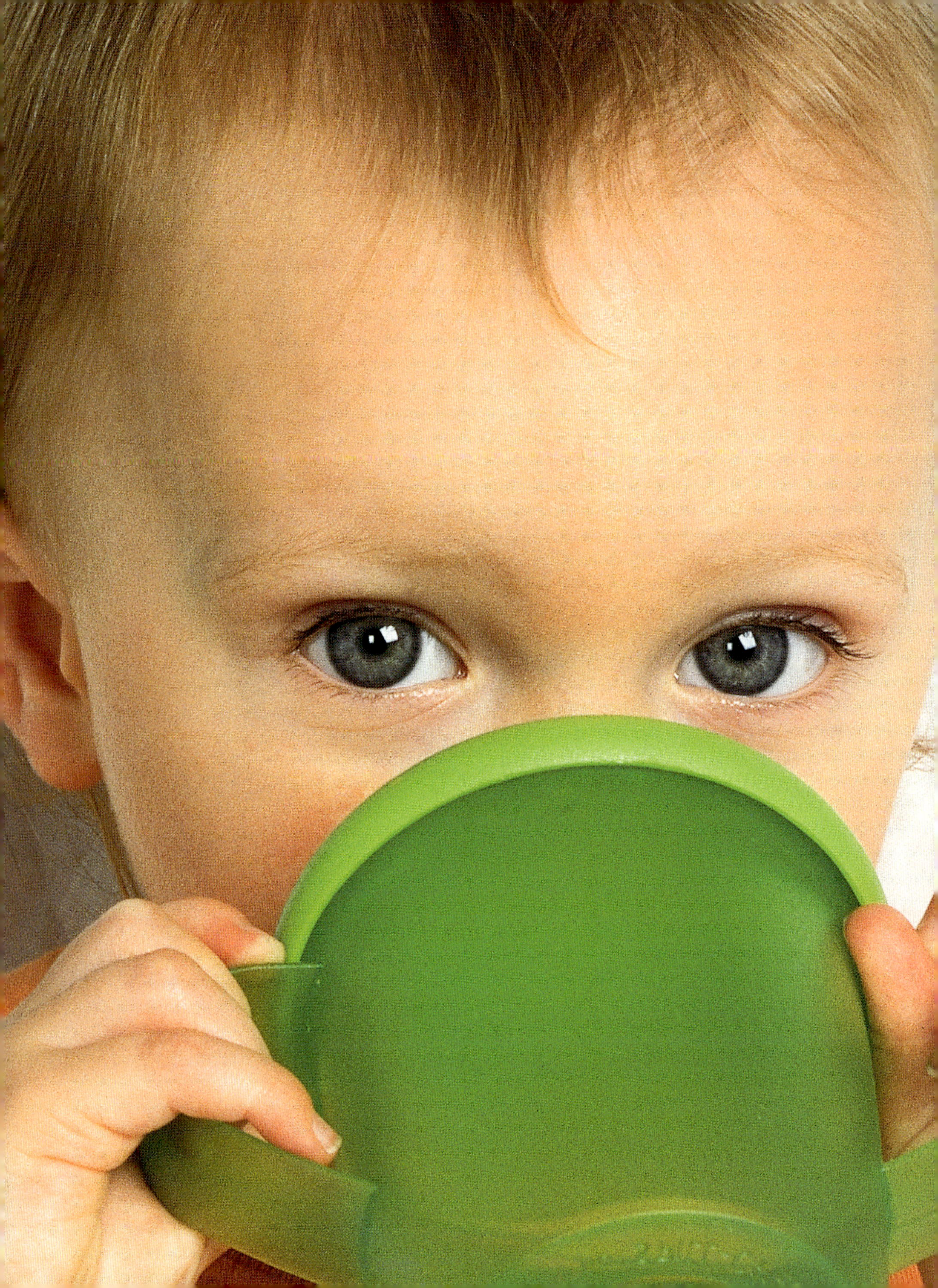

12 bis 18 Monate

Rezepte in diesem Kapitel

Süße & herzhafte Snacks **76–77**
Gemüse **76–77**
Nudeln **77–79**
Fisch **80**
Hähnchen & Pute **81–83**
Dunkles Fleisch **83**
Obst & Nachspeisen **84–85**

Neue Bedürfnisse

»Gewöhnen Sie Ihr Kind jetzt daran, jeden Tag fünf Portionen Obst und Gemüse zu essen. So legen Sie den Grundstein für eine lebenslang gesunde Ernährung.«

Ihr Kind genießt nun schon eine sehr vielseitige Kost und beteiligt sich weitgehend an den Familienmahlzeiten. Daher sind die Rezepte in diesem Kapitel so gestaltet, dass sie Ihrem Kind Appetit machen, aber auch der ganzen Familie schmecken. Gegen Ende des ersten Lebensjahres werden aus bisher problemlosen Essern manchmal recht schwierige Esser. In dieser Zeit verlangsamt sich die Wachstumsrate stark, was zu einer natürlichen Abschwächung des Appetits führt. Hinzu kommt, dass Ihr Baby dank seiner neu erworbenen Fähigkeit zu laufen unwillig ist, längere Zeit bei Tisch zu sitzen. Wenn Sie um diese Veränderungen wissen, können Sie sich besser auf seine Bedürfnisse einstellen.

Eine ausgewogene Ernährung

Mit zwölf Monaten sieht Ihr Baby vielleicht etwas pummelig aus, doch wenn es erst einmal auf den Beinen ist, wird es bald dünner. Kleinkinder sind ständig auf Achse; Sie stellen wahrscheinlich schnell fest, dass Ihr Kind nun Zwischenmahlzeiten braucht, die einen schnellen Energieschub liefern.

Ermuntern Sie Ihr Kind, viele verschiedene Dinge zu essen, z. B. Obst, Käsewürfel oder selbst gemachten Kuchen, sodass sie einen wertvollen Bestandteil seiner täglichen Ernährung bilden.

Die Ernährung des Kindes

Auch wenn Kinder an den Familienmahlzeiten teilnehmen, gelten für sie teilweise andere Ernährungsgrundsätze als für Erwachsene. Kleinkinder haben andere Ernährungsbedürfnisse; sie benötigen im Verhältnis zum Körpergewicht mehr Kalorien als Erwachsene, damit das Wachstum von Muskeln, Gewebe und Knochen während der gesamten Kindheit sichergestellt ist. So gelten z. B. die Empfehlungen für Erwachsene hinsichtlich der Zufuhr von Fett und Ballaststoffen für Kinder unter fünf Jahren nicht – sofern das Kind nicht übergewichtig ist.

Erwachsene und Kinder über fünf Jahre sollten nicht mehr als 30 Prozent der Kalorienmenge aus Fett beziehen; bei Kindern unter zwei Jahren sollte man den Fettkonsum jedoch nicht beschränken. Wegen des sehr schnellen Wachstums in den ersten zwei Lebensjahren wird Fett als hoch konzentrierte Energiequelle benötigt. Bestimmte Fettsäuren sind auch für die Entwicklung von Gehirn und Nervensystem wichtig. Sofern nicht ärztlich verordnet, geben Sie Ihrem Kind keine fettreduzierten Produkte, z. B. fettarme Milch. Ihr Kind benötigt jetzt etwa 300 bis 400 ml Milch am Tag, allerdings kann es jetzt vollfette Kuhmilch trinken.

Auch eine sehr ballaststoffreiche Kost ist für Ihr Kind noch nicht geeignet. Kleine Kinder haben einen kleinen Magen: Ballaststoffe füllen den Magen, ohne den hohen Kalorienbedarf des Kleinkindes zu stillen, und können sogar die Aufnahme lebenswichtiger Nährstoffe behindern.

Milch bleibt wichtig
Wenn Ihr Kind keine Milch trinken möchte und vermutlich weniger als 300 ml pro Tag zu sich nimmt, können Sie problemlos Milch in seine Mahlzeiten »schmuggeln«, ohne dass es dies bemerkt.

Joghurt, Quark und Käse können als Ersatzprodukte Verwendung finden. Oder Sie bieten Ihrem Kind Milchmixgetränke oder einen Smoothie (siehe S. 112) an, bereiten Käsesauce (siehe S. 65) zu, zerdrücken einige Kartoffeln mit viel Milch oder verquirlen zum Dessert einen halben Becher Grütze mit einem Becher Joghurt.

Die Bedeutung von Obst und Gemüse

Gesundheitsexperten empfehlen, fünf Portionen Obst oder Gemüse am Tag zu sich zu nehmen (wobei Kartoffeln nicht mitgerechnet werden, siehe S. 15). Doch keine Sorge – es ist nicht gar nicht so schwierig, die fünf empfohlenen Portionen in die Mahlzeiten Ihres Kindes einzubauen.

Der 5-Portionen-Plan
Auf folgende Weise nimmt Ihr Kind täglich fünf Portionen Obst und Gemüse zu sich:
• Servieren Sie zum Frühstück etwas frisches oder gekochtes Obst oder verdünnten Fruchtsaft.
• Reichen Sie Ihrem Kind zum Mittagessen eine Portion Gemüse oder Salat und zum Nachtisch eine Portion frisches oder gekochtes Obst.
• Zum Abendessen bieten Sie Ihrem Kind eine Portion Gemüse und zum Nachtisch ein Stück frisches Obst oder einen Obstpudding an.

»Mein Gemüse ess' ich nicht!«
Kinder wehren sich oft sehr heftig gegen Gemüse. Nur sehr wenige Kinder essen ausreichend Gemüse. Wenn Ihr Kind Gemüse strikt verweigert, probieren Sie folgende Vorschläge aus, um Gemüse unbemerkt in das Essen Ihres Kindes »einzubauen«.
• Viele Kinder essen lieber rohes als gekochtes Gemüse; geben Sie Ihrem Kind Karotten, rote Paprikaschoten und Gurkenscheiben mit einem leckeren Dip oder rühren Sie ein Salatdressing an, das Ihr Kind mag.
• Dämpfen Sie Gemüse, statt es zu kochen; so bleibt es knackiger, nährstoffreicher und schmeckt besser.
• Pfannengerührtes Gemüse mit einem Spritzer Sojasauce und einigen Nudeln oder etwas Reis ist bei vielen Kindern beliebt.
• »Verstecken« Sie Gemüse, indem Sie es in Tomatensauce oder Suppen mixen, wie bei der Nudelsauce im Rezept auf S. 78. Backen Sie Kartoffeln im Ofen.
• Tiefkühlgemüse ist ebenso nährstoffreich wie frisches Gemüse; Erbsen und Mais z. B. werden meist gern gegessen.
• Wenn Ihr Kind trotz aller gut gemeinten Versuche nach wie vor kein Gemüse essen möchte, geben Sie ihm statt dessen Obst. Obst versorgt Ihr Kind mit fast allen Vitaminen, die in Gemüse enthalten sind.

Ideale Milchprodukte
• Quark oder Joghurt • Käse: in Scheiben, gerieben auf Nudeln oder Toast • weiße Sauce oder Käse-Makkaroni • Milchpudding, z. B. Reispudding
• Smoothies oder Milchmixgetränke mit Früchten

Der Regenbogen der Ernährung
Häufig trifft folgender Grundsatz zu: Je kräftiger die Farbe eines Nahrungsmittels ist, umso nährstoffreicher ist es. Verschiedenfarbige Nahrungsmittel liefern außerdem verschiedene Nährstoffe. Bieten Sie Ihrem Kind daher nach Möglichkeit grüne, rote, orangefarbene, gelbe, dunkelblaue oder purpurfarbene Früchte und Gemüsesorten an.

12 bis 18 Monate

Zur Erinnerung

- Sie können Ihrem Baby nun Vollmilch zu trinken geben, wenn keine speziellen Diätanforderungen bestehen.
- Bieten Sie als Durststiller reines Wasser an oder geben Sie stark verdünnten Fruchtsaft (mindestens fünf Teile Wasser auf einen Teil Saft).
- Wenn Ihr Baby noch nicht aus der Tasse trinkt, versuchen Sie ihm jetzt die Flasche abzugewöhnen.
- Ermuntern Sie Ihr Kind, Obst und Gemüse als Bestandteil der Mahlzeiten und als Snack zwischendurch zu essen.

Mahlzeiten sollen Spaß machen!

Kleinkinder essen, wie Erwachsene, lieber in Gesellschaft. Wenn Ihr Kind ein Kinderbesteck besitzt, mit dem es umgehen kann, in richtiger Höhe sitzt und nicht alleine essen muss, wird es die Mahlzeiten genießen.

Sie stellen vielleicht fest, dass es Speisen, die es bisher abgelehnt hat, isst, wenn ein Spielkamerad mitisst. Der Besuch bei Freunden oder Verwandten zeigt oft die gleiche Wirkung. Die Aufregung, mit anderen Kindern oder in einer anderen Umgebung zu essen, spornt es an, neue Dinge zu probieren. Wenn andere Personen anwesend sind, achten Sie auch selbst weniger darauf, was Ihr Kind isst – das entspannt die Situation. Wenn Sie mit ihm allein sind, konzentrieren Sie sich vermutlich stärker darauf, was es isst. Dies bedeutet für Ihr Kind einen unbewussten Druck und die Mahlzeiten können problematisch werden. Vergessen Sie beide nicht, dass Essen Spaß machen sollte.

Im Kreise der Familie essen

Im Kreise der Familie zu essen hilft Ihrem Kind, sich an die regelmäßigen Mahlzeiten zu gewöhnen und grundlegende Tischsitten zu erlernen. Auch wenn die Familie nicht alle Mahlzeiten gemeinsam einnehmen kann – vielleicht findet das Abendessen zu spät für das Kind statt –, setzen Sie sich zu ihm, während es isst, oder bitten ein älteres Geschwisterkind oder einen Freund, ihm Gesellschaft zu leisten.

Für die Familie kochen

Von nun an sollte Ihr Kind die gleichen Mahlzeiten zu sich nehmen wie die restliche Familie. Sie können nicht auf Dauer verschiedene Mahlzeiten kochen und es ist viel leichter, Kinder schon frühzeitig an neue Nahrungsmittel zu gewöhnen, da ihre Vorlieben (und Abneigungen) noch nicht festgelegt sind. Sie können sein Interesse an Nahrungsmitteln wecken, indem Sie mit ihm über ihre Form, ihren Geschmack oder ihre Beschaffenheit sprechen und sie attraktiv anrichten.

Machen Sie sich nicht zu viel Sorgen und werden Sie nicht wütend, wenn Ihr Kind ein ihm unbekanntes Gericht ablehnt – manchmal braucht es mehrere Versuche, bis eine Speise akzeptiert wird. Stellen Sie stattdessen sicher, dass der Nachtisch nährstoffreich ist und Sie sicher sein können, dass Ihr Kind insgesamt eine gesunde Kost zu sich nimmt. Denken Sie daran, dass die Ernährung über mehrere Tage hinweg ausgewogen sein muss, und es weniger auf die Nährstoffmenge innerhalb von 24 Stunden ankommt.

»Gemeinsam essen hilft Ihrem Kind, sich an die Familienmahlzeiten zu gewöhnen.«

Wenn Ihr Kind sich nicht wohl fühlt

Wenn Kinder sich nicht wohl fühlen, haben sie meist keinen Appetit. Sie müssen jedoch sicherstellen, dass Ihr Kind genügend Flüssigkeit zu sich nimmt.

Durchfall

Der Körper des Neugeborenen besteht fast zu 80 Prozent aus Wasser (beim Erwachsenen zu etwa 50 bis 60 Prozent). Daher sind Babys und Kleinkinder, die an Durchfall oder Erbrechen leiden, besonders anfällig für Austrocknung. Bieten Sie Ihrem Kind viel Flüssigkeit an. Elektrolytlösungen für Kinder, die in Wasser aufgelöst werden, ersetzen die verlorenen Mineralstoffe. Sie sind in der Apotheke erhältlich. Verdünnte Fruchtsäfte, Wassereis oder stark verdünnte, kohlensäure- und koffeinfreie Limonaden sind bei Durchfall geeignet. Milch ist nicht geeignet, sollte aber nach und nach wieder eingeführt werden.

Überwachen Sie die Flüssigkeitsaufnahme und Urinausscheidung Ihres Kindes. Anzeichen einer Austrocknung sind:
- seltenes Wasserlassen
- konzentrierter, dunkelgelber Urin
- trockener Mund und Lippen
- eingesunkene Augen
- Apathie.

Wenden Sie sich an den Arzt, wenn diese Symptome auftreten oder wenn der Durchfall länger als 24 Stunden anhält.

Magenbeschwerden

Wenn Ihr Kind sich den Magen verdorben hat, befolgen Sie eine magenschonende Diät (siehe rechts). Bieten Sie kleine Mengen der empfohlenen Nahrungsmittel an. Nach 48 Stunden geben Sie Kartoffeln, gekochtes Gemüse (vor allem Wurzelgemüse) und ein gekochtes Ei. Verzichten Sie auf Milchprodukte, da die Laktose den Darm reizen kann.

Ernährung bei Krankheit

Wenn Ihr Kind nichts essen möchte, aber weder an Durchfall noch Erbrechen leidet, geben Sie ihm nährstoffreiche Getränke – Milch, Milchmixgetränke (siehe S. 112) und Frucht-Smoothies sind geeignet. Kinder, die Getränke ablehnen, akzeptieren oft Wassereis am Stiel. Geben Sie ihm Eis aus gefrorenem Fruchtsaft, aus Obstmus oder Joghurt (siehe S. 177).

Bieten Sie ihm leicht verdauliche Gerichte an, z.B. Hühnerbrühe (siehe S. 52), gedämpften Fisch und zerdrückte Kartoffeln, Rührei auf Toast oder Bananenmus. Wenn Ihr Kind Antibiotika eingenommen hat, können Sie ihm Naturjoghurt mit lebenden Bakterien geben, die das Bakteriengleichgewicht im Darm wieder aufbauen.

Verstopfung

Wenn Ihr Kind unter Verstopfung leidet, geben Sie ihm viel Wasser und verdünnten Fruchtsaft. Schränken Sie zuckerhaltige und fettreiche Nahrungsmittel ein und bieten Sie stattdessen Obst, Gemüse und Vollkorncerealien an. Überlasten Sie das Verdauungssystem aber nicht mit konzentrierten Ballaststoffen; dadurch lässt sich Verstopfung bei kleinen Kindern nicht wirksam beheben. Naturjoghurt, getrocknete Pflaumen und Pflaumensaft sind besser geeignet.

Regression

Seien Sie nicht überrascht, wenn Ihr Kind während und nach einer Krankheit wieder »babyhafte« Essgewohnheiten annimmt. Während der Krankheit braucht es zusätzliche Zuwendung in Form von Körperkontakt und will vielleicht wieder aus der Flasche trinken. Es verlangt auch nach Speisen, die es als trostspendend in Erinnerung hat. (Dieses Verhalten kann während der frühen Kindheit bei Krankheit immer wieder auftreten.) Machen Sie sich keine Sorgen – bald wird es diese Phase überwunden haben und mit gesundem Appetit neue Nahrungsmittel ausprobieren.

Zur Erinnerung
- Geben Sie Ihrem kranken Kind viel zu trinken.
- Rechnen Sie damit, dass Ihr Kind für kurze Zeit zu »babyhaften« Essgewohnheiten zurückkehrt.

Diät bei Magenbeschwerden
- **Bananen** beruhigen einen übersäuerten Magen und liefern Kalium zur Regulation des Mineralstoffhaushalts.
- **Reis** hilft bei Durchfall und versorgt den Körper mit Energie.
- **Äpfel,** vor allem gedämpfte Äpfel, sind ein bewährtes Hausmittel bei Magen-Darm-Entzündung.
- **Trockener, weißer Toast** beruhigt den Magen und liefert Kohlenhydrate zur Energieversorgung.

Nahrung für die Sinne

Ihr Kind isst nun eine vielseitige, abwechslungsreiche Kost. Die Rezepte in diesem Kapitel sollen das Kleinkind ansprechen, aber auch den Geschmack der ganzen Familie treffen. In diesem Alter braucht Ihr Kind die Freiheit, sein Essen mit den Händen untersuchen zu dürfen. Wenn es dies darf, wird sein Interesse am Essen angeregt und es genießt die Mahlzeiten. Die Nahrungsmittel auf diesen Seiten sollen das Auge, den Geruchs- und Tastsinn und natürlich die Geschmacksknospen ansprechen.

1 Gefrorener Himbeerjoghurt
Kugeln von gefrorenem Joghurt, dekoriert mit Eiswaffeln und Schokoladentropfen, machen Appetit. (Rezept siehe S. 84.)

2 Joghurt-Pfannkuchen
Der Kontrast von klebrig-süßem Ahornsirup, reifen, kühlen, saftigen Sommerfrüchten und warmen Pfannkuchen ist verführerisch. (Rezept siehe S. 84.)

3 Chips aus Wurzelgemüse
Diese farbenfrohen, süßlichen Chips aus Süßkartoffeln, Roter Bete und Pastinaken sind ein ideales Fingerfood – ein knuspriger Snack und bestens für Partys und Picknicks geeignet. (Rezept siehe S. 76.)

4 Schnecken aus Putenwurst
Dieses einfache Gericht aus Putenwurst und Kartoffelbrei wird mit ein bisschen Fantasie zum Blickfang und ist ein schmackhaftes Mahl. (Rezept siehe S. 81.)

1

2

3

4

Bananen mit Ahornsirup

Vorbereitungszeit: 3 Minuten; Garzeit: ca. 3 Minuten   Für 1 Portion
Enthält Eisen, B-Vitamine, einschließlich Folsäure, und Zink

Diese Bananen sind köstlich zum Frühstück oder als Dessert, serviert mit einem getoasteten Rosinenbrötchen, Pfannkuchen oder Waffeln.

1 Stück **Butter**
1 kleine **Banane**, geschält und in Scheiben geschnitten
1 EL **Ahornsirup** (ersatzweise **Honig**)
½ TL **gemahlener Zimt**

▶ Die Butter in einem Topf schmelzen. Die Bananenscheiben hineinlegen und unter gelegentlichem Rühren 1 Minute braten.

▶ Ahornsirup und Zimt zugeben und 1 Minute weiterbraten.

Chips aus Wurzelgemüse

Vorbereitungszeit: 10 Minuten; Garzeit: 15 Minuten   200 °C
Für 4 Portionen   Enthält Betakarotin, Ballaststoffe und Kalium

Wecken Sie mit diesen knusprigen Chips die Lust auf Gemüse. Sie sind auch eine gesunde Alternative zu Kartoffelchips.

1 **Süßkartoffel**, abgebürstet (ersatzweise **Speisekartoffel**)
1 **Pastinake**, geschält (ersatzweise **Kohlrabi**)
2 **Karotten** oder eine 1 **Rote Bete**, geschält
Öl für das Backblech oder zum Frittieren
frisch gemahlenes **Meersalz** (nach Belieben)

▶ Das Gemüse mit der Hand oder dem Schnetzelwerk der Küchenmaschine hauchdünn schneiden. Zwei Backbleche mit Öl einfetten. Die Backbleche 5 Minuten in den vorgeheizten Ofen schieben.

▶ Das Gemüse in einer Schicht auf den Blechen auslegen und mit etwas Öl bepinseln. 10–12 Minuten im Ofen backen, nach der halben Garzeit wenden. Auf Küchenpapier legen, mit Meersalz bestreuen und kalt oder warm servieren.

▶ Als Alternative das Gemüse in der Fritteuse bei 190 °C frittieren. Jedes Gemüse einzeln hineingeben und in etwa 4–5 Minuten goldgelb und knusprig frittieren.

Zucchini-Tomaten-Frittate

Vorbereitungszeit: 5 Minuten; Garzeit: 30 Minuten   Für 4 Portionen
Enthält Kalzium, Eiweiß, B-Vitamine, einschließlich Folsäure, und Vitamin A und C

Diese vielseitige Frittate lässt sich mit den verschiedensten Zutaten zubereiten. Kalt ist sie bestens für ein Picknick geeignet.

2 EL **Pflanzenöl**
1 **Zwiebel**, geschält und klein gehackt
175 g **Zucchini**, in dünne Scheiben geschnitten
Salz und frisch gemahlener **schwarzer Pfeffer**
2 **Tomaten**, enthäutet, entkernt und klein geschnitten
4 **Eier**
1 EL **Milch**
2 EL frisch geriebener **Parmesan**

▶ Das Öl in einer beschichteten Pfanne (24 cm Durchmesser) erhitzen. Die Zwiebel und die Zucchini hineingeben und etwa 15 Minuten dünsten. Die Tomaten zufügen und 3–4 Minuten weitergaren.

▶ Die Eier mit der Milch und dem Pfeffer verquirlen und über das Gemüse gießen. Bei mittlerer Hitze 5 Minuten braten, bis die Eier gestockt sind. Den Grill vorheizen.

▶ Den Parmesankäse über die Frittate streuen und das Gericht unter dem Grill goldbraun überbacken (den Pfannengriff eventuell mit Alufolie umwickeln). In Kuchenstücke schneiden und heiß oder kalt servieren.

Variationen

▶ Anstelle von Zucchini und Tomaten 125 g gekochten, gewürfelten Schinken und 75 g Erbsen in die Eiermasse geben.

▶ Zucchini weglassen. 1 kleine, gewürfelte, gedämpfte, rote Paprikaschote und 2 gekochte, gewürfelte Kartoffeln zu den Eiern geben.

Kleine Gemüsepuffer

⏱ Vorbereitungszeit: 10 Minuten; Garzeit: 10 Minuten 🍳 Für 8 Puffer
💪 Enthält Betakarotin, Ballaststoffe, Kalium und Vitamin C ❄ Zum Einfrieren geeignet

Verführen Sie Ihr Kind mit diesem leckeren Rezept zum Gemüseessen – die Puffer schmecken auch kalt sehr gut.

▶ Das geraspelte Gemüse trocknen. Dazu das Gemüse auf mehrere Lagen Küchenpapier legen, mit Küchenpapier bedecken und ausdrücken.

▶ Das Gemüse in einer Schüssel mit den Gewürzen und dem Mehl mischen und mit den Händen zu 8 Bratlingen formen.

▶ Das Öl in einer Pfanne erhitzen, die Puffer hineingeben und mit einem Pfannenwender vorsichtig flach drücken. Etwa 5 Minuten braten, zwischendurch wenden.

▶ Auf Küchenpapier abtropfen lassen. Die Puffer müssen außen goldbraun und knusprig und innen durchgegart sein.

- 100 g geraspelte **Karotte**
- 100 g geraspelte **Zucchini**
- 100 g geriebene **Kartoffeln**
- **Salz** und frisch gemahlener **schwarzer Pfeffer**
- 2 EL **Mehl**
- **Pflanzenöl** zum Braten

Nudeln mit Käse & Brokkoli

⏱ Vorbereitungszeit: 10 Minuten; Garzeit: 35 Minuten 🌡 180 °C
🍳 Für 4 Portionen 💪 Enthält Kalzium, Eiweiß, B-Vitamine, einschließlich Folsäure, Vitamin A und Zink ❄ Sauce zum Einfrieren geeignet

▶ Die Nudelräder entsprechend der Packungsanweisung in leicht gesalzenem Wasser kochen. Nudeln abgießen und beiseite stellen.

▶ Inzwischen den Brokkoli und den Mais in etwas Wasser in 4–5 Minuten weich garen. Im Anschluss zugedeckt beiseite stellen.

▶ Für die Sauce die Butter in einem kleinen Topf schmelzen lassen. Das Mehl hineingeben und bei schwacher Hitze eine Minute anschwitzen. Nach und nach die Milch einrühren, langsam zum Kochen bringen und unter ständigem Rühren kochen, bis die Sauce dicklich wird. Den Topf vom Herd nehmen, mit Muskatnuss würzen, den Käse einrühren und schmelzen lassen, anschließend würzen.

▶ Das Gemüse in die Sauce rühren, anschließend mit den Nudeln mischen. Die Masse in eine gefettete Auflaufform füllen, mit Parmesankäse und Bröseln bestreuen. Im vorgeheizten Ofen etwa 15 Minuten überbacken.

Variation

▶ Für Käse-Makkaroni das Gemüse weglassen und das Gericht mit 150 g Makkaroni zubereiten.

- 125 g **Nudelräder** (Rotelline, ersatzweise Muschelnudeln)
- 125 g **Brokkoli**, in kleine Röschen zerteilt
- 60 g **Tiefkühlmais**

Käsesauce
- 30 g **Butter**
- 30 g **Mehl**
- 300 ml **Milch**
- 1 Prise **Muskatnuss**
- 75 g geriebener **Käse** (z. B. Gouda)
- **Salz** und frisch gemahlener **schwarzer Pfeffer**

Zum Bestreuen
- 2 EL frisch geriebener **Parmesan**
- 1½ EL frische **Semmelbrösel**

Nudeln mit verstecktem Gemüse

- 2 EL **Olivenöl**
- 1 kleine **Zwiebel**, geschält und gehackt
- 1 **Knoblauchzehe**, geschält und zerdrückt
- 75 g **Karotte**, geschält und klein geschnitten
- 75 g **Zucchini**, klein geschnitten
- 75 g **Pilze**, in Scheiben geschnitten
- 400 g **Tomaten aus der Dose**, in Stücken
- 125 ml **Gemüsebrühe** (siehe S. 49)
- ¼ TL **brauner Zucker**
- **Salz** und frisch gemahlener **schwarzer Pfeffer**
- 200 g **Spiralnudeln** (Fusilli)

Vorbereitungszeit: 10 Minuten; Garzeit: 30 Minuten Für 4 Portionen
Enthält Betakarotin, Folsäure, Kalium und Vitamine C und E
Sauce zum Einfrieren geeignet

Wenn Ihr Baby kein Gemüse essen möchte, verstecken Sie das Gemüse doch einfach! In diese Sauce wird Gemüse gemixt. Reichen Sie sie zu Nudeln – und Sie haben gewonnen! Dazu passt ein Esslöffel rotes Pesto.

▶ Das Öl in einem Topf erhitzen, Zwiebel und Knoblauch zugeben und etwa 3 Minuten dünsten. Karotten, Zucchini und Pilze zufügen und etwa 15 Minuten dünsten. Die Tomaten, die Gemüsebrühe und den braunen Zucker zugeben, abschmecken und 10 Minuten köcheln lassen. Pürieren.
▶ Inzwischen die Nudeln entsprechend der Packungsanweisung in leicht gesalzenem Wasser kochen. Mit der Sauce anrichten und servieren.

Fusilli mit schneller Käsesauce

- 200 g **Spiralnudeln** (Fusilli)
- 125 g **Tiefkühlerbsen**

Sauce
- 150 ml **Sahne**
- 125 g geriebener **Gruyère**

Vorbereitungszeit: 5 Minuten; Garzeit: 6 Minuten Für 4 Portionen
Enthält Kalzium, B-Vitamine, einschließlich Folsäure, Vitamin A und Zink

Ein sehr einfaches Rezept – der Käse wird in der Sahne geschmolzen und schon ist eine leckere Sauce fertig. Sie können die Erbsen auch weglassen oder durch Schinkenstreifen ersetzen.

▶ Die Spiralnudeln entsprechend der Packungsanweisung in leicht gesalzenem Wasser kochen. Etwa drei Minuten vor Ende der Garzeit die gefrorenen Erbsen ins Nudelwasser geben.
▶ Inzwischen die Sahne und den Käse in einen Topf geben und bei schwacher Hitze erwärmen, bis der Käse geschmolzen ist.
▶ Die Nudeln und die Erbsen abgießen und mit der Käsesauce mischen.

Nudelsalat mit Thunfisch & Mais

- 80 g **Spiralnudeln** (Fusilli)
- 100 g **Thunfisch in Öl, aus der Dose**, abgetropft und zerteilt
- 40 g **Mais, aus der Dose** oder gekochter **Tiefkühlmais**
- 3 **Kirschtomaten**, geviertelt
- 1 **Frühlingszwiebel**, fein gehackt

Dressing
- 2 EL **Mayonnaise**
- 1 TL **Zitronensaft**
- 1 TL **Olivenöl**

Vorbereitungszeit: ca. 7 Minuten; Garzeit: 12 Minuten Für 2 Portionen
Enthält Eiweiß, B-Vitamine und Vitamine C, D und E

Nach Wunsch können Sie dem Salat etwas Avocado beigeben.

▶ Die Nudeln entsprechend der Packungsanweisung in leicht gesalzenem Wasser kochen.
▶ Die drei Zutaten für das Dressing vermengen.
▶ Die gekochten Nudeln mit Thunfisch, Mais, Tomaten, Frühlingszwiebeln und dem Dressing vermengen.

Muschelnudeln mit buntem Würfelgemüse

⏱ Vorbereitungszeit: 10 Minuten; Garzeit: 15 Minuten ♂ Für 2 Portionen ⚡ Enthält Betakarotin, Kalzium, Folsäure, Eiweiß und Vitamin A und C ❄ Zum Einfrieren geeignet

Kinder mögen Muschelnudeln und diese Sauce sehr.

▶ Die Nudeln entsprechend der Packungsanweisung in leicht gesalzenem Wasser kochen.
▶ Das gewürfelte Gemüse in einen Topf geben. Mit so viel kochendem Wasser übergießen, dass es gut bedeckt ist. Etwa zehn Minuten kochen, bis das Gemüse gar ist. Gut abtropfen lassen.
▶ Die Butter in einem großen Topf schmelzen lassen, die abgetropften Nudeln und das Gemüse einrühren und vom Herd nehmen.
▶ Den geriebenen Käse einrühren und alles miteinander vermengen, bis der Käse geschmolzen ist.

90 g kleine **Muschelnudeln**

60 g **Karotte**, geschält und gewürfelt

60 g **Zucchini**, gewürfelt

60 g **Brokkoli**, gewürfelt

30 g **Butter**

30 g frisch geriebener Käse, z. B. **Gouda** oder **Parmesankäse**

Schleifchennudeln mit Schinken & Erbsen

⏱ Vorbereitungszeit: 5 Minuten; Garzeit: 15 Minuten ♂ Für 4 Portionen ⚡ Enthält Kalzium, Eiweiß, B-Vitamine, einschließlich Folsäure, Vitamin A und Zink ❄ Sauce zum Einfrieren geeignet

Schleifchennudeln sehen lustig aus – keine Sorge, wenn Ihr Kind sie mit den Fingern isst: Gute Manieren erwirbt es mit der Zeit bestimmt noch! Dieses Rezept kann auch mit grünen und weißen Bandnudeln zubereitet werden.

▶ Die Nudeln entsprechend der Packungsanweisung in leicht gesalzenem Wasser kochen.
▶ Inzwischen die Sauce zubereiten. Die Butter in einem kleinen Topf schmelzen, das Mehl einrühren, nach und nach mit dem Schneebesen Milch und Senf unterrühren. Die Erbsen dazugeben und 3 Minuten in der Sauce garen.
▶ Den Topf vom Herd nehmen, den Käse einrühren und schmelzen lassen. Den Schinken beigeben, gründlich erhitzen, abschmecken und mit den Nudeln vermengen.

Variationen

▶ Für ein vegetarisches Gericht lassen Sie den Schinken weg und geben 75 g in Scheiben geschnittene, in ein wenig Butter weich gedünstete Champignons dazu.
▶ Sie können anstelle des Schinkens gedämpfte Brokkoliröschen und gewürfelte Karotten in die Käsesauce geben.
▶ Sie können verschiedene Käsesorten mischen (z. B. Gouda und Gruyère).

150 g **Schleifchennudeln** (Farfalle)

etwas **Gemüsebrühe**

Sauce

20 g **Butter**

15 g **Mehl**

300 ml **Milch**

1 TL **Senf**

60 g **Tiefkühlerbsen**

60 g **geriebener Käse** (z. B. mittelalter Gouda)

60 g **gekochter Schinken**, in Streifen geschnitten

Salz und frisch gemahlener **schwarzer Pfeffer**

Fisch-Auflauf

⏱ Vorbereitungszeit: 15 Minuten; Garzeit: 50 Minuten 🌡 180 °C
♂ Für 6 Portionen 🥄 Enthält Kalzium, Omega-3-Fettsäuren, Kalium, Eiweiß, B-Vitamine, einschließlich Folsäure, Vitamin A und D und Zink ❄ Zum Einfrieren geeignet

Ein leckerer Fisch-Auflauf mit sahnigem Kartoffelbrei ist ein beliebtes Kindergericht. Sie können Erbsen und Mais weglassen und stattdessen zwei hart gekochte, klein geschnittene Eier zugeben.

300 g **Lachsfilet**, enthäutet, grätenfrei
300 g **Kabeljaufilet**, enthäutet, grätenfrei
600 ml **Milch**
4 **Pfefferkörner**, 1 **Lorbeerblatt** und 1 **Stängel Petersilie**
30 g **Butter**
1 **Zwiebel**, geschält und fein gehackt
3 EL **Mehl**
2 TL **Senf**
125 g **Tiefkühlerbsen**
125 g **Mais, aus der Dose** oder tiefgekühlt
1 EL **Schnittlauch**, fein geschnitten
40 g geriebener **Käse** (z.B. Gouda)
Salz und frisch gemahlener **schwarzer Pfeffer**

Kartoffelbrei

1 kg **Kartoffeln**, geschält und geschnitten
4 EL **Milch**
25 g **Butter**
Salz und **weißer Pfeffer**
1 **Eiweiß**, steif geschlagen

▶ Für den Kartoffelbrei leicht gesalzenes Wasser zum Kochen bringen, die Kartoffeln hineingeben und weich kochen.
▶ Inzwischen den Fisch mit der Milch, den Pfefferkörnern und den Kräutern in einen flachen Topf legen. Zum Kochen bringen, zudecken und 5 Minuten kochen, bis der Fisch etwas zerfällt. Den Fisch herausnehmen, die Milch abgießen und beiseite stellen. Den Fisch mit einer Gabel zerteilen, sorgfältig auf Gräten untersuchen und beiseite stellen.
▶ Die Butter in einem kleinen Topf schmelzen, die Zwiebel zugeben und dünsten. Das Mehl einrühren und 1 Minute anschwitzen. Die abgegossene Milch nach und nach unterrühren.
▶ Senf, Erbsen, Mais, Schnittlauch und Käse unterrühren. Die Sauce 2 Minuten kochen. Würzen und den Fisch hineinlegen. Die Masse löffelweise in eine passende feuerfeste Form füllen.
▶ Die Kartoffeln abgießen und mit Milch, Butter und Gewürzen zerstampfen. Den Kartoffelbrei über den Fisch schichten, mit einer Gabel Spitzen formen. Mit steif geschlagenem Eiweiß bestreichen und im vorgeheizten Ofen 25 Minuten backen.

Lachs-Rösti

⏱ Vorbereitungszeit: 20 Minuten; Garzeit: 40 Minuten ♂ Für 8 Rösti
🥄 Enthält Kalzium, Omega-3-Fettsäuren, Kalium, B-Vitamine und Vitamin A, C, D und E
❄ Zum Einfrieren geeignet

Rösti sind in der Pfanne gebackene Küchlein aus geraspelten Kartoffeln. Diese Lachs-Rösti sind außen knusprig und innen weich. Sie schmecken köstlich!

700 g mittelgroße **Kartoffeln**
300 g **Lachsfilet**, enthäutet, grätenfrei
100 g geriebener **Gruyère**
2 mittelgroße **Eigelb**, verquirlt
2 El frische **Petersilie**, fein gehackt
1 kleine **Zwiebel**, geschält und fein gehackt
Salz und **weißer Pfeffer**
100 ml **Pflanzenöl**

▶ Die Hälfte der Kartoffeln in der Schale 20 Minuten in leicht gesalzenem Wasser bei mittlerer Hitze kochen. Abgießen und abkühlen lassen.
▶ Inzwischen den Lachs in mundgerechte Stücke schneiden und mit dem geriebenen Käse, Eigelb, Petersilie und gehackter Zwiebel mischen und gut würzen. Die gekochten Kartoffeln schälen und reiben und unter die Lachsmasse rühren.
▶ Die rohen Kartoffeln schälen und reiben, überschüssige Flüssigkeit ausdrücken und mit Salz und gemahlenem weißem Pfeffer würzen. Aus der Lachsmasse mit den Händen 8 runde Küchlein formen und jeweils auf beiden Seiten in den rohen, geriebenen Kartoffeln wenden.
▶ Das Öl in einer großen Bratpfanne erhitzen und die Lachs-Rösti darin goldbraun braten (etwa 4 Minuten auf jeder Seite). Das Öl auf Küchenpapier abtropfen lassen.

Nahrung für die Sinne 81

Schnecken aus Putenwurst

🕐 Vorbereitungszeit: 20 Minuten; Garzeit: 1 Stunde 10 Minuten
🍴 Für 4 Portionen   💪 Enthält Eisen, Eiweiß, B-Vitamine, einschließlich Folsäure, und Zink
❄ Wurst zum Einfrieren geeignet

Mit ein bisschen Fantasie können Sie aus selbst gemachten Putenwürstchen ein außergewöhnliches Essen zaubern.

▶ Das Putenfleisch mit der Zwiebel, der Petersilie, der Hühnerbrühe, dem Apfel und den Semmelbröseln in den Mixer geben. Gründlich pürieren, anschließend die Masse mild würzen.

▶ Aus der Masse vier Würste von je 12 cm Länge formen. Das Mehl auf einen Teller streuen und die Würste darin panieren. Das Pflanzenöl in einer Bratpfanne erhitzen, die Würste hineinlegen und unter gelegentlichem Wenden etwa 15 Minuten braten, bis sie rundum braun und durchgegart sind.

▶ Inzwischen die Kartoffeln in einen Topf geben, mit leicht gesalzenem Wasser bedecken und in 25–30 Minuten weich kochen. Das Gemüse für die Dekoration mit wenig Wasser in einen weiteren Topf füllen und etwa 5 Minuten garen. Die Kartoffeln mit der Milch, der Butter und den Gewürzen zerstampfen.

▶ Aus der Kartoffelmasse mit einem Eiskugelbereiter fünf Schneckenhäuser formen und mit einer Spirale aus Ketchup verzieren (dazu können Sie eine Spritztüte mit einer dünnen Tülle verwenden oder ein kleines Loch in die Ecke eines Gefrierbeutels schneiden und diesen dazu verwenden). Unter jedes Kartoffelhaus ein Würstchen legen. Aus den gedämpften Karottenstiften und Erbsen die Fühler gestalten und darunter den Kohl als Gras anrichten.

Putenwürstchen

375 g **Putenbrust**, ohne Knochen und Haut, gewürfelt

1 mittelgroße **Zwiebel**, geschält und fein gehackt

1 EL **frische Petersilie**, fein gehackt

etwas gekörnte **Hühnerbrühe**, in 1 EL **kochendem Wasser** aufgelöst

1 großer **Apfel**, geschält und gerieben

2 EL **frische Semmelbrösel**

Salz und frisch gemahlener **schwarzer Pfeffer**

Mehl zum Wenden

Pflanzenöl zum Braten

Kartoffelbrei

500 g **Kartoffeln**, geschält und geschnitten

2 EL **Milch**

30 g **Butter**

Salz und **weißer Pfeffer**

Zur Dekoration

Wirsing, in Streifen geschnitten

1 **Karotte**, geschält und in Stifte geschnitten

16 **Tiefkühlerbsen**

Tomatenketchup

Putenbällchen mit Paprikasauce

Vorbereitungszeit: 20 Minuten; Garzeit: 40 Minuten   180 °C
Für 6 Portionen   Enthält Betakarotin, Eisen, Eiweiß, B-Vitamine, einschließlich Folsäure, Vitamin C und E und Zink   Zum Einfrieren geeignet

Diese kleinen Fleischbällchen sind, mit Reis oder Spaghetti serviert, ein willkommenes Mittagessen. Wenn Sie Zeit haben, grillen und enthäuten Sie die Paprika für die Sauce; die Sauce kann auch mit Hühnerbrühe (siehe S. 52) zubereitet werden.

Putenbällchen

500 g **Putenhackfleisch**
1 **Zwiebel**, geschält und fein gehackt
1 kleiner **Apfel**, geschält und gerieben
3 EL frische **Semmelbrösel**
1 **Ei**, verquirlt
2 EL frischer **Salbei** oder **Thymian**, gehackt
Salz und frisch gemahlener **schwarzer Pfeffer**
Mehl zum Wenden
2 EL **Pflanzenöl** zum Braten

Rote Paprikasauce

1 ½ EL **Pflanzenöl**
2 **Schalotten**, geschält und fein gehackt
1 ½ **rote Paprikaschoten**, entkernt und klein geschnitten
1 TL **Tomatenmark**
3 EL frisches **Basilikum**, gehackt
450 ml **Gemüsebrühe** (siehe S. 49)
Salz und frisch gemahlener **schwarzer Pfeffer**

TIPP Dieses Gericht kann im Voraus zubereitet und eingefroren werden; es wird dann vor dem Verzehr in der Mikrowelle erhitzt (überprüfen Sie die Temperatur, ehe Sie es Ihrem Kind geben).

▶ Für die Paprikasauce das Öl in einer Pfanne erhitzen, die Schalotten und Paprikaschoten zugeben und weich dünsten. Die restlichen Zutaten hineinrühren und nach Geschmack würzen. Zum Kochen bringen und 15–20 Minuten köcheln lassen. Pürieren.

▶ Die Zutaten für die Fleischbällchen vermengen und den Fleischteig nach Geschmack würzen. Mit den Händen etwa 24 walnussgroße Bällchen formen. Das Mehl auf einen Teller streuen und die Fleischbällchen darin wenden. Das Öl in einer Pfanne erhitzen, die Bällchen hineingeben und rundum goldbraun braten.

▶ Die Fleischbällchen in eine Kasserolle legen, mit Paprikasauce begießen und im vorgeheizten Ofen etwa 20 Minuten backen, bis sie gar und gebräunt sind.

Hähnchen-Kartoffel-Bällchen

Vorbereitungszeit: 10 Minuten; Garzeit: 40 Minuten   Für 2 Portionen
Enthält Betakarotin, Folsäure, Kalium und Eiweiß   Zum Einfrieren geeignet

Die zerdrückten Kartoffeln und Pastinaken geben diesen Bällchen ihre geschmeidige Konsistenz und einen Hauch von Süße. Sie lassen sich gut aus der Hand essen.

- 125 g **Kartoffeln**, geschält und geschnitten
- 125 g **Pastinaken**, geschält und geschnitten (ersatzweise **Kohlrabi**)
- 3 EL **Pflanzenöl**
- 1/2 kleine **Zwiebel**, geschält und fein gehackt
- 1 **Karotte**, geschält und geraspelt
- 125 g **Hähnchenbrust**, ohne Knochen und Haut, in Stücke geschnitten
- 1 großes Stück **Butter**
- **Mehl** zum Wenden

▶ Kartoffeln und Pastinaken in einen Topf geben, mit Wasser bedecken, zum Kochen bringen und zugedeckt 12–15 Minuten köcheln lassen, bis sie gar sind.

▶ Inzwischen 1 EL Öl in einer Pfanne erhitzen, Zwiebeln und Karotte zugeben und 4–5 Minuten dünsten. Das Hähnchenfleisch zugeben und weitere 10 Minuten dünsten, bis es durchgegart ist.

▶ Kartoffeln und Pastinaken abgießen und mit der halben Buttermenge zerstampfen. Das Hähnchen, die Zwiebeln und die Karotten im Mixer zerkleinern und mit dem Gemüsebrei mischen.

▶ Aus der Masse walnussgroße Bällchen formen. Das Mehl auf einen Teller streuen und die Bällchen darin wenden. Das restliche Öl und die Butter in einer Pfanne erhitzen, die Fleischbällchen hineingeben und goldgelb braten.

Kartoffelauflauf mit Lammhack

Vorbereitungszeit: 5 Minuten; Garzeit: 1 Stunde 10 Minuten   180 °C
Für 8 Portionen   Enthält Betakarotin, Eisen, Kalium, Eiweiß, B-Vitamine, einschließlich Folsäure, Vitamin C und Zink   Zum Einfrieren geeignet

Sie können den Auflauf auch in Einzelförmchen zubereiten und mit Gemüse (siehe S. 164) dekorieren.

- 1 1/2 EL **Pflanzenöl**
- 1 große **Zwiebel**, geschält und gehackt
- 1 kleine **rote Paprikaschote**, fein gehackt
- 1 **Knoblauchzehe**, geschält und zerdrückt
- 500 g mageres **Lammhackfleisch**
- 300 ml **Hühnerbrühe** (siehe S. 52) oder **Rinderbrühe**
- 1 EL **frische Petersilie**, fein gehackt
- 1/2 TL **Hefeextrakt**
- 1 EL **Tomatenmark**
- 175 g **Champignons**, in Scheiben geschnitten

Kartoffelbrei

- 1 kg **Kartoffeln**, geschält und grob geschnitten
- 45 g **Butter**
- 4 EL **Milch**
- **Salz** und **weißer Pfeffer**

▶ Das Öl in einem Topf erwärmen, die Zwiebel, die rote Paprikaschote und den Knoblauch dazugeben und weich dünsten. Das Fleisch hineingeben und anbräunen lassen. Nach Wunsch die Masse in den Mixer füllen und einige Sekunden zerkleinern.

▶ Die Fleischmischung wieder in den Topf geben, Brühe, Petersilie, Hefeextrakt, Tomatenmark und Pilze zugeben. Bei mittlerer Hitze etwa 20 Minuten kochen.

▶ Inzwischen die Kartoffeln in leicht gesalzenem Wasser garen, dann abgießen und mit 30 g Butter und der Milch zerstampfen. Nach Geschmack würzen.

▶ Das Fleisch in eine große Auflaufform oder in kleine Förmchen füllen, mit Kartoffelbrei bedecken und Butterflöckchen aufsetzen. Im vorgeheizten Ofen 20 Minuten backen.

Variation

▶ Das Lammhack kann durch dieselbe Menge Rinderhackfleisch ersetzt werden. Statt der Kartoffeln können Sie auch Steckrüben oder eine Mischung aus Kartoffeln und Steckrüben verwenden.

TIPP Kinder mögen Hackfleisch oft lieber, wenn es nach dem Kochen nochmals in der Küchenmaschine zerkleinert wird.

Gefrorener Himbeerjoghurt

 Zubereitungszeit: 20 Minuten   Für 8 Portionen
 Enthält Kalzium, Eiweiß und Vitamin B_{12} und C

Dieses Rezept kann auch mit einer Beerenmischung zubereitet werden – z. B. Erdbeeren, schwarze Johannisbeeren und Himbeeren. Nehmen Sie die Speise einige Minuten vor dem Verzehr aus der Tiefkühltruhe und lassen sie leicht antauen. Sie können sie mit frischen Himbeeren anrichten.

250 g **gefrorene** oder **frische Himbeeren**
4 EL **feiner Zucker**
125 ml **Wasser**
300–350 ml **milder Naturjoghurt (3,5 % Fett)**
6 EL **Crème fraîche**
2–3 EL **Puderzucker**

▶ Die Himbeeren mit dem Zucker und dem Wasser in einen Topf geben. Zum Köcheln bringen und 5 Minuten kochen. Mit dem Pürierstab zerkleinern und durch ein Sieb streichen, um die Kerne zu entfernen. Abkühlen lassen.
▶ Den Joghurt und die Crème fraîche in das Himbeermus rühren und Puderzucker nach Geschmack zugeben. In die Eismaschine füllen und nach Anweisung gefrieren lassen.

Variation

▶ 375 ml Kirschjoghurt mit 6 EL Crème fraîche mischen. 200 g entsteinte Schwarzkirschen (aus dem Glas), 100 ml Ahornsirup und 45 g geriebene Vollmilchschokolade einrühren. In die Eismaschine füllen und gefrieren lassen.

TIPP Wenn Sie keine Eismaschine haben, füllen Sie die Masse in eine Plastikdose und lassen sie etwa 1 Stunde gefrieren. Dann zerschlagen Sie die Eiskristalle mit dem Schneebesen oder einer Gabel. Wieder einfrieren und während des Gefriervorgangs noch ein- oder zweimal wiederholen.

Joghurt-Pfannkuchen

 Vorbereitungszeit: 2 Minuten; Garzeit: 10 Minuten   Für 4 Portionen
 Enthält Kalzium, Eiweiß und Vitamin B_2, B_{12} und C (mit den Früchten)
 Zum Einfrieren geeignet (siehe Tipp links)

Mini-Pfannkuchen schmecken köstlich mit frischem Obst und Ahornsirup. Sie können auch ein paar Rosinen in den mit Ahornsirup gesüßten Teig geben.

1 **Ei**, verquirlt
150 ml **milder Naturjoghurt (3,5 % Fett)**
150 ml **Milch**
150 g **Mehl**
1 Msp. **Backpulver**
¼ TL **Salz** (für herzhafte Pfannkuchen) oder 2 EL **Ahornsirup** oder **Honig** (für süße Pfannkuchen)
Pflanzenöl zum Backen

Als Beigabe

Ahornsirup oder **Honig**
frisches Obst, z. B. Erdbeeren, Himbeeren oder in Scheiben geschnittene Pfirsiche

▶ Das verquirlte Ei mit dem Joghurt mischen, dann Milch, Mehl, Backpulver und Salz oder Ahornsirup einrühren. Zu einem geschmeidigen Teig rühren.
▶ Etwas Öl in einer Pfanne erhitzen. Jeweils einen gehäuften Esslöffel Teig in die Pfanne geben. Die Pfannkuchen sollten etwa 6 cm Durchmesser haben. 1–2 Minuten bräunen lassen, dann wenden und auf der anderen Seite bräunen lassen.
▶ Den Ahornsirup über die Pfannkuchen träufeln und mit Früchten belegt servieren.

TIPP Diese Pfannkuchen können, zwischen Butterbrot- oder Backpapier gelegt, eingefroren und später (ohne Papier) im Toaster erhitzt werden.

Nahrung für die Sinne 85

Rosinen-Toast

Zubereitungszeit: 5 Minuten   Für 1 Portion   Enthält Magnesium und Kalium

Dieser sättigende, schnell zubereitete Toast ist eine leckere Zwischenmahlzeit.

▶ Das Rosinenbrot toasten und mit Erdnussbutter oder Frischkäse bestreichen.

▶ Die Bananenscheiben darauf anrichten und das Brot in Streifen, Vierecke oder Dreiecke schneiden.

1 Scheibe **Rosinenbrot**

½ EL **weiche Erdnussbutter** oder **Frischkäse**

½ kleine **Banane**, geschält und in Scheiben geschnitten

Jelly-Schiffchen

Vorbereitungszeit: 5 Minuten; Garzeit: 10 Minuten und 1 Stunde 45 Minuten zum Erstarren   Für 8 Portionen   Enthält Vitamin C, wenn Früchte verwendet werden

Diese kleinen Schiffchen aus Wackelpudding sind bei jedem Fest eine besondere Attraktion.

▶ Die Orangenhälften auspressen. Das Fruchtfleisch ausschaben.
▶ Den Pudding nach der Packungsanleitung zubereiten; dabei die angegebene Wassermenge um ein Viertel reduzieren, wenn Früchte verwendet werden. Das Obst auf die Orangenhälften verteilen, dann mit Wackelpudding auffüllen und abkühlen, bis er fest ist.
▶ Jede Orangenhälfte mit einem in Wasser getauchten Messer nochmals durchschneiden. Je einen Cocktailspieß in die Mitte eines Esspapier-Dreiecks stecken, dann in die Orangenachtel stechen.

Variation

▶ Füllen Sie drei verschiedenfarbige Puddingsorten in ein großes Glas. Zunächst füllen Sie die erste Schicht Pudding in das Glas und stellen es schräg in den Kühlschrank. Machen Sie dasselbe mit der zweiten Puddingschicht. Dann gießen Sie die letzte Schicht Pudding in das aufrecht stehende Glas.

2 große **Orangen**, halbiert

1 Packung **Wackelpudding** zum Selberkochen

1 kleine Dose **Mandarinenschnitze** (nach Belieben)

1 kleine Schale **frische Himbeeren** (nach Belieben)

Zur Dekoration

8 kleine Dreiecke aus **Esspapier**

8 **Cocktailsticker**

ANMERKUNG Für dieses Gericht werden Cocktailsticker verwendet. Kleinen Kindern legen Sie die Boote auf den Teller und entfernen die Spieße vor dem Verzehr.

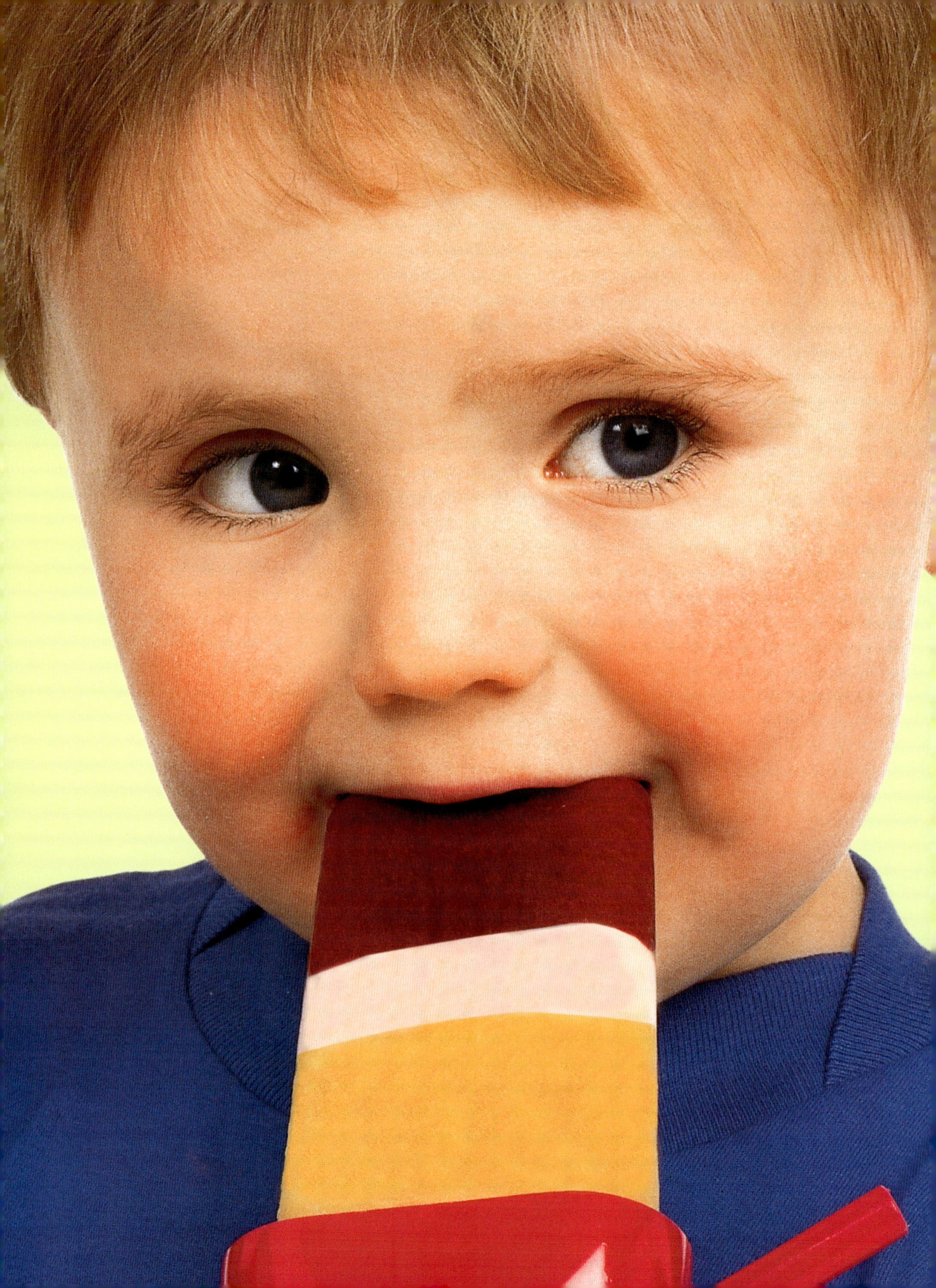

18 Monate bis 2 Jahre

Rezepte in diesem Kapitel

Frühstücksgerichte & Cerealien **94**
Herzhafte Snacks **94–95**
Suppen **96, 106**
Gemüse **97–108**
Nudeln **96–107**
Fisch **100, 109**
Hähnchen **101–102, 110–111**
Dunkles Fleisch **103, 107**
Obst & Nachspeisen **112–113**
Kuchen & Kekse **112**
Getränke **112–113**

Das aktive Kleinkind

»Sobald Ihr Kind herausgefunden hat, dass es besondere Aufmerksamkeit erhält, wenn es eine Speise nicht isst oder mit seinem Essen spielt, wird es genau das tun. Nehmen Sie sein Essen weg, statt sich mit ihm zu streiten.«

Geschmacksvorlieben bilden sich früh im Leben, daher sollten Sie sich als Ziel setzen, Ihr Kind an eine abwechslungsreiche, gesunde Kost zu gewöhnen, solange es noch offen ist für neue Speisen und bevor der Einfluss der Gleichaltrigen und der Werbung zu groß wird. Doch trotz all Ihrer Bemühungen können Ihre Pläne durch zeitweilige Essmarotten oder unberechenbares Essverhalten durchkreuzt werden. Dann müssen Sie ein wenig Fantasie entwickeln, um den Appetit des Kindes anzuregen. In diesem Kapitel finden Sie viele Anregungen und Vorschläge, denen selbst das eigensinnigste Kind nicht widerstehen kann.

Immer auf Trab

Wenn der zweite Geburtstag naht, verlangsamt sich das Wachstum Ihres Kindes stark. Gleichzeitig steigt sein Aktivitätsspiegel, weil es über viel mehr körperliche Fähigkeiten verfügt und vermutlich einen ausgefüllten, aktiven Tagesablauf hat. Infolgedessen wird aus Ihrem Baby ein schlankeres, aktives Kleinkind, das viel »Babyspeck« verliert. Es hat einen hohen Energiebedarf, doch sein Verdauungssystem kommt am besten mit leichten Mahlzeiten, die durch gesunde Snacks ergänzt werden, zurecht. Kleinkinder wollen nicht nach der Uhr essen, sondern dann, wenn sie hungrig sind.

In diesem Alter äußern Kinder ihre Bedürfnisse lauthals – es ist gut, wenn Sie Speisen vorbereitet haben, die Sie schnell auftischen können (siehe S. 92f.), ehe aus dem Wunsch nach Essen ein Wutanfall wird. Natürlich möchten Sie, dass Ihr Kind sich der Routine der Familienmahlzeiten anpasst, doch bleiben Sie flexibel. Auf keinen Fall sollten Sie die »richtigen« Essenszeiten zum ständigen Streitthema und aus Ihrem Kind damit einen schwierigen Esser machen. 90 Prozent aller Kinder haben irgendwann in ihrer Kindheit einmal bestimmte Essmarotten.

Trotzanfälle

Plötzlich führen die Frustrationen, die ein Kind immer wieder erlebt, zu heftigen Wutanfällen – Ihr Kind ist im Trotzalter. Diese Zeit ist auch für die Eltern schwierig. Vielleicht müssen Sie verschiedene Methoden ausprobieren, um es zum Essen zu ermutigen (siehe S. 91). Verzichten Sie auf »Bestechung«, um es zum Essen zu animieren, denn dadurch wird schlechtes Benehmen gefördert.

NASCHKATZEN

Zwischenmahlzeiten sind ein wichtiger Teil der Ernährung eines Kindes. Sorgen Sie dafür, dass viele gesunde, leckere Snacks vorrätig sind, und lassen Sie Ihr Kind zwischen den Mahlzeiten keine Schokolade, Kekse oder Chips essen. Bereiten Sie eine Auswahl an frischen Obstschnitzen oder Gemüsesticks vor und stellen Sie sie in den Kühlschrank. Dann kann Ihr Kind davon essen, wenn es Hunger hat.

Wenn Ihr Kind zu den Mahlzeiten nur wenig isst, führen Sie Tagebuch darüber, wie viel es innerhalb einiger Tage, am besten einer Woche, zu sich nimmt. Viele Kinder sind richtige »Naschkatzen« – sie essen hier und da ein Häppchen. Wenn Sie diese Kleinigkeiten summieren, stellen Sie fest, dass Ihr Kind im Ganzen gesehen ausreichend isst.

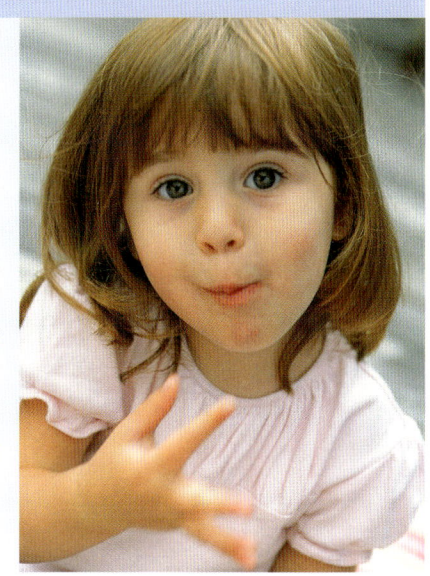

Süßes einschränken

Kleinkinder bekommen schnell einen Hang zu Süßem, wenn sie häufig Süßwaren angeboten bekommen. Da die Essgewohnheiten normalerweise von den nahe stehenden Familienmitgliedern übernommen werden, müssen Sie vielleicht selbst willensstark sein, wenn Sie wollen, dass Ihr Kind nur wenig Zucker konsumiert.

Für die Zähne ist nicht nur die Menge an Zucker schädlich, die man zu sich nimmt, sondern auch die Häufigkeit des Süßigkeitenverzehrs: Jedes Mal, wenn wir Zuckerhaltiges essen, bilden die Bakterien im Zahnbelag Säuren, die den Zahnschmelz angreifen und Karies verursachen können. Daher schadet eine auf einmal gegessene Packung Süßigkeiten den Zähnen weniger als das Naschen derselben Menge während eines längeren Zeitraums.

Versuchen Sie, Süßes auf die Mahlzeiten zu beschränken, nicht nur, um die Häufigkeit des Süßigkeitenverzehrs zu begrenzen, sondern auch, weil der gleichzeitige Verzehr anderer Speisen die Säure verdünnt und den schädlichen Einfluss des Zuckers verringert. Zu den Mahlzeiten wird außerdem im Mund mehr Speichel gebildet, der die Säuren wegspült. Käse ist als Abschluss einer Mahlzeit besonders empfehlenswert, da er alkalisch wirkt und damit die Säure, die Karies verursacht, neutralisiert.

Geben Sie Süßigkeiten und Süßspeisen nicht als Belohnung. Stellen Sie die Regel auf, dass Süßigkeiten nur zu bestimmten Gelegenheiten erlaubt sind.

Süße Getränke

Selbst reiner Fruchtsaft enthält natureigenen Zucker, der Karies verursachen kann; geben Sie verdünnten Fruchtsaft deshalb nur zu den Mahlzeiten. Das Vitamin C darin fördert die Eisenaufnahme im Blut. Lesen Sie die Etiketten; Zucker kann als Glukose, Maltose oder Dextrose versteckt sein. Diätlimonaden sind für die Zähne nicht besser, da auch sie Säuren enthalten, die den Zahnschmelz angreifen. Limonadengetränke zur Schlafenszeit sind besonders abträglich, da nachts die Speichelbildung reduziert ist und die Säure nicht weggespült wird. Außerdem wird die Wirkung des Zähneputzens wieder zunichte gemacht.

Das aktive Kleinkind 89

Schneller »Nachschub«
Für rasche Energiezufuhr:
- Cornflakes
- Obstschnitze, frisch oder getrocknet
- Joghurt mit Honig

Für eine anhaltende Energiezufuhr:
- rohes Gemüse mit Dips
- Brot mit Schinken, Thunfisch oder Käse
- Ofenkartoffel mit Füllung
- gebackene Bohnen auf Toast
- Haferknäcke mit Käse
- frisch zubereitete Milchmixgetränke mit Obst

Zur Erinnerung

- Je klebriger eine Speise ist, umso eher verursacht sie Karies. Selbst scheinbar gesunde Speisen, wie Rosinen oder Getreideriegel, können den Zähnen schaden, wenn sie zwischen den Mahlzeiten gegessen werden.

- Obst, z. B. Bananen, Äpfel, Birnen, Clementinen und Trauben, sind als Zwischenmahlzeit gut geeignet. Sie enthalten Kohlenhydrate, die den Zuckerbaustein langsam freisetzen, und versorgen Ihr Kind mit Energie und lebenswichtigen Vitaminen.

Zahnfreundliche Zwischenmahlzeiten

- Gemüsesticks, z. B. Karotte, Gurke, Paprika, Sellerie, pur oder mit einem Dip • Käse • Käse auf Toast • leicht gesalzenes Popcorn • geröstete Samen • Brotchips • Frischkäse auf Brotchips • Reiswaffeln, Haferknäcke • Mini-Sandwich mit Hefeextrakt, Mayonnaise oder Frischkäse und Gurke • kleine Pittabrote, gefüllt mit Thunfisch • kleine Salate, z. B. Mozzarella und Tomate oder Nudeln mit Thunfisch und Mais
- frisches Obst

Schwierige Esser

»Auch wenn das Kind sehr heikel ist, kann es sich gleichwohl ausgewogen ernähren – kein kleines Kind verhungert aus freien Stücken! Es kommt darauf an, was es im Laufe mehrerer Tage isst.«

Nahrungsverweigerung ist eine der ersten Möglichkeiten des Kindes, seinem Drang nach Unabhängigkeit Ausdruck zu verleihen. Es dauert nicht lange, bis Kinder erkennen, wie einfach es ist, die Eltern am Esstisch zu manipulieren. Kämpfe zur Essenszeit gehören tatsächlich zu den aufreibendsten Aspekten der frühen Elternschaft. Ein Kind zum Essen zu überreden – sei es mit Hilfe von Belohnungen oder Drohungen – ist in der Regel nicht empfehlenswert.

Ruhig bleiben

Wie unvernünftig die Essgewohnheiten Ihres Kindes auch scheinen, versuchen Sie, ruhig zu bleiben. Ziel ist es, dem Kind zu helfen, in die Essgewohnheiten der Familie hineinzufinden. Es geht nicht darum, es zum Essen zu zwingen. Üben Sie keinen Druck auf Ihr Kind aus, bestimmte Speisen zu essen. Das Essen sollte nicht dazu missbraucht werden, dem Kind Gehorsam beizubringen.

Leider scheinen viele Kinder nur allzu gern die Geduld ihrer Eltern aufs Äußerste zu strapazieren: Schließlich stehen sie im Mittelpunkt der Aufmerksamkeit, wenn sie das Essen verweigern. Lassen Sie sich nicht provozieren, nehmen Sie das abgelehnte Essen weg, aber bieten Sie keine ungesunden Alternativen an. Wecken Sie auch keine Schuldgefühle – »Schmeckt dir denn nicht, was die Mama für dich gekocht hat?«. Aufessen ist kein Liebesbeweis.

Kein Kind verhungert aus freiem Willen. Essmarotten mögen unkonventionell sein, können aber dennoch die

STRATEGIEN FÜR DEN UMGANG MIT EINEM SCHWIERIGEN ESSER

- Reichen Sie keine Snacks, die leere Kalorien enthalten, z. B. Chips oder Schokolade, und halten Sie im untersten Fach des Kühlschranks einen Vorrat an gesunden Snacks bereit – z. B. einen Teller mit frischen Obstschnitzen und anderen gesunden Lebensmitteln. Wenn Kinder Hunger haben, wollen sie nicht warten.

- Wenn Ihr Kind freiwillig kein Gemüse isst, bereiten Sie Gerichte zu, in die Sie Gemüse »hineinmogeln« können, z. B. Tomaten- und Gemüsesauce für Nudeln oder cremige Tomatensuppe mit Karotten und Zwiebeln. Was Kinder nicht sehen, können sie auch nicht herausfischen. Viele Kinder mögen zwar kein gekochtes Gemüse, essen es aber roh, z. B. Karottenstifte oder Paprikastreifen mit einem leckeren Dip.

- Kaufen Sie nur Lebensmittel, die Ihr Kind auch essen soll.

- Gewöhnen Sie Ihr Kind frühzeitig an möglichst viele Lebensmittel. Sie können Neues spielerisch einführen und Ihr Kind z. B. bitten, die Augen zu schließen und zu raten, was es isst.

- Ohne viel Zeitaufwand lassen sich Speisen oft fantasievoll und ansprechend anrichten. Wählen Sie farbenfrohe Lebensmittel und ordnen Sie sie auf dem Teller in einem interessanten Muster an.

- Mahlzeiten sind ein soziales Ereignis. Seien Sie ein gutes Vorbild und essen Sie so oft wie möglich mit Ihrem Kind. Sie können von Ihrem Kind nur das erwarten, was Sie selbst tun. Schalten Sie daher den Fernseher ab und verzichten Sie auch auf andere Ablenkungen während der Mahlzeiten.

- Es ist ein guter Ansporn, ein anderes Kind, am besten eines mit gutem Appetit, zum Essen einzuladen. Vielleicht werden Sie feststellen, dass Ihr Kind alles isst, was sein Freund isst.

- Sobald sich der Gaumen eines Kindes an die intensive Süße von Süßwaren gewöhnt hat, fällt es ihm schwerer, die natürliche Süße von Obst zu schätzen. Wenn Sie also möchten, dass Ihr Kind mit Freude frisches Obst isst, schränken Sie seinen Verzehr an Süßigkeiten ein.

- Wenn Ihr Kind untergewichtig und ein schlechter Esser ist, braucht es Nährstoffe in konzentrierter Form. Bieten Sie ihm vollfette Milchprodukte, z. B. Käse, Milchgetränke oder Cremespeisen, an. Achten Sie darauf, dass es sich den Appetit nicht mit Getränken, Süßigkeiten oder zu viel Milch verdirbt.

- Häufen Sie Ihrem Kind nicht zu viel auf seinen Teller. Halten Sie die Portionen klein und geben Sie lieber einen Nachschlag. Viele Kinder essen gern kleine Einzelportionen, z. B. in einer kleinen Auflaufform.

- Geben Sie Ihrem Kind Gelegenheit, seine Selbstständigkeit unter Beweis zu stellen, indem Sie es z. B. zwischen zwei oder drei Gemüsesorten auswählen lassen.

- Bieten Sie Ihrem Kind nach einiger Zeit zuvor abgelehnte Speisen erneut an.

- Geben Sie Ihrem Kind nicht ständig das gleiche Gericht, nur weil Sie wissen, dass es dieses mag. Es wird ihm irgendwann langweilig.

Versorgung sicherstellen. Betrachten Sie die Nährstoffaufnahme über mehrere Tage hinweg.

Essmarotten

Gelegentlich durchlaufen Kinder Phasen, in denen sie nur einige bestimmte Nahrungsmittel essen. Machen Sie sich nicht zu viele Sorgen. Kinder wachsen auch, wenn sie nur wenige Lebensmittel essen, und diese monotone Kost wird ihnen in den allermeisten Fällen bald selbst langweilig. Wenn Ihr Kind z. B. nur Brote mit Erdnussbutter essen will, verwenden Sie Vollkornbrot und geben ihm dazu ein Glas Milch. Bieten Sie ihm trotzdem weiterhin schmackhafte und nährstoffreiche Alternativen an.

Andere Marotten scheinen noch seltsamer: Ihr Kind verweigert vielleicht jede Speise, die auf seinem Teller mit einer anderen in Berührung gekommen ist. In diesem Fall kann ein Teller mit Unterteilungen das Problem lösen.

»Das mag ich nicht«

Wenn Ihr Kind dauerhaft eine bestimmte Speise ablehnt, können Sie davon ausgehen, dass es sie wirklich nicht mag. Versuchen Sie herauszufinden, in welchen Fällen Ihr Kind eine Speise aus Trotz ablehnt und gegen welche Nahrungsmittel es tatsächlich eine angeborene Abneigung hat.

Gemüse lässt sich auf fantasiereiche Art in Gerichten »verstecken« (siehe S. 71). Fleisch ist für eine gesunde Ernährung nicht unverzichtbar, vorausgesetzt, Ihr Kind trinkt Milch und isst Milchprodukte, Bohnen und Hülsenfrüchte oder Sojaprodukte, die ausreichend Eiweiß, Eisen und B-Vitamine (siehe S. 13) liefern. Kinder verweigern Fleisch jedoch oft wegen seiner Konsistenz und nicht wegen seines Geschmacks. Wenn Ihr Kind Fleischstücke nicht mag, bereiten Sie ihm Spaghetti Bolognese (siehe S. 107) oder Kartoffelauflauf mit Lammhack (siehe S. 83) zu, wobei Sie das Fleisch fein pürieren.

Zur Erinnerung

- Vermeiden Sie leere Kalorien, z. B. in Limonadengetränken oder Süßigkeiten; halten Sie einen Vorrat an gesunden Snacks bereit.

- Bieten Sie vollfette Milch, Joghurt und Käse an. Fettarme Milch als Getränk sollte erst mit zwei Jahren gegeben werden.

- Wenn Ihr Kind mit seinem Essen spielt, lassen Sie es zu und vergessen Sie für den Moment gute Tischmanieren.

- Bereiten Sie Gerichte in kleinen Einzelportionen zu: Sie sprechen das Kind besonders an.

- Essen Sie manchmal auf ungewöhnliche Art – auch ein Picknick auf dem Boden kann mal lustig sein.

Fastfood für Kleinkinder

Das Hungergefühl eines aktiven Kleinkindes orientiert sich selten an regelmäßigen Mahlzeiten. Weil es dank seiner neu erworbenen Aktivität Energie schnell verbraucht, können leichte, häufige Snacks seine Bedürfnisse am besten befriedigen. Das Kind ist auch noch zu jung, um geduldig auf Mahlzeiten zu warten, daher ist es am besten, wenn man ihm jederzeit gesundes »Fastfood« anbieten kann. Alle hier gezeigten Lebensmittel sind optisch ansprechend und haben eine interessante Textur und einen intensiven Geschmack.

1 Gerollte Sandwichs
Bequemer geht's nicht – gerollte Sandwichs sind ein köstlicher Leckerbissen. Kleinkinder lieben diese Spiralen aus Mischbrot mit leckerer Füllung. (Rezept siehe S. 95.)

2 Herzhafter Tomaten-Käse-Dip
Kinder essen Gemüse oft lieber roh, besonders wenn es in lustige Formen geschnitten ist, und sie tunken es gern in Dips. Diese Kombination bildet eine nährstoffreiche Zwischenmahlzeit. (Rezept siehe S. 94.)

3 Gefülltes Pittabrot
Hähnchenfleisch, Tomaten und knackiges Gemüse, auf Spießen gegart und in warmes Pittabrot gefüllt, mit bunten Salatblättern dekoriert – einfach köstlich und gesund! (Rezepte siehe S. 98 und 102.)

1

2

3

Rührei mit Käse & Tomaten

Vorbereitungszeit: 2 Minuten; Garzeit: 6 Minuten   Für 2 Portionen
Enthält Kalzium, Eisen, B-Vitamine und Vitamin A und E

2 Eier
1 EL Milch oder Sahne
Salz und frisch gemahlener schwarzer Pfeffer
15 g Butter
1 Tomate, enthäutet, entkernt und gehackt
2 EL geriebener Gruyère

Rühreier sind ein schnelles und nährstoffreiches Frühstück. Servieren Sie sie mit einem getoasteten Brötchen oder einem gebutterten Toast. Wenn Sie möchten, können Sie Streifen aus Räucherlachs beigeben.

▶ Die Eier mit der Milch verquirlen und würzen. Die Butter in einer Pfanne bei schwacher Hitze schmelzen, die gehackte Tomate zugeben und 1 Minute dünsten.

▶ Die Eiermischung hineingießen und unter ständigem Rühren erhitzen, bis die Eier stocken. Den Käse beigeben und weiterrühren, bis das Rührei fest ist.

Müsli mit Apfel, Mango & Aprikose

Zubereitungszeit: 5 Minuten, zusätzlich Quellzeit über Nacht   Für 4 Portionen
Enthält Betakarotin, Ballaststoffe, Eisen, Kalium, Eiweiß, B-Vitamine, einschließlich Folsäure, Vitamin A und Zink

je 45 g getrocknete Mango und Aprikosen, gehackt
30 g Sultaninen oder Rosinen
125 g Müsli oder je 60 g Haferflocken und Weizenflocken
30 g fein gehackte Haselnüsse (nach Belieben)
350 ml Apfel-Mango-Saft oder reiner Apfelsaft
½ roter Apfel, entkernt und klein geschnitten
zusätzlich frisches Obst, z. B. Bananen oder Himbeeren (nach Belieben)

ANMERKUNG Dieses Rezept enthält Nüsse. Lassen Sie die Nüsse weg, wenn in Ihrer Familie Fälle von Nussallergie auftreten.

Leider enthalten viele Frühstückscerealien für Kinder viel Zucker. Ich bereite für meine Familie oft ein Bircher Müsli aus einer Mischung aus Hafer-, Weizen-, Dinkel- und Roggenflocken und frischem Obst zu. Diese Mischung kann, ohne das Frischobst, längere Zeit aufbewahrt werden.

▶ Das Trockenobst, die Müslimischung und die Nüsse über Nacht oder mehrere Stunden im Saft einweichen. Morgens das Obst einrühren und nach Wunsch mit Milch servieren.

Variation
▶ Ersetzen Sie den Apfelsaft durch Traubensaft und geben Sie getrocknete Erdbeeren statt Mangos und Aprikosen bei.

Herzhafter Tomaten-Käse-Dip

Zubereitungszeit: 10 Minuten   Für 6 Portionen
Enthält Vitamin A, B_{12} und E

200 g Frischkäse
3 EL Mayonnaise oder Joghurt
1 EL Tomatenmark
1 TL frisch gepresster Zitronensaft
½ EL Schnittlauch, fein geschnitten
2 Tomaten, enthäutet, entkernt und gehackt

TIPP Dieser Dip kann für ältere Kinder auch mit fettarmen Produkten zubereitet werden.

Servieren Sie diesen köstlichen Dip mit rohem oder gekochtem Gemüse, Brotschnitten oder Pittabrot als leckeren, energiereichen Snack.

▶ Die Zutaten verrühren, dann pürieren und servieren.

Variation
▶ Für einen cremigen Käse-Schnittlauch-Dip verrühren Sie dieselbe Menge Frischkäse und Mayonnaise oder Joghurt mit 3 EL Milch, 1 TL Senf, 2 TL fein gehacktem Schnittlauch, einer Prise Zucker und schmecken das Ganze mit frisch gemahlenem schwarzem Pfeffer ab. Gründlich pürieren und servieren.

Lustige Sandwichs

Sandwichs sind schnell zubereitet und können aus der Hand gegessen werden. Sie können dazu die verschiedensten Brotsorten und Füllungen verwenden. Berücksichtigen Sie bei der Zubereitung Lebensmittel aus allen Nahrungsmittelgruppen – Brot, Obst und Gemüse, Fleisch, Milchprodukte. Dann bilden Sandwichs eine nährstoffreiche Alternative zu warmen Mahlzeiten.

Belegte Brote

Schneiden Sie Brotscheiben in einfache Formen oder mit Ausstechern in Tierfiguren. Mit Butter bestreichen und belegen. Zaubern Sie daraus mit Hilfe von Hüttenkäse oder Eiern Schafe oder Enten oder schneiden Sie Schmetterlinge aus Käse. Beliebt sind auch geometrische Formen, z. B. ein Trapez aus Brot, gefüllt mit zerdrückter Avocado oder dünnen Schinkenscheiben und mit Käsewürfeln, Schleifen aus roter Paprikaschote, Tomaten oder Schnittlauch dekoriert.

Doppeldecker

Bestreichen Sie drei Scheiben Weiß- oder Mischbrot mit Butter. Die mittlere Scheibe ist auf beiden Seiten gebuttert. Belegen Sie sie mit verschiedenfarbigen Füllungen, z. B. in Scheiben geschnittene Bananen und Erdbeermarmelade; geriebener Käse, in Streifen geschnittener Salat und Hefeextrakt; oder Eiermayonnaise und Thunfischmayonnaise. In Streifen schneiden.

Gerollte Sandwichs

Schneiden Sie die Krusten von zwei dünnen Brotscheiben ab. Legen Sie sie mit einer sich überlappenden Seite nebeneinander und glätten Sie sie mit einem Wellholz. Mit Butter bestreichen, mit einer bunten Füllung belegen und zusammenrollen. Quer in dünne Räder schneiden. Empfehlenswerte Füllungen sind Erdnussbutter und Marmelade; Frischkäse und zerdrückte Avocado; Eiermayonnaise; Schinken- oder Putenscheiben.

Kleine Pittabrote

Toasten Sie ein kleines Pittabrot, schneiden Sie es auf und füllen es, z. B. mit Thunfischmayonnaise und Salat, geriebenem Käse oder klein geschnittenem Hähnchenfleisch oder Schinken mit Salat, in Scheiben geschnittenen harten Eiern mit Salat oder zerdrückten Sardinen und Tomatenscheiben.

Tortilla-Wraps

Sie sind eine willkommene Abwechslung zu belegten Broten. Wärmen Sie kleine Tortillas aus Weizenmehl und füllen sie mit dünnen Putenscheiben, geschnittenem Salat und geriebenem Käse und ein wenig Salatdressing. Probieren Sie auch Hähnchenfleisch oder Thunfischsalat als Füllung aus.

Minestrone mit Buchstabennudeln

⏱ Vorbereitungszeit: 10 Minuten; Garzeit: 45 Minuten   🍴 Für 8 Portionen
💊 Enthält Betakarotin, Ballaststoffe, Folsäure, Kalium und Vitamin C und E
❄ Zum Einfrieren geeignet

Eine selbst gemachte Minestrone ist sehr nährstoffreich; mit Brot und Salat serviert, wird sie zum Hauptgericht für die ganze Familie. Die Suppe wird noch gehaltvoller, wenn Sie klein geschnittenen Kohl (etwa 125 g) zugeben. Die kleinen Buchstabennudeln gefallen Kindern sehr.

Zutaten:

- 2 EL **Pflanzenöl**
- 1 **Zwiebel**, geschält und fein gehackt
- 125 g **Karotten**, geschält und gewürfelt
- ½ Stängel **Staudensellerie**, fein gehackt
- 30 g **Lauch**, nur der weiße Teil, gewaschen und fein geschnitten
- 125 g **Kartoffeln**, geschält und klein geschnitten
- 60 g **Zucchini**, gewürfelt
- 2 reife **Tomaten**, enthäutet, entkernt und gehackt
- 1,5 l **Hühnerbrühe** (siehe S. 52)
- 2 TL **Tomatenmark**
- 60 g **Tiefkühlerbsen**
- 45 g **Buchstabennudeln**
- **Salz** und frisch gemahlener **schwarzer Pfeffer**

▶ Das Öl in einem großen Topf erhitzen, die Zwiebel hineingeben und etwa 5 Minuten dünsten. Karotten, Sellerie und Lauch zugeben und etwa 5 Minuten dünsten. Kartoffeln und Zucchini beigeben und 2–3 Minuten dünsten.

▶ Die gehackten Tomaten, die Brühe und das Tomatenmark hinzufügen. Zum Kochen bringen, dann zudecken und 20 Minuten köcheln lassen. Die gefrorenen Erbsen zugeben, wieder zum Kochen bringen und 5 Minuten kochen lassen.

▶ Die Buchstabennudeln einrühren, wieder zum Kochen bringen, dann etwa 5 Minuten köcheln lassen. Abschmecken und mild würzen.

TIPP: Die Suppe kann mit Gemüsebrühe (siehe S. 49) zubereitet werden.

Schleifchennudeln mit Frühlingsgemüse

⏱ Vorbereitungszeit: 10 Minuten; Garzeit: 20 Minuten   🍴 Für 4 Portionen
💊 Enthält Betakarotin, Kalzium, Ballaststoffe, Folsäure, Eiweiß und Vitamin A, B_{12} und C
❄ Sauce zum Einfrieren geeignet

Dieses Gericht ist einfach in der Zubereitung und schmeckt immer. Sie können auch andere Nudelsorten verwenden, z. B. Tagliatelle oder Penne. Je nach Geschmack Ihres Kindes können Sie die Sauce mit anderen Gemüsesorten zubereiten. Gut eignen sich auch Brokkoli, Mais und Erbsen.

Zutaten:

- 150 g **Schleifchennudeln (Farfalle)**

Sauce

- 30 g **Butter**
- 30 g **Lauch**, gewaschen und fein geschnitten
- 60 g **Karotten**, geschält und gewürfelt
- 60 g **Zucchini**, gewürfelt
- 60 g **Brokkoli**, in sehr kleine Röschen zerteilt
- **Salz** und frisch gemahlener **schwarzer Pfeffer**
- 150 g **Sahne**
- 30 g frisch geriebener **Parmesan**

▶ Die Nudeln entsprechend der Packungsanweisung in leicht gesalzenem Wasser kochen.

▶ Inzwischen die Butter in einer schweren Pfanne schmelzen, den Lauch und die Karotten zugeben und etwa 5 Minuten dünsten. Die gewürfelten Zucchini und den Brokkoli zugeben und etwa 7 Minuten dünsten, bis das Gemüse weich ist. Nach Geschmack würzen.

▶ Die Sahne zugießen und unter Rühren 1 Minute kochen. Vom Herd nehmen und den Parmesan einrühren. Die Nudeln mit der Sauce übergießen und servieren.

Fusilli mit Brokkoli, Mungbohnenkeimlingen & Babymais

Vorbereitungszeit: 5 Minuten; Garzeit: 12 Minuten   Für 4 Portionen
Enthält Folsäure, Kalium, Eiweiß und Vitamin A und C

▶ Die Nudeln entsprechend der Packungsanweisung in leicht gesalzenem Wasser kochen. Den Brokkoli und den Mais 4 Minuten dämpfen, dann beiseite stellen.
▶ Die Butter und das Öl in den Wok geben und die Zwiebel und den Knoblauch 3 Minuten unter Rühren braten. Die Bohnenkeimlinge zugeben und weitere 3 Minuten braten. Den gedämpften Brokkoli und den Mais zugeben und 1 Minute unter Rühren braten.
▶ Die Hühnerbrühe einrühren, die gekochten, abgetropften Nudeln zugeben und gründlich erhitzen.

175 g **Spiralnudeln** (Fusilli)
125 g **Brokkoli**, in Röschen zerteilt
125 g **Babymais**, in Viertel geschnitten
30 g **Butter**
½ EL **Sonnenblumenöl**
1 **Zwiebel**, geschält und fein gehackt
1 **Knoblauchzehe**, geschält und zerdrückt
175 g **Mungbohnenkeimlinge**
100 ml **Hühnerbrühe**

Mini-Pizzas

Vorbereitungszeit: 10 Minuten; Garzeit: 15 Minuten   Für 4 Portionen
Enthält Kalzium, Eiweiß, B-Vitamine und Vitamin A

Wenn Sie kleine Pizzas mit buntem Gemüse belegen, wird Ihr Kind nicht widerstehen können. Zu besonderen Anlässen können Sie auch ein Tiergesicht auf die Pizza zaubern (siehe rechts unten).

▶ Für den Belag die Butter in einem Topf erwärmen, die Frühlingszwiebeln zugeben und 1 Minute dünsten. Die Zucchini und die Pilze zugeben und in etwa 4 Minuten weich dünsten. Nach Geschmack würzen. Den Grill vorheizen.
▶ Die Vollkornbrötchen oder das Baguette vortoasten. Die Tomatensauce auf den Hälften verteilen, gleichmäßig verstreichen und mit Käse bestreuen.
▶ Mit gedünstetem Gemüse belegen, eventuell in Mustern oder als Tiergesicht, dann unter dem Grill überbacken, bis der Käse Blasen wirft und goldbraun ist.
▶ Für ein Mausgesicht (siehe rechts unten), verwenden Sie gedämpfte Zucchinischeiben als Ohren, Oliven für die Augen, eine schwarze Olive als Nase, Karottenstreifen als Schnurrbart und zwei Maiskörner als Zähne.

Variation

▶ Für eine nicht vegetarische Version belegen Sie die Mini-Pizza mit gewürfeltem Schinken. Wenn Ihr Kind Pepperoni mag, können Sie die Pizza auch damit belegen.

2 **Vollkornbrötchen**, halbiert, oder 1 kleines **Baguette**, aufgeschnitten
4 EL **Tomatensauce**
60 g **geriebener Gouda**, **Gruyère** oder **Mozzarella**

Belag
15 g **Butter**
1 EL **Frühlingszwiebeln**, gehackt
60 g **Zucchini**, in dünne Scheiben geschnitten
60 g **Champignons**, in Scheiben geschnitten
Salz und frisch gemahlener **schwarzer Pfeffer**

Süßsaures Pfannengemüse

Vorbereitungszeit: 15 Minuten; Garzeit: 15 Minuten   Für 3 Portionen
Enthält Betakarotin, Ballaststoffe, Folsäure und Vitamin C und E

Ihr Kind findet bestimmt Geschmack an buntem, pfannengerührtem Gemüse. Das Gemüse bleibt bei dieser Zubereitungsart knackig, und Geschmack und Nährstoffe bleiben erhalten.

125 g **Basmati-Reis**
1 ½ EL **Pflanzenöl**
1 **Zwiebel**, geschält und in Ringe geschnitten
1 **Knoblauchzehe**, geschält und zerdrückt
60 g **Babymais**, in Viertel geschnitten
60 g **Karotten**, geschält, in dünne Scheiben geschnitten und mit Ausstechern geformt
90 g **Brokkoli**, in kleine Röschen zerteilt
90 g **Sojabohnenkeimlinge**
30 g **rote Paprikaschote**, das Gehäuse entfernt, entkernt und in Streifen geschnitten
1 **Frühlingszwiebel**, fein gehackt
1 Prise **schwarzer Pfeffer**

Süßsaure Sauce

175 ml **Gemüsebrühe** (siehe S. 49)
½ EL **Maismehl**, in 1 EL **kaltem Wasser** angerührt
2 TL **brauner Zucker**
½ EL **Sojasauce** (nach Belieben)

▶ Den Reis abspülen und entsprechend der Packungsanleitung in leicht gesalzenem Wasser kochen.
▶ Für kleine Kinder die Karotten und den Brokkoli blanchieren, damit das Gemüse weicher wird.
▶ Das Öl im Wok oder in der Pfanne erhitzen. Die Zwiebel und den Knoblauch hineingeben und etwa 5 Minuten unter Rühren braten. Mais, Karotten und Brokkoli zugeben und weitere 3 Minuten unter Rühren dünsten.
▶ Sojabohnenkeimlinge, Paprika und Frühlingszwiebeln zugeben und weitere 3 Minuten rühren. Mit schwarzem Pfeffer abschmecken.
▶ Für die Sauce die Gemüsebrühe mit dem angerührten Maismehl in einem kleinen Topf verrühren. Den braunen Zucker und die Sojasauce einrühren. Zum Kochen bringen und etwa 2 Minuten köcheln lassen, bis die Sauce sämig wird.
▶ Das heiße Gemüse mit der Sauce übergießen und im Wok gründlich erhitzen. Auf dem Reis servieren.

Tofu-Pitta mit Mais und Kirschtomaten

Vorbereitungszeit: 1 Stunde 5 Minuten, einschließlich 1 Stunde Marinierzeit; Garzeit: 6 Minuten   Für 4 Portionen   Enthält Folsäure, Omega-3-Fettsäuren, Eiweiß und Vitamin C und E

Tofu (Sojabohnenquark) ist eine nährstoffreiche Alternative zu Fleisch. Von Natur aus eher geschmacksneutral, nimmt er das Aroma der Marinade an und schmeckt köstlich. Kinder mögen die weiche Beschaffenheit von Tofu.

275 g **fester Tofu**, in Würfeln
6 **Babymais**, halbiert
1 **Zucchini**, Blütenansatz und Stiel entfernt und in Scheiben geschnitten
8 **Kirschtomaten**
4 kleine **Pittabrote**, aufgeschnitten
Salatblätter zum Garnieren

Marinade

1 ½ EL **Sojasauce**
1 ½ El **flüssiger Honig**
1 ½ EL **chinesische Pflaumensauce**
1 EL **Pflanzenöl**
1 **Frühlingszwiebel**, fein gehackt

TIPP *Nach Wunsch können Mais und Zucchini vor dem Marinieren kurz gegart werden.*

▶ Die Zutaten für die Marinade in einem kleinen Krug mischen. Den Tofu in eine flache Schale legen und die Marinade darüber gießen. Zudecken und etwa 1 Stunde durchziehen lassen. Während der Marinierzeit 4 Spieße aus Holz in kaltem Wasser einweichen, damit sie später beim Grillen nicht verbrennen. Den Grill vorheizen.
▶ Abwechselnd Tofuwürfel, Mais, Zucchini und Tomaten auf die Spieße stecken. Mit etwas Marinade bestreichen. Unter dem heißen Grill etwa 3 Minuten auf jeder Seite grillen, bis das Gemüse weich und der Tofu gebräunt ist; dabei gelegentlich mit Marinade begießen.
▶ Tofu und Gemüse von den Spießen nehmen, in die Pittabrote füllen und mit Salatblättern garnieren.

Fastfood für Kleinkinder 99

Annabels Gemüsebratlinge

 Vorbereitungszeit: 25 Minuten; Garzeit: 10 Minuten   Für 4 Portionen   Enthält Betakarotin, Ballaststoffe, Eisen, B-Vitamine und Vitamin C und E   Zum Einfrieren geeignet

Diese Bratlinge sind sowohl warm als auch kalt ein Genuss und ideal als Pausensnack oder beim Picknick.

200 g **Süßkartoffeln**, geschält (ersatzweise **Karotten**)

100 g **Kürbis**, geschält

150 g **Kartoffeln**, geschält

75 g **Lauch**, nur der weiße Teil, gewaschen und fein geschnitten

150 g **Champignons**, geschnitten

2 EL **frische Petersilie**, fein gehackt

125 g **frische Semmelbrösel**

1 kleines **Ei**, verquirlt

Salz und frisch gemahlener **schwarzer Pfeffer**

Mehl zum Wenden

Pflanzenöl zum Braten

▶ Süßkartoffeln, Kürbis und Kartoffeln raspeln. Überschüssige Flüssigkeit aus der Masse ausdrücken.

▶ In einer Schüssel das Gemüse mit Petersilie, Semmelbröseln und Ei vermengen. Nach Geschmack würzen.

▶ Aus der Masse etwa 12 walnussgroße Bratlinge formen. Das Mehl dünn auf einem Teller ausstreuen und die Bratlinge darin wenden.

▶ Das Öl in einer großen Pfanne erhitzen, die Bratlinge hineingeben und bei mittlerer Hitze 8–10 Minuten bräunen, wenden und braten, bis sie außen goldgelb und innen gar sind.

TIPP Dieses Rezept gelingt am besten mit weichen Weißbrotbröseln; Sie können aber auch Vollkornbrösel verwenden.

Vegetarische Kroketten

 Vorbereitungszeit: 10 Minuten; Garzeit: 30 Minuten   180 °C   Für 6 Portionen   Enthält Betakarotin, Kalzium, Ballaststoffe, Folsäure, Eiweiß und Vitamin B_{12} und C   Zum Einfrieren geeignet

▶ In einem großen Topf leicht gesalzenes Wasser zum Kochen bringen, die Kartoffeln hineinlegen und weich kochen. Abgießen, mit Butter zerstampfen und abschmecken.

▶ In der Zwischenzeit das Gemüse im Dampfgarer etwa 6–7 Minuten garen.

▶ Unter die zerdrückten Kartoffeln geben und abschmecken.

▶ Den Käse in acht Streifen schneiden. Den Käse mit der Kartoffel-Gemüse-Mischung umhüllen. Acht Kroketten formen.

▶ Die Kroketten in den zerdrückten Chips rollen und auf ein Backblech legen. Im vorgeheizten Ofen 15 Minuten backen.

500 g **Kartoffeln**, geschält und grob geschnitten

1 Stück **Butter**

Salz und **weißer Pfeffer**

75 g **Brokkoli**, in kleine Röschen zerteilt

75 g **Karotten**, geschält und klein geschnitten

45 g **Tiefkühlmais**

60 g **Gouda**

60 g **Kartoffelchips**, zerdrückt

Lachs-Sterne

Vorbereitungszeit: 20 Minuten; Garzeit: 8 Minuten   180 °C
Für 6 Portionen   Enthält Omega-3-Fettsäuren, Eiweiß, B-Vitamine, einschließlich Folsäure, und Vitamin D   Zum Einfrieren geeignet

500 g kalte, zerdrückte **Kartoffeln**

2 EL **Tomatenketchup**

1 **Ei**, verquirlt

2 EL **Schnittlauch**, fein geschnitten

375 g gegartes **Lachsfilet**, zerteilt

3 EL **frische Semmelbrösel**, und Semmelbrösel zum Panieren

etwas geschmolzene **Butter**

TIPP Der Fisch kann auch gebraten werden.

Ich serviere diese Fischküchlein gern mit Lauchgemüse und Tomatensauce (siehe S. 153).

▶ Die Kartoffeln mit Tomatenketchup, Ei und Schnittlauch mischen. Den Lachs und 3 EL Semmelbrösel darunter mischen. Aus der Kartoffel-Lachs-Masse flache Küchlein formen.

▶ Mit einem großen sternförmigen Ausstecher acht Sternküchlein ausstechen. Die Zacken der Sterne vorsichtig herausziehen. Die Sterne mit Semmelbröseln panieren und mit geschmolzener Butter bestreichen.

▶ Die Fischküchlein auf ein leicht gefettetes Backblech legen. Im vorgeheizten Ofen auf jeder Seite 4 Minuten backen.

Goldene Fischbällchen

Vorbereitungszeit: 5 Minuten; Garzeit: 20 Minuten   Für 6 Portionen
Enthält Betakarotin, Eiweiß, B-Vitamine und Vitamin E   Zum Einfrieren geeignet

Pflanzenöl zum Braten

1 Stück **Butter**

1 **Zwiebel**, geschält und fein gehackt

500 g gehacktes oder sehr klein geschnittenes **Fischfilet**, z. B. Schellfisch, Brasse, Weißfisch, Kabeljau oder Seehecht, grätenfrei

60 g **Karotten**, geschält und fein geraspelt

1 EL **frischer Schnittlauch**, fein geschnitten

2 TL feiner **Zucker**

1 kleines **Ei**, verquirlt

1 EL **Mehl**

Salz und frisch gemahlener **schwarzer Pfeffer**

Diese Fischbällchen haben genau die richtige Größe, damit Kleinkinder sie selber essen können. Sie schmecken nicht nach Fisch, sondern süßlich. Bitten Sie den Fischhändler, Ihnen den Fisch zu hacken. Sie können den Fisch in der Küchenmaschine aber auch selbst zerkleinern.

▶ Einen Esslöffel Pflanzenöl und die Butter in einer kleinen Pfanne erhitzen. Die Zwiebel zugeben und in etwa 5 Minuten weich dünsten.

▶ Den gehackten Fisch in eine Rührschüssel geben und Zwiebeln, Karotten, Schnittlauch, Zucker, Ei und Mehl einrühren. Nach Geschmack würzen und aus der Masse 24 Bällchen von der Größe einer Kirschtomate formen.

▶ 3 Esslöffel Pflanzenöl in der Pfanne erhitzen. Die Fischbällchen hineinlegen und etwa 10 Minuten braten, bis sie rundum goldbraun sind. Auf Küchenpapier abtropfen lassen. Nach Wunsch mit Ketchup servieren.

Hähnchen-Tomaten-Sauce mit Reis

⏱ Vorbereitungszeit: 10 Minuten; Garzeit: 30 Minuten   🍴 Für 6 Portionen   💊 Enthält Betakarotin, Eiweiß, B-Vitamine und Vitamin C und E   ❄ Zum Einfrieren geeignet

Im Gegensatz zu echtem Risotto, der relativ viel Mühe macht, ist dieses leckere Reisgericht ganz einfach zuzubereiten.

▸ Den Reis nach der Packungsanweisung in leicht gesalzenem Wasser kochen.
▸ Das Öl in einem großen Topf erhitzen und die Zwiebel, den Knoblauch und die Karotte 7 bis 8 Minuten dünsten. Das klein geschnittene Hähnchenfleisch zugeben und anbraten, dabei gelegentlich umrühren. Die restlichen Zutaten mit Ausnahme der Erbsen zugeben und zugedeckt 15 Minuten garen. Die gefrorenen Erbsen hineinschütten und 3 Minuten garen.
▸ Den Reis abgießen und mit der Hähnchen-Tomaten-Sauce mischen.

200 g **Langkornreis**
2 EL **Olivenöl**
1 **Zwiebel**, geschält und gehackt
1 **Knoblauchzehe**, geschält und zerdrückt
1 mittelgroße **Karotte**, geschält und gewürfelt
250 g **Hähnchenbrustfilet**
300 g **passierte Tomaten aus der Dose**
100 ml **Hühnerbrühe**
1 EL **frischer Schnittlauch**, geschnitten
½ TL feiner **Zucker**
Salz und **schwarzer Pfeffer**
100 g **Tiefkühlerbsen**

Knusprige Hähnchenstreifen

⏱ Vorbereitungszeit: 5 Minuten; Garzeit: 15 Minuten   🍴 Für 2 Portionen   💊 Enthält Eisen, Eiweiß, B-Vitamine, einschließlich Folsäure, und Vitamin E   ❄ Ungebraten zum Einfrieren geeignet

Diese knusprigen Hähnchenstreifen sind ein leckeres Fingerfood. Sie können Sie mit etwas Ketchup zum Dippen servieren.

▸ Das Mehl würzen und in einen Gefrierbeutel füllen. Die Hähnchenteile zugeben und schütteln, bis sie gleichmäßig mit Mehl überzogen sind.
▸ Die Hähnchenstreifen in das verquirlte Ei tauchen und in den Cornflakes wenden.
▸ Das Öl in einer Pfanne erhitzen, die Hähnchenstreifen hineingeben und auf jeder Seite etwa 6 Minuten braten, bis sie außen knusprig und innen gar sind.

Salz und frisch gemahlener **schwarzer Pfeffer**
30 g **Mehl**
1 **Hähnchenbrustfilet** (etwa 150 g), in 6 Streifen geschnitten
1 kleines **Ei**, verquirlt
45 g **Cornflakes**, mit einem Nudelholz zerdrückt
2 EL **Pflanzenöl**

Hähnchen in Honig

⏱ Vorbereitungszeit: 1 Stunde 5 Minuten, einschließlich 1 Stunde Marinierzeit; Garzeit: 15 Minuten   🍴 Für 2 Portionen   💊 Enthält Betakarotin, Kalium, Eiweiß, B-Vitamine, einschließlich Folsäure, und Vitamin C

Das Marinieren verleiht dem Hähnchen ein süßliches Aroma. Bereiten Sie dieses Rezept mit dem Lieblingsgemüse Ihres Kindes zu.

▸ Die Zutaten für die Marinade verrühren und das Hähnchen eine Stunde oder nach Wunsch über Nacht einlegen.
▸ Den Reis nach Packungsanweisung in leicht gesalzenem Wasser kochen; 5 Minuten vor Ende der Kochzeit den Brokkoli zugeben. Das Sonnenblumenöl in einer beschichteten Pfanne erhitzen.
▸ Das Hähnchen trockentupfen, den Knoblauch entfernen und beiseite stellen.
▸ Das Hähnchen in dem erhitzten Öl etwa 3 Minuten anbräunen. Die rote Paprikaschote zugeben und braten, bis alles karamellisiert ist.
▸ Die Marinade in einen kleinen Topf füllen und zum Kochen bringen. Den Reis abgießen und mit dem Hähnchen, der Paprika und der Marinade mischen. Nach Geschmack würzen.

1 großes **Hähnchenbrustfilet** (etwa 200 g), in dünne Streifen geschnitten
75 g **parboiled** oder **Basmati-Reis**
40 g **Brokkoli**, in kleine Röschen zerteilt
1 TL **Sonnenblumenöl**
20 g **rote Paprikaschote**, in dünne Streifen geschnitten
Salz und frisch gemahlener **schwarzer Pfeffer**

Marinade
1 EL **Olivenöl**
1 EL **Zitronensaft**
1 kleine **Knoblauchzehe**, geschält und in Scheiben geschnitten
½ EL **Balsamico-Essig**
1 EL **flüssiger Honig**
frisch gemahlener **schwarzer Pfeffer**

Hähnchen in Honig-Zitronen-Marinade

Vorbereitungszeit: 35 Minuten, einschließlich 30 Minuten Marinierzeit; Garzeit: 10 Minuten
Für 4 Portionen Enthält Betakarotin, Eisen, Eiweiß, B-Vitamine und Vitamin C

Bereiten Sie dieses außerordentlich leckere Gericht mit Gemüse Ihrer Wahl zu, z. B. mit Pilzen oder Zucchini.

1 **Hähnchenbrustfilet** (etwa 150 g) und 4 **Hähnchenschenkel**, enthäutet und ausgelöst, oder 2 **Hähnchenbrüste**

½ **rote Paprikaschote**, in Stücke geschnitten

½ kleine **Zwiebel**, geschält und in Stücke geschnitten

4 kleine **Pittabrote**, aufgeschnitten

Salatblätter zum Garnieren

Marinade

1 EL **flüssiger Honig**

je 1 EL frisch gepresster **Zitronen-** und **Orangensaft**

1 TL **Pflanzenöl**

Salz

▶ Die Zutaten für die Marinade in einer Schüssel verrühren. Das Hähnchenfleisch in kleine Stücke schneiden und mit der Paprika und der Zwiebel in die Marinade geben. Zudecken und mindestens 30 Minuten ziehen lassen. In der Zwischenzeit vier Holzspieße in kaltem Wasser einweichen, damit sie unter dem Grill nicht verbrennen.

▶ Den Grill auf höchster Stufe vorheizen. Abwechselnd Hähnchenstücke, Paprika und Zwiebel auf die Spieße stecken. Unter den heißen Grill legen und etwa 5 Minuten auf jeder Seite garen, bis sie gebräunt sind. Die Pittabrote toasten.

▶ Fleisch und Gemüse von den Spießen streifen und abwechselnd in die Brote füllen; mit Salatblättern garnieren.

Hähnchen-Bolognese

Vorbereitungszeit: 5 Minuten; Garzeit: 30 Minuten Für 8 Portionen
Enthält Betakarotin, Kalium, Eiweiß, B-Vitamine, einschließlich Folsäure, und Vitamin E
Zum Einfrieren geeignet

Aus gehacktem Hähnchen- oder Putenfleisch lässt sich eine köstliche Nudelsauce zubereiten. Dieses Rezept eignet sich auch als Füllung für Cannelloni. Wenn Sie keinen frischen Thymian haben, ersetzen Sie ihn durch einen halben Teelöffel getrockneten Thymian.

2 EL **Pflanzenöl**

1 große **Schalotte**, geschält und fein gehackt

1 **Knoblauchzehe**, geschält und zerdrückt

1 Stange **Lauch**, gewaschen und in Ringe geschnitten

500 g gehacktes **Hähnchenfleisch**

1 **Karotte**, geschält und gewürfelt

400 g **Tomaten aus der Dose**, in Stücken

125 ml **Wasser**

1 TL feiner **Zucker**

2 TL **Tomatenketchup**

2 TL **frische Thymianblätter**

Salz und frisch gemahlener **schwarzer Pfeffer**

350 g **Spaghetti** oder **Tagliatelle**

▶ Das Pflanzenöl in einer Pfanne erwärmen, die Schalotte und den Knoblauch hineingeben und bei schwacher Hitze 2–3 Minuten dünsten. Den Lauch zugeben und alles in etwa 3 Minuten weich dünsten.

▶ Das Hähnchen zugeben, mit einer Gabel zerteilen, damit es nicht festklebt, und etwa 3 Minuten anbraten. Das gebratene Hähnchenfleisch kann nun in den Mixer gegeben und einige Sekunden püriert werden, damit es sämiger wird. Die gewürfelte Karotte zugeben und die restlichen Zutaten unterrühren.

▶ Die Masse zum Kochen bringen und etwa 20 Minuten köcheln lassen, bis das Gemüse weich und das Hähnchen durchgegart ist. Dabei gelegentlich umrühren.

▶ In der Zwischenzeit die Spaghetti oder Tagliatelle entsprechend der Packungsanweisung in kochendem, leicht gesalzenem Wasser kochen.

▶ Die Sauce abschmecken und mit den Nudeln servieren.

Lammbällchen in süßsaurer Sauce

- Vorbereitungszeit: 20 Minuten; Garzeit: 25 Minuten
- Für 4 Portionen
- Enthält Eisen, Eiweiß, B-Vitamine, einschließlich Folsäure, Vitamin C und Zink
- Zum Einfrieren geeignet

Diese leichten, saftigen Fleischbällchen in einer würzigen Tomatensauce passen gut zu Reis oder Nudeln. Sie schmecken auch als Fingerfood, »solo« oder mit Tomatenketchup.

▶ Alle Zutaten für die Fleischbällchen vermengen, nach Geschmack würzen, und aus der Masse 16 kleine Bällchen formen. Das Mehl auf einen Teller streuen und die Fleischbällchen darin rollen.

▶ Das Pflanzenöl in einer Pfanne erhitzen, die Fleischbällchen hineinlegen und 10–15 Minuten braten, bis sie gebräunt und beinahe durchgegart sind; dabei gelegentlich wenden.

▶ In der Zwischenzeit die Zutaten für die Sauce in einem kleinen Topf bei mittlerer Hitze 4 Minuten kochen. Abschmecken.

▶ Die Sauce über die Fleischbällchen gießen und bei mittlerer Hitze etwa 10 Minuten kochen, bis die Sauce eindickt und die Fleischbällchen durchgegart sind.

Fleischbällchen

- 250 g **Lammhackfleisch**
- 1 **Zwiebel**, geschält und fein gehackt
- ½ **rote Paprikaschote**, klein geschnitten
- 1 EL **frische Petersilie**, klein geschnitten
- 1 kleiner **Apfel**, geschält und geraspelt
- **Salz** und frisch gemahlener **schwarzer Pfeffer**
- **Mehl** zum Wenden
- 2 EL **Pflanzenöl** zum Braten

Süßsaure Sauce

- 400 g **Tomaten aus der Dose**, in Stücken
- 1 EL **Balsamico-Essig**
- 1 EL **brauner Zucker**
- 1 EL **Tomatenketchup**

Couscous mit Schinken & Erbsen

- Vorbereitungszeit: 5 Minuten; Garzeit: 10 Minuten
- Für 2 Portionen
- Enthält Betakarotin, Kalium und B-Vitamine, einschließlich Folsäure

Couscous ist grobkörniger Weizengrieß und bildet einen wesentlichen Bestandteil der Küche des mittleren Ostens. Er ist in jedem gut sortierten Supermarkt erhältlich und lässt sich schnell und einfach zubereiten. Couscous passt sowohl zu herzhaften als auch zu süßen Nahrungsmitteln. Dieses Gericht kann heiß oder kalt gegessen werden.

▶ Die Hühnerbrühe zum Kochen bringen und über den Couscous gießen. Mit einer Gabel umrühren und für etwa 5 Minuten beiseite stellen.

▶ In der Zwischenzeit die Butter in einem Topf schmelzen und die Zwiebel darin in 2–3 Minuten weich dünsten. Die Erbsen, eine gute Prise Zucker und Salz zugeben und das Wasser zugießen. Die Hitze reduzieren und weitere 3 Minuten kochen.

▶ Den Couscous mit einer Gabel auflockern, die Zwiebel, die Erbsen und den gewürfelten Schinken einrühren und abschmecken. Das Rezept kann auch mit Reis zubereitet werden.

- 250 ml **Hühnerbrühe** (siehe S. 52)
- 100 g **Instant-Couscous**
- 15 g **Butter**
- ½ kleine **Zwiebel**, geschält und fein gehackt
- 75 g **Tiefkühlerbsen**
- 1 Prise **Zucker**
- 1 Prise **Salz**
- 50 ml **Wasser**
- 30 g **Schinken**, gewürfelt
- **Salz** und frisch gemahlener **schwarzer Pfeffer**

Schwierige Esser

Zwischen der Geburt und dem ersten Geburtstag wächst ein Kind besonders schnell. Danach verlangsamt sich das Wachstum stark. Der Appetit ist nicht mehr so groß und viele Kleinkinder werden beim Essen wählerischer und entwickeln Marotten; sie essen z. B. nur Nudeln ohne alles, lehnen Joghurt mit Fruchtstückchen ab oder verweigern jedes Gericht mit Zwiebeln. In dieser anstrengenden Phase brauchen Sie all Ihre Geduld. In diesem Kapitel finden Sie eine Auswahl an Lieblingsrezepten mit der magischen Zutat »Hm, schmeckt gut«.

1 Hähnchen & Gemüse aus dem Wok
Eine zarte Kombination aus marinierten Hähnchenstreifen, knusprigem, pfannengerührtem Gemüse und chinesischen Nudeln. Selbst eingeschworene Gemüseverweigerer lassen sich oft verleiten, bestimmtes Gemüse, z. B. Babymais und Zuckerschoten, zu essen, wenn es mit Nudeln und Sojasauce in der Pfanne gerührt wird. (Rezept siehe S. 111.)

2 Tomatencremesuppe
Diese schmackhafte Tomatensuppe aus frischen Tomaten, Karotten und Zwiebeln ist bei Kindern sehr beliebt. Wenn Sie unter diese Suppe püriertes Gemüse rühren, isst Ihr Kind unbemerkt mehr Gemüse. (Rezept siehe S. 106.)

3 Nudelsauce mit Tomaten & Mascarpone
Auch wenn Kinder alles verweigern – Nudeln essen sie meistens doch. Diese Tomatensauce mit Mascarpone – einem italienischen Frischkäse – ist schnell und einfach zubereitet. (Rezept siehe S. 107.)

1

2

3

Kartoffel-Karotten-Suppe mit Orange

Vorbereitungszeit: 10 Minuten; Garzeit: 30 Minuten Für 6 Portionen
Enthält Betakarotin, Folsäure, Kalium und Vitamin C und E Zum Einfrieren geeignet

- 2 EL **Pflanzenöl**
- 2 **Zwiebeln**, geschält und gehackt
- 1 **Knoblauchzehe**, geschält und zerdrückt
- 450 g **Karotten**, geschält
- 250 g **Kartoffeln**, geschält
- 1 l **Hühnerbrühe** (siehe S. 52) oder **Gemüsebrühe** (siehe S. 49)
- 50 ml frisch gepresster **Orangensaft**
- **Salz** und frisch gemahlener **schwarzer Pfeffer**
- 100 ml **Kokosnussmilch**
- frischer **Schnittlauch**, fein geschnitten, zum Garnieren

▶ Das Öl in einem großen Topf erhitzen und die Zwiebeln und den Knoblauch etwa 5 Minuten andünsten.
▶ Die Karotten und die Kartoffeln klein schneiden. Die Karotten und die Kartoffeln zugeben und etwa 5 Minuten kochen. Die Brühe zugießen, zudecken und die Suppe etwa 20 Minuten köcheln lassen, bis das Gemüse gar ist.
▶ Die Suppe im Mixer oder mit dem Stabmixer pürieren. Den Orangensaft einrühren und abschmecken. Dann die Kokosnussmilch einrühren und mit Schnittlauch bestreuen.

Tomatencremesuppe

Vorbereitungszeit: 10 Minuten; Garzeit: 45 Minuten Für 6 Portionen
Enthält Betakarotin, Kalium und Vitamin A, C und E Zum Einfrieren geeignet

Eine frische, selbst gemachte Tomatensuppe mögen alle Kinder. Nehmen Sie diese Suppe im Winter in einer Thermoskanne auf Ausflüge mit.

- 2 EL **Olivenöl**
- 1 **Zwiebel**, geschält und gewürfelt
- 200 g **Karotten**, geschält und gewürfelt
- 500 g reife **Flaschentomaten**, enthäutet und grob gehackt
- 200 g **passierte Tomaten aus der Dose**
- 400 ml **Hühnerbrühe** (siehe S. 52) oder **Gemüsebrühe** (siehe S. 49)
- 1 **Lorbeerblatt**
- 1 Stängel **frischer Thymian**
- 100 ml **Crème fraîche**
- **Salz** und frisch gemahlener **schwarzer Pfeffer**

▶ Das Öl in einem großen Topf erhitzen. Zwiebeln und Karotten 5–6 Minuten darin andünsten. Tomaten, passierte Tomaten, Brühe, Lorbeerblatt und Thymian einrühren und zum Köcheln bringen. Zudecken und 35–40 Minuten kochen.
▶ Das Lorbeerblatt und den Thymianzweig entfernen. Die Thymianblätter wieder in den Topf geben. Im Mixer pürieren. Die Crème fraîche einrühren und mit Salz und Pfeffer abschmecken.

Hühnercremesuppe mit Mais

Vorbereitungszeit: 10 Minuten; Garzeit: 35 Minuten Für 6 Portionen Enthält Kalium, Eiweiß, B-Vitamine, einschließlich Folsäure, und Vitamin C Zum Einfrieren geeignet

- 125 ml **Hühnerbrühe** (siehe S. 52)
- 1 **Lorbeerblatt**
- 2 **Hähnchenbrustfilets**, enthäutet und ohne Knochen
- 40 g **Butter**
- 1 Stange **Staudensellerie**, klein geschnitten
- 1 **Zwiebel**, geschält und gehackt
- 40 g **Mehl**
- 300 ml **heiße Milch**
- 300 g **Maiskörner aus der Dose**
- **Salz** und frisch gemahlener **schwarzer Pfeffer**

TIPP Diese Suppe bildet eine vollwertige Mahlzeit. Servieren Sie sie mit Karotten- und Gurkensticks und frischem Brot.

▶ Die Brühe mit dem Lorbeerblatt zum Köcheln bringen und die Hähnchenbrüste hineinlegen. 10 Minuten köcheln lassen. Das Hähnchenfleisch mit einem Schaumlöffel herausnehmen und abkühlen lassen. Die Brühe mit dem Lorbeerblatt beiseite stellen.
▶ Die Butter in einem großen Topf schmelzen und den Sellerie und die Zwiebel 6–7 Minuten dünsten. Das Mehl einrühren und 1–2 Minuten anschwitzen. Die heiße Milch einrühren und die Sauce unter Rühren dick werden lassen. Mit der Hühnerbrühe samt dem Lorbeerblatt auffüllen und zum Köcheln bringen.
▶ Das gekochte Hähnchenfleisch in Stücke teilen und in den Topf geben. 10–15 Minuten köcheln lassen, 3 Minuten vor Ende der Kochzeit den Mais beifügen. Mit Pfeffer abschmecken.
▶ Das Lorbeerblatt entfernen und die Suppe im Mixer oder mit dem Stabmixer pürieren. Sie wird cremiger, wenn sie durch ein Passiersieb gestrichen wird.

Käse-Makkaroni

⏲ Vorbereitungszeit: 10 Minuten; Garzeit: ca. 10 Minuten 🌡 180 °C 🍴 Für 6 Portionen
💊 Enthält Kalzium, Eiweiß, B-Vitamine und Vitamin A ❄ Zum Einfrieren geeignet

Mit Nudeln und geriebenem Käse kann man selbst die schwierigsten Esser locken. Hier finden Sie eine kleine Abwandlung, die sehr appetitlich aussieht. Auf die knusprigen Streusel aus Ciabatta können Sie auch verzichten.

▶ Die Makkaroni *al dente* (noch mit ein bisschen Biss) kochen. Die Butter in einem Topf schmelzen und das Mehl einrühren. 1–2 Minuten unter ständigem Rühren anschwitzen.

▶ Nach und nach die heiße Milch zugeben, zum Köcheln bringen und kochen, bis die Sauce dicklich ist. Käse und Senf zugeben und rühren, bis der Käse geschmolzen ist. Die Makkaroni unterrühren, abschmecken und die Nudeln in eine feuerfeste Form füllen.

▶ Die Ciabatta-Brösel mit dem Olivenöl und dem Parmesan mischen. Über die Nudeln streuen und im vorgeheizten Ofen 10 Minuten überbacken.

250 g **Makkaroni**
25 g **Butter**
25 g **Mehl**
450 ml **Milch**
75 g geriebener **Gouda**
75 g geriebener **Gruyère**
1 TL **Senf**
Salz und frisch gemahlener **schwarzer Pfeffer**
50 g **Ciabattabrösel** oder **geröstete Toastbrotbrösel**
½ EL **Olivenöl**
2 EL frisch geriebener **Parmesan**

Nudelsauce mit Tomaten & Mascarpone

⏲ Vorbereitungszeit: 5 Minuten; Garzeit: 20 Minuten 🍴 Für 4 Portionen
💊 Enthält Betakarotin, Kalium und Vitamin A, B$_{12}$ und E ❄ Zum Einfrieren geeignet

Diese cremige Tomatensauce wird am besten zu Penne gereicht. Statt Basilikum können Sie mit ¼ TL gemischten, getrockneten Kräutern würzen.

▶ Das Olivenöl in einem Topf erhitzen und die Zwiebel und den Knoblauch 7–8 Minuten andünsten. Passierte Tomaten und Zucker einrühren und 10 Minuten zugedeckt unter gelegentlichem Rühren köcheln lassen.

▶ Vom Herd nehmen, das Basilikum zugeben und die Sauce im Mixer pürieren. In den Topf zurückgießen, Mascarpone zugeben und unter Rühren schmelzen lassen; 1–2 Minuten köcheln lassen. Nach Geschmack würzen.

1 EL **Olivenöl**
1 **rote Zwiebel**, geschält und gehackt
1 **Knoblauchzehe**, geschält und zerdrückt
400 g **passierte Tomaten aus der Dose**
1 Prise **Zucker**
2 EL **Basilikumblätter**, zerpflückt
100 g **Mascarpone**
Salz und frisch gemahlener **schwarzer Pfeffer**

Spaghetti Bolognese

⏲ Vorbereitungszeit: 10 Minuten; Garzeit: ca. 25 Minuten 🍴 Für 6 Portionen
💊 Enthält Betakarotin, Eisen, Kalium, Eiweiß, B-Vitamine, Vitamin C und E und Zink
❄ Sauce zum Einfrieren geeignet

▶ Das Öl in einem Topf erhitzen, Zwiebel, Knoblauch und Karotte einrühren und 2 Minuten dünsten. Das Hackfleisch zugeben und 5 Minuten anbraten. Nach Wunsch das Hackfleisch und das Gemüse in den Mixer geben und pürieren.

▶ Tomaten, Milch, Lorbeerblatt, Salz und Pfeffer einrühren. Zudecken und 15–20 Minuten köcheln lassen.

▶ In der Zwischenzeit die Nudeln entsprechend der Packungsanweisung in leicht gesalzenem Wasser kochen. Abgießen und mit der Sauce mischen. Wenn die Sauce zu dick ist, kann sie mit etwas Nudelkochwasser gestreckt werden.

1 EL **Olivenöl**
1 **Zwiebel**, geschält und gehackt
1 **Knoblauchzehe**, geschält und zerdrückt
1 mittelgroße **Karotte**, geschält und geraspelt
300 g mageres **Rinderhackfleisch**
400 g **Tomaten aus der Dose**, in Stücken
125 ml **Milch**
1 **Lorbeerblatt**
1 TL **frische Thymianblätter** oder ½ TL **getrockneter Thymian**
Salz und frisch gemahlener **schwarzer Pfeffer**
200 g **Spaghetti**

Kartoffelspalten aus dem Ofen

⏱ Vorbereitungszeit: 5 Minuten; Garzeit: 40 Minuten 🔥 200 °C
🍴 Für 1 Portion 🌿 Enthält Kalium und Vitamin C und E

Zutaten:
- 1 mittelgroße **Kartoffel**, dünn geschält
- 1 EL **Öl**
- **Salz**

▶ Die Kartoffel längs in Spalten schneiden. Auf ein Backblech legen und mit etwas Öl bestreichen. Mit ein wenig Salz würzen und im vorgeheizten Ofen 35–40 Minuten backen, bis sie innen weich und außen goldbraun sind. Dabei gelegentlich wenden.

Frittierte Zucchini

⏱ Vorbereitungszeit: 10 Minuten; Garzeit: 10 Minuten 🍴 Für 4 Portionen
🌿 Enthält Folsäure, Magnesium und Kalium

Zutaten:
- 500 g **Zucchini**
- **Salz** und frisch gemahlener **schwarzer Pfeffer**
- 75 g **Mehl**
- 40 g **Maismehl**
- 1 TL **Salz**
- 150 ml **eiskaltes Wasser**
- **Pflanzenöl** zum Braten

TIPP Sie können auch andere Gemüsesorten auf diese Weise zubereiten – probieren Sie es einmal mit Kartoffeln, Blumenkohl und Brokkoli aus.

Probieren Sie einmal dieses Gericht, wenn Ihr Kind partout kein Gemüse essen mag. Diese Fritten schmecken lecker und sind bei Kindern sehr beliebt – selbst bei hartnäckigen »Gemüsekaspern«.

▶ Die Zucchini waschen und trocknen. Die Enden abschneiden. Die Zucchini in Streifen von etwa 6 cm Länge und 1,5 cm Breite schneiden und mit etwas Salz und Pfeffer würzen.
▶ In einer Schüssel Mehl, Maismehl, Salz und Pfeffer mischen. Das eiskalte Wasser einrühren, bis die Masse dickflüssig ist.
▶ Das Öl in der Fritteuse auf 200 °C erhitzen. Oder den Wok bzw. eine tiefe Bratpfanne etwa 6 cm hoch mit Öl füllen und das Öl erhitzen. Das Öl ist heiß genug, wenn das Gemüse beim Hineingeben zischt.
▶ Die Zucchinistücke in die Fritteuse geben und knusprig-goldgelb frittieren. Immer nur eine kleine Menge einfüllen, da die Temperatur sonst zu stark absinkt. Den Frittierkorb herausnehmen oder die Zucchini mit einem Schaumlöffel herausholen. Auf Küchenpapier abtrocknen und sofort servieren.

Karotten mit knusprigen Cornflakes

⏱ Vorbereitungszeit: 10 Minuten; Garzeit: 30 Minuten 🔥 180 °C 🍴 Für 4 Portionen 🌿 Enthält Betakarotin, Kalzium, Eiweiß, B-Vitamine, einschließlich Folsäure, und Vitamin A und D

Zutaten:
- 450 g **Karotten**, geschält und in dünne Scheiben geschnitten
- 1 kleine **Zwiebel**, geschält und fein gehackt
- 50 g **Butter**
- 2½ EL **Mehl**
- 300 ml **Milch**
- 75 g geriebener **Gruyère**
- **Salz** und **weißer Pfeffer**
- 1 EL frischer **Schnittlauch**, fein geschnitten
- 65 g **Cornflakes**, zerstoßen

Es stimmt tatsächlich: Gekochte Karotten sind gesünder als rohe. Durch den Kochvorgang wird das Betakarotin so verändert, dass der Körper es besser aufnehmen kann.

▶ Die Karottenscheiben in leicht gesalzenem Wasser weich kochen (oder dämpfen).
▶ Die gehackte Zwiebel in der halben Buttermenge weich dünsten. Vom Herd nehmen, das Mehl einrühren und 1 Minute anschwitzen. Nach und nach die Milch einrühren. Wieder auf den Herd stellen und rühren, bis die Sauce dick und sämig ist. Die Hitze abschalten, den Käse einrühren und schmelzen lassen. Würzen.
▶ Karotten und Schnittlauch mit der Sauce mischen und in eine feuerfeste Form füllen. Die restliche Butter schmelzen und die zerstoßenen Cornflakes einrühren. Die Cornflakes über die Karotten geben und im vorgeheizten Ofen 20 Minuten backen.

Thunfisch-Toast

⏱ Vorbereitungszeit: 5 Minuten; Garzeit: 2 Minuten ♂ Für 2 Portionen ⚕ Enthält Eisen, Kalium, Eiweiß, B-Vitamine, einschließlich Folsäure, und Vitamin A, D und E

▶ Den Grill auf höchster Stufe vorheizen. Thunfisch, Mayonnaise, Frühlingszwiebeln und Zitronensaft mischen. Das Brot toasten und mit etwas Butter oder Margarine bestreichen. Die Mischung auf die Brotscheiben geben. Die Käsescheiben auflegen.

▶ Unter den Grill legen, bis der Käse schmilzt und bräunt. Jeden Toast in Vierecke, Streifen oder Dreiecke schneiden. Oder die Füllung in den Brötchenhälften anrichten.

100 g **Thunfisch in Öl, aus der Dose**, abgetropft und zerteilt

1½ EL **Mayonnaise**

1 EL **Frühlingszwiebeln**, in feine Scheiben geschnitten

1 TL **Zitronensaft**

2 Scheiben **Vollkornbrot** oder 1 **Vollkornbrötchen**, getoastet

Butter oder **Margarine**

2 Scheiben **Emmentaler** oder **Gruyère** (etwa 40 g)

Marinierte Lachsspieße

⏱ Vorbereitungszeit: 1 Stunde 10 Minuten, einschließlich 1 Stunde Marinierzeit; Garzeit: 5 Minuten ♂ Für 2 Portionen ⚕ Enthält Omega-3-Fettsäuren, Kalium, Eiweiß, B-Vitamine und Vitamin D und E

Eine köstliche Zubereitungsart für Lachs. Durch die Marinade bekommt der Fisch einen glänzenden, karamellartigen Überzug. Reichen Sie Reis dazu.

▶ Die Zutaten für die Marinade in einer Schüssel verrühren und die Lachswürfel hineingeben. Sie müssen ganz mit Marinade bedeckt sein. Etwa 1 Stunde marinieren, dabei gelegentlich wenden. In der Zwischenzeit zwei Holzspieße in Wasser einweichen.

▶ Den Grill auf höchster Stufe vorheizen. Eine Grillpfanne oder ein Blech mit Folie auslegen, die Lachswürfel auf die Spieße stecken und auf die Folie legen. Den Lachs mit Marinade bestreichen und etwa 5 Minuten grillen; dabei gelegentlich mit Marinade begießen und umdrehen, bis der Fisch außen goldbraun ist.

▶ Die restliche Marinade in einen kleinen Topf füllen und einige Minuten einkochen lassen. Den Fisch mit Reis servieren und die eingekochte Marinade über den Lachs gießen.

200 g **Lachsfilet**, grätenfrei, enthäutet und in 2 cm große Würfel geschnitten

Marinade

1 EL **flüssiger Honig**

½ EL **Balsamico-Essig**

1 EL **Olivenöl** oder **Pflanzenöl**

TIPP Vergessen Sie nicht, die Lachswürfel von den Spießen zu nehmen, bevor Sie das Gericht Ihrem Kind geben.

Hähnchen-Mais-Bratlinge

⏱ Vorbereitungszeit: 15 Minuten; Garzeit: 10 Minuten   🥄 Für 18 Bratlinge
🌿 Enthält Eisen, Kalium, Eiweiß, B-Vitamine, einschließlich Folsäure, und Vitamin C
❄ Zum Einfrieren geeignet

Diese kleinen Bratlinge mögen Kinder gern. Sie können sie aus der Hand essen. Bereiten Sie aus der Masse zunächst einen Bratling zur Probe. Wenn Sie ihn gebraten und probiert haben, können Sie den Fleischteig nach Wunsch zusätzlich mit Kräutern oder Gewürzen verfeinern, bevor Sie die restlichen Bratlinge ausbacken.

Zutaten

- 1 EL **Olivenöl**
- 1 große **Zwiebel**, geschält
- 1 **Knoblauchzehe**, geschält und zerdrückt
- 1½ Scheiben **Weißbrot**
- 3 EL **Milch**
- 400 g **Hähnchenbrustfilet** oder gehacktes Hähnchenfleisch
- 1 kleines **Ei**, verquirlt
- 4 EL **Tomatenketchup**
- 2 EL frischer **Schnittlauch**, fein geschnitten
- ½ EL frischer **Thymian** (nach Belieben)
- **Salz** und frisch gemahlener schwarzer **Pfeffer**
- 200 g **Mais aus der Dose**
- **Pflanzenöl** zum Braten

Zubereitung

▸ Das Olivenöl in einem Topf erhitzen. Die Zwiebel mit dem Knoblauch darin weich dünsten, ohne Farbe annehmen zu lassen. Das Brot in der Milch einweichen.

▸ Das Hähnchenfleisch in Würfel schneiden und einige Sekunden im Mixer pürieren. Das eingeweichte Brot in Stücke reißen und mit Ei, Tomatenketchup, Schnittlauch, Thymian und Salz und Pfeffer zur Hähnchenmasse geben. Gründlich pürieren.

▸ Die Fleischmasse in eine Schüssel füllen und den Mais einrühren. Nun können Sie die Masse in den Kühlschrank stellen – auch über Nacht – und erst später fertig zubereiten.

▸ Aus der Masse 18 kleine, runde Bratlinge formen. Wenn die Masse zäh ist, erleichtert ein nasser Löffel das Formen. In Pflanzenöl goldgelb braten.

▸ Mit selbst gemachtem Tomatenketchup (siehe unten) servieren.

Zarte Hähnchenstreifen mit selbst gemachtem Tomatenketchup

⏱ Zubereitungszeit: 35 Minuten, einschließlich 30 Minuten Marinierzeit; Garzeit: 15 Minuten
🥄 Für 2 Portionen   🌿 Enthält Kalium, Eiweiß, B-Vitamine, einschließlich Folsäure, und Vitamin C und E   ❄ Zum Einfrieren geeignet

Probieren Sie dieses leckere Hähnchenrezept – eine gesunde Alternative zu Chicken Nuggets!

Zutaten

- 1 **Hähnchenbrustfilet** (etwa 150 g)
- etwas **Pflanzenöl**

Marinade
- ¾ EL **Honig**
- 1 EL **Zitronensaft**
- 1 TL **Olivenöl**
- **Salz** und frisch gemahlener schwarzer **Pfeffer**
- **Knoblauchscheibe** (nach Belieben)

Tomatenketchup
- 400 g **passierte Tomaten aus der Dose**
- 1 EL **Balsamico-Essig**
- 1 EL **Tomatenmark**
- 1 EL **brauner Zucker**

Zubereitung

▸ In einer Schüssel die Zutaten für die Marinade mischen. Die Hähnchenbrust hineinlegen und etwa 30 Minuten marinieren.

▸ Die Marinade abgießen und für später beiseite stellen.

▸ Eine Grillpfanne erhitzen, mit etwas Öl ausstreichen und das Hähnchenbrustfilet 4–5 Minuten auf jeder Seite grillen, bis es gar ist. (Das Fleisch kann auch in etwas Öl gebraten werden.)

▸ In der Zwischenzeit die Marinade passieren, in einen kleinen Topf gießen, zum Kochen bringen und etwa 1 Minute köcheln lassen.

▸ Das Hähnchenfleisch in Streifen schneiden und mit der eingekochten Marinade servieren.

▸ Für das Tomatenketchup alle Zutaten in einen Topf geben. Zum Kochen bringen, die Hitze reduzieren und offen etwa 15 Minuten kochen.

Hähnchen & Gemüse aus dem Wok

⏱ Vorbereitungszeit: 10 Minuten; Garzeit: 20 Minuten   Für 6 Portionen   Enthält Betakarotin, Kalium, Eiweiß, B-Vitamine, einschließlich Folsäure, und Vitamin C und E

▶ Die Zutaten für die Marinade mischen und das Hähnchenfleisch 10 Minuten marinieren. Die Marinade passieren und beiseite stellen. Die Nudeln entsprechend der Packungsanweisung in leicht gesalzenem Wasser kochen, abgießen und beiseite stellen.

▶ 1 EL Pflanzenöl im Wok oder einer großen Pfanne erhitzen und das Hähnchenfleisch unter Rühren 5–6 Minuten anbraten. Das Hähnchenfleisch herausnehmen und beiseite stellen.

▶ Das restliche Öl im Wok erhitzen. Den Knoblauch hineingeben und einige Sekunden unter Rühren anbraten. Champignons, Zuckerschoten, Paprika und Babymais zugeben und 4 Minuten unter gelegentlichem Rühren garen. Frühlingszwiebeln, Zucchini und Mungbohnenkeimlinge hineingeben und 4 Minuten unter gelegentlichem Rühren garen.

▶ Die Hähnchenstreifen und die Nudeln mit der Marinade zugeben. 1–2 Minuten unter Rühren erhitzen.

1 großes **Hähnchenbrustfilet** (etwa 250 g), in Streifen geschnitten

150 g chinesische **Eiernudeln** (ersatzweise **Vermicelli**)

2½ EL **Pflanzenöl**

1 **Knoblauchzehe**, geschält und zerdrückt

100 g **Champignons**

125 g **Zuckerschoten**

½ kleine **rote Paprikaschote**, in dünne Streifen geschnitten

75 g **Babymais**, geviertelt

4 **Frühlingszwiebeln**, in feine Ringe geschnitten

125 g **Zucchini**

125 g **Mungbohnenkeimlinge**

Marinade

2 EL **Sojasauce**

2 EL **Traubensaft**

1 EL **brauner Zucker**

Hafer-Rosinen-Kekse

100 g **Butter**
90 g **Zuckerrohrgranulat**
90 g **brauner Zucker**
1 **Ei**
1 TL **gemahlene Vanille**
125 g **Mehl**
etwas **Zimt** (nach Belieben)
½ TL **Backpulver**
¼ TL **Natron**
¼ TL **Salz**
75 g **Haferflocken**
175 g **Rosinen**

Vorbereitungszeit: 20 Minuten; Backzeit: 10 Minuten   190 °C   Für ca. 20 Kekse
Enthält Ballaststoffe, Eisen und Kalium   Zum Einfrieren geeignet

▶ Die Butter und den Zucker mit dem Handrührgerät schaumig schlagen. Dann das Ei und die gemahlene Vanille unterrühren.
▶ Mehl, Zimt, Backpulver, Natron und Salz vermischen. Zu der Schaummasse geben und gründlich verrühren. Haferflocken und Rosinen unterrühren.
▶ Zwei Backbleche einfetten. Mit den Händen etwa 20 walnussgroße Bällchen formen. Mit Abstand zueinander auf die Backbleche legen und flach drücken.
▶ Die Kekse in den vorgeheizten Ofen schieben und etwa 12 Minuten backen, bis sie leicht gebräunt sind. Auf einem Kuchengitter abkühlen lassen.

Bananen-Muffins

60 g **Vollkorn-Cornflakes**
300 ml **Milch**
125 g **Vollkornmehl**
½ TL **Salz**
1 EL **Backpulver**
60 g **Butter**
60 g **feiner Zucker**
1 **Ei**
2 **Bananen**, geschält und zerdrückt
90 g **Rosinen**

Vorbereitungszeit: 15 Minuten; Backzeit: 30 Minuten   180 °C
Für 12 Muffins   Enthält Ballaststoffe, Eisen und B-Vitamine, einschließlich Folsäure
Zum Einfrieren geeignet

Diese Muffins enthalten viele gesunde, natürliche Zutaten und sind bestens als Proviant geeignet. Man kann sie aber auch zum Frühstück essen.

▶ Die Cornflakes 10 Minuten in der Milch einweichen. Mehl, Salz und Backpulver vermischen.
▶ Butter und Zucker schaumig rühren, dann das Ei unterrühren. Abwechselnd die eingeweichten Cornflakes und die Mehlmischung einrühren. Die zerdrückten Bananen und die Rosinen vorsichtig unterheben.
▶ Ein Muffinblech mit Papierförmchen auslegen und jede Form zur Hälfte mit Teig füllen. Im vorgeheizten Ofen 30 Minuten backen.

Ananas-Kokosnuss-Bananen-Smoothie

125 ml **Kokosnussmilch**
125 ml **Ananassaft**
1 kleine **Banane**, geschält und klein geschnitten
1 TL **Honig**

Zubereitungszeit: ca. 3 Minuten   Für 2 Gläser   Enthält Kalium und Vitamin C und B_6.

Frucht-Smoothies und Milchshakes sind leckere, nährstoffreiche Getränke.

▶ Die Kokosnussmilch, den Ananassaft, die klein geschnittene Banane und den Honig mit dem Pürierstab cremig mixen.

Variationen
▶ Geben Sie das reife Fruchtfleisch einer halben, geschälten Mango oder einen saftigen, reifen Pfirsich dazu.
▶ Mixen Sie 350 ml Ananassaft, 90 ml Kokosnussmilch, 3 Kugeln Vanilleeis und 150 g frische Ananas.

Milchshake aus Sommerbeeren

⏱ Zubereitungszeit: 5 Minuten 🥛 Für 2 Gläser ✨ Enthält Kalzium, Kalium, Eiweiß und Vitamin B$_2$, B$_{12}$ und C (und andere Nährstoffe, je nach Obstsorte)

▶ Die Beeren mit dem Puderzucker pürieren und durch ein Sieb streichen.

▶ Das Ganze mit dem Joghurt und der Milch verrühren.

200 g tiefgefrorene oder frische **Sommerfrüchte** oder **Beeren**

2 EL **Puderzucker**

100 ml **Himbeer-Trinkjoghurt** oder 1 Becher **Waldfruchtjoghurt**

200 ml **Milch**

Gefrorener Joghurt mit Beeren

⏱ Zubereitungszeit: 20 Minuten 🥛 Für 6 Portionen ✨ Enthält Kalzium, Folsäure, Kalium, Eiweiß und Vitamin A, B$_2$, B$_{12}$, C und E

▶ Joghurt, Sahne und Zucker verrühren und die Mischung in der Eismaschine gefrieren lassen. Oder die Masse in einen Plastikbehälter füllen und etwa 1½ Stunden gefrieren lassen. In die Küchenmaschine geben und mixen, bis die Masse cremig ist, oder gründlich durchrühren. Eine weitere Stunde einfrieren, mixen oder rühren und in das Gefriergerät zurückstellen.

▶ Für die Himbeersauce die frischen Himbeeren pürieren, durch ein Sieb streichen, um die Kerne zu entfernen, und den Puderzucker einrühren. Gefrorene Früchte vor dem Pürieren in einem Topf erhitzen, bis sie zerfallen.

▶ Die frischen Beeren mit der Himbeersauce mischen und auf vier Schalen verteilen. Kugeln aus Eisjoghurt auf den Beeren und der Sauce verteilen.

500 g **Naturjoghurt** (3,5 % Fett)

150 g **Sahne**

120 g **feiner Zucker**

100 g **Erdbeeren**, geviertelt

100 g **schwarze Johannisbeeren**

100 g **Blaubeeren**

100 g **Himbeeren**

Himbeersauce

250 g frische oder tiefgefrorene **Himbeeren**

2 EL gesiebter **Puderzucker**

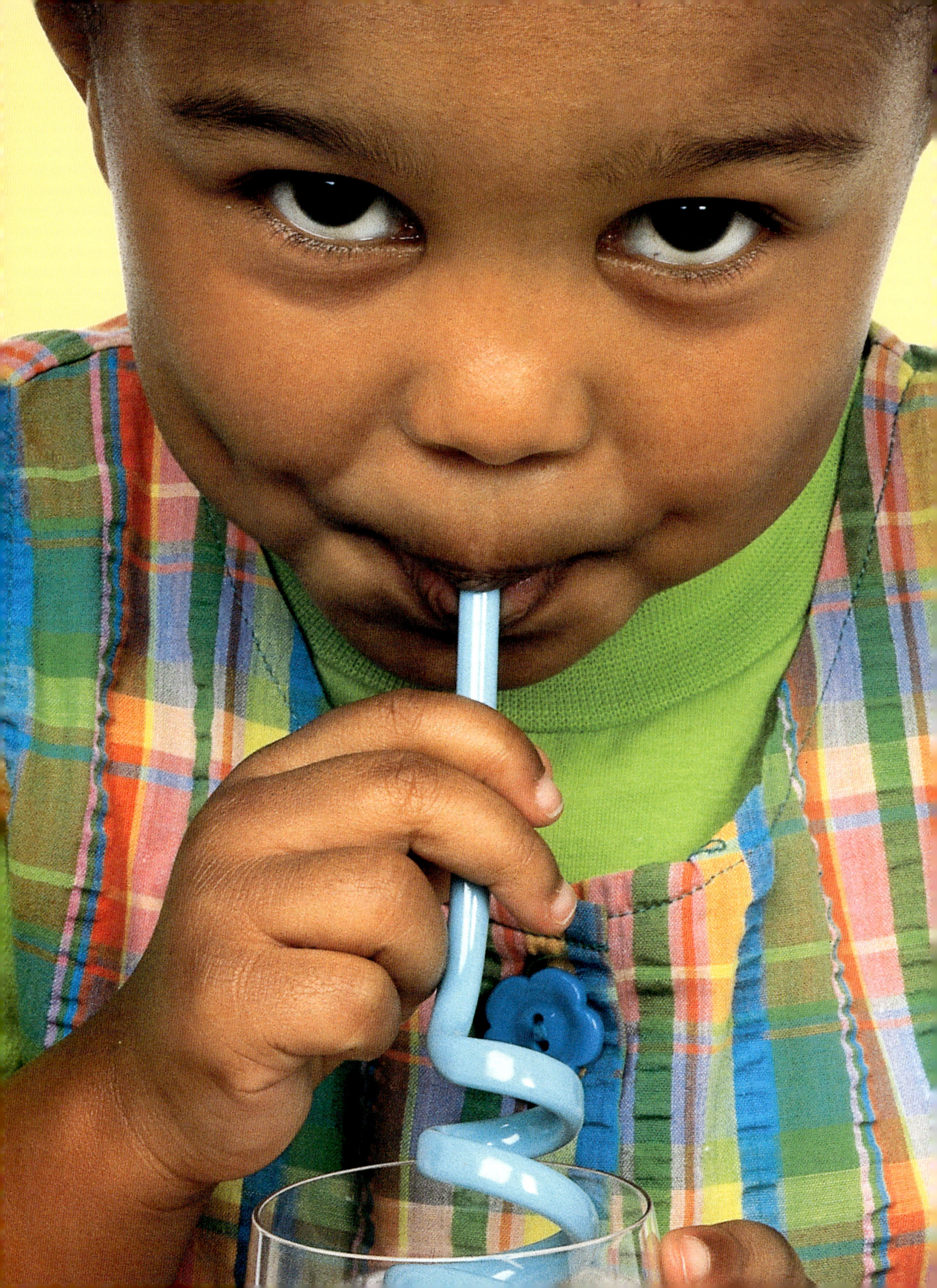

2 bis 3 Jahre

Rezepte in diesem Kapitel

Suppen **120**

Herzhafte Snacks **120**

Gemüse **121**

Nudeln **122–123**

Salat & Salatdressing **121–122**

Fisch **123**

Hähnchen & Pute **124–126**

Dunkles Fleisch **127**

Nachspeisen **130**

Kuchen & Kekse **128–131**

Falsches Spiegelei: Vanillejoghurt, gekrönt von einer halben Aprikose, wird zur optischen Spielerei.

Herzhafter Dip: Eine bunte Auswahl an Gemüse sieht appetitlich aus.

Kartoffelauflauf: Bereiten Sie in einem Förmchen eine kleine Portion zu und lassen Sie Ihr Kind nach Wunsch garnieren.

Zur Erinnerung

- Lassen Sie Ihr Kind nicht zu lange auf eine Mahlzeit warten, wenn es seinen Hunger kundgetan hat: Es wird bald quengelig.
- Entwickeln Sie den Geschmack des Kindes für schwach gesüßte Speisen. Wenn es nun wenig Zucker verzehrt, wird es diese Gewohnheit auch später beibehalten.
- Stellen Sie einen Teller voller Obstschnitze oder Gemüsesticks auf das untere Fach im Kühlschrank, damit sich Ihr Kind selbst bedienen kann, wenn es Hunger hat.

Frühe Kindheit

Viele Kinder in dieser Altersgruppe haben Spaß am Essen, vor allem, wenn es abwechslungsreich oder lustig angerichtet ist. Es ist erstaunlich, wie ruhig Zwei- und Dreijährige an einem gedeckten Tisch sitzen können. Manche sind aber auch unberechenbar und wählerisch. Wie auch immer die Essgewohnheiten Ihres Kindes sein mögen, es wird sicher gern bei Ihnen in der Küche sein und Ihnen beim Kochen helfen.

Energie für einen aktiven Tag

Zwei- und Dreijährige sind sehr aktiv und »gewinnen allmählich an Höhe«. Ihr Kind braucht weiterhin häufige kleine Mahlzeiten, damit sein großer Energiebedarf gestillt wird. Manchmal benötigt es auch einen schnellen Energieschub, damit es zu keinem Tief kommt (siehe S. 89). Zucker und raffinierte Lebensmittel (z. B. Limonadengetränke oder Schokoladenkekse) liefern sofort Energie; Obst und Fruchtsäfte sind jedoch gesünder und liefern auch längerfristig Energie. Lebensmittel mit komplexen Kohlenhydraten, z. B. Vollkornbrot und -nudeln, werden langsamer in Glukose aufgespalten und tragen zu einer gleichmäßigeren Energiezufuhr bei.

Entspannte Mahlzeiten

Mit zwei Jahren sitzt Ihr Kind in seinem Hochstuhl mit Ihnen am Tisch und isst weitgehend das Gleiche wie die ganze Familie. Allerdings isst es manchmal zu anderen Zeiten. Trotzdem sollten Sie ihm bei den Mahlzeiten Gesellschaft leisten, auch wenn es, z. B. abends, früher als die anderen isst. Wenn es allein am Tisch sitzen muss, wird es Ihre Aufmerksamkeit auf sich zu lenken versuchen. Versuchen Sie, seine Freude an den

SO HELFEN SIE EINEM ÜBERGEWICHTIGEN KIND

- Bemühen Sie sich als Familie um ein gesünderes Essverhalten. Kaufen Sie keine Lebensmittel, von denen Sie nicht wollen, dass Ihr Kind sie isst.
- Bieten Sie weniger verarbeitete, fette Speisen und mehr komplexe Kohlenhydrate (brauner Reis, Kartoffeln, Vollkornbrot), Obst und Gemüse, fettarme Milchprodukte und Fisch, Hähnchen oder mageres Fleisch an.
- Verzichten Sie möglichst auf Gebratenes. Grillen, backen oder garen Sie Gerichte stattdessen und streichen Sie nur wenig Butter oder Margarine aufs Brot.
- Leiten Sie Ihr Kind an, mehr Gemüse zu essen: in der Pfanne gerührt, als Suppe, versteckt in Tomatensauce und rohes Gemüse mit einem Dip.
- Geben Sie Ihrem Kind viel frisches Obst – zusätzlich zu den Frühstückscerealien oder frisches Obst als Nachspeise.
- Leiten Sie Ihr Kind an, Wasser statt Saft oder Limonade zu trinken. Fettarme Milch kann ab dem zweiten Lebensjahr gegeben werden, sofern das Kind abwechslungsreich isst.
- Geben Sie zwischen den Mahlzeiten Snacks, wie Hüttenkäse und Obst.

verschiedenen Gerichten zu wecken. Sie müssen Ihrem Kind keineswegs ständig neue Speisen kochen, aber denken Sie daran, den normalen Mahlzeiten etwas »Kindgerechtes« zu verleihen. In wenigen Augenblicken kann ein einfaches Tellergericht zu einem Fest für die Sinne des Kindes gestaltet werden; frisches Obst, zu einem Muster angeordnet, zaubert ein Lächeln auf sein Gesicht und weckt sein Interesse.

Kochen: eine neue Aktivität

Sie können das Interesse Ihres Kindes an Lebensmitteln fördern, wenn Sie es von früh an in die Zubereitung einbeziehen. Kinder sind stolz darauf, wenn sie beim Tischdecken, Teigkneten oder Mischen der Zutaten helfen dürfen. Einfache Aufgaben, die für Erwachsene selbstverständlich sind, faszinieren sie; denken Sie nur daran, wie viele Möglichkeiten es gibt, ein Ei zuzubereiten, oder wie Zutaten die Form, Beschaffenheit und Farbe verändern, wenn sie erhitzt oder eingefroren werden. All das ist für Ihr Kind eine neue Erfahrung. Halten Sie es von scharfen Messern und Elektrogeräten fern, aber geben Sie ihm Gelegenheit, mitzumachen: Es kann Eier in eine Schüssel schlagen, Kartoffeln zerdrücken oder Kekse ausstechen. In diesem Buch finden Sie Rezepte, bei denen Ihr Kind helfen kann. Versuchen Sie Mini-Pizzas (S. 97), Brottiere mit Käse (S. 120), Lustige Muffins (S. 128) und Kernige Getreideriegel mit Aprikosen & Schokolade (S. 179).

»Lassen Sie Ihr Kind den Teig nach Herzenslust kneten, rollen und daraus Formen ausstechen!«

Essen mit Spaß

Wenn der zweite Geburtstag naht, sollte Ihr Kind regelmäßig an den Familienmahlzeiten teilnehmen und seinen Geschmackssinn erweitern. Fördern Sie sein aktives Interesse an Nahrungsmitteln, indem Sie es an fröhlichen, einfachen Kochaktivitäten teilhaben oder Lieblingsgerichte für eine Geburtstagsfeier mit Freunden auswählen lassen. Planen Sie eine Party zu einem bestimmten Thema, vielleicht servieren Sie Speisen in verschiedenen Formen oder Sie wählen eine Farbe als Thema. Reichen Sie gesunde, herzhafte Speisen, bevor Sie Süßes anbieten.

1 Belegte Brote
Ansprechend geformte belegte Brote sind ein schnelles Fingerfood für kleine Kinder. Diese Brote werden mit Butter oder Frischkäse bestrichen und mit Gurken- oder Tomatenscheiben, Käse- oder Schinkenwürfeln oder Rosetten aus geräuchertem Lachs belegt. (Rezept siehe S. 95.)

2 Herzförmige Chicken Nuggets
Diese Hähnchen-Apfel-Pastetchen, mit einem feuchten Innenleben und einem knusprigen Überzug, essen Kinder mit Begeisterung. (Rezept siehe S. 125.)

3 Annabels Nudelsalat
Dieses Gericht aus mehrfarbigen Nudeln mit vielen Gemüsestückchen und einem kräftigem Dressing schmeckt kleinen Kindern und ihren Eltern. (Rezept siehe S. 122.)

4 Geburtstagskuchen
Kleine Geburtstagspäckchen aus Biskuitkuchen sind ein besonderer Blickfang. (Rezept siehe S. 129.)

1

2

3

4

2 bis 3 Jahre

1 EL **Olivenöl**

1 **Knoblauchzehe**, geschält und zerdrückt

1 **Zwiebel**, geschält und gehackt

75 g **Karotten**, geschält und gewürfelt

400 g **Tomaten aus der Dose**, in Stücken, oder 8 **frische Tomaten**

1 EL **Tomatenmark**

600 ml **Gemüsebrühe** (siehe S. 49)

2 Scheiben **Weißbrot**, in Streifen geschnitten

Salz und frisch gemahlener **schwarzer Pfeffer**

1 Prise **Zucker**

2 EL frische **Basilikumblätter**, zerpflückt

Tomatensuppe

Vorbereitungszeit: 10 Minuten; Garzeit: 25 Minuten   Für 6 Portionen   Enthält Betakarotin, Folsäure und Kalium   Zum Einfrieren geeignet

Diese schnell zubereitete Tomatensuppe ist im Unterschied zu dem Rezept auf S. 106 frei von Milchprodukten. Ich verwende vorzugsweise Dosentomaten, da frische Tomaten oft nur wenig Aroma haben. Doch wenn Sie reife, voll aromatische, mittelgroße Tomaten haben, können Sie die Suppe damit zubereiten.

▶ Das Olivenöl in einem großen Topf bei schwacher Hitze erwärmen, den Knoblauch, die Zwiebel und die Karotten hineingeben und 10 Minuten dünsten.

▶ Die restlichen Zutaten außer dem Basilikum zugeben. 10 Minuten köcheln lassen, bis das Gemüse weich ist; dabei gelegentlich umrühren.

▶ Das Basilikum einrühren und weitere 5 Minuten köcheln lassen. Die Suppe im Mixer pürieren.

---

250 g **Mehl**, zusätzlich Mehl zum Bestäuben

1 Prise **Salz**

½ Päckchen **Trockenhefe**

½ TL **Honig**

1 Prise **Cayennepfeffer**

1 EL **Senf**

etwa 150 ml **warmes Wasser**

60 g **reifer Gouda**

2 EL frisch gemahlener **Parmesan**

Zum Dekorieren

1 **Ei**, verquirlt

Korinthen

Sesamsamen

Mohnsamen

geriebener **Gouda**

Brottiere mit Käse

Vorbereitungszeit: 1 Stunde 30 Minuten, einschließlich 1 Stunde Ruhezeit für den Teig; Backzeit: 20 Minuten   200 °C   Ergibt 6 Brottiere   Enthält Kalzium, Eiweiß und Vitamin B$_{12}$ Zum Einfrieren geeignet

Kinder lieben das Brotbacken – es ähnelt dem Spiel mit Knetmasse – und sie haben große Freude daran, die köstlichen Teigstücke in Tiere zu verwandeln.

▶ Mehl und Salz in eine Rührschüssel sieben. Hefe, Honig, Cayennepfeffer und Senf hineinrühren. So viel Wasser zugeben, dass ein weicher Teig entsteht.

▶ Den Teig auf eine bemehlte Fläche geben und etwa 5 Minuten kneten, bis er geschmeidig und formbar ist. Nach und nach den geriebenen Käse unter den Teig kneten (es ergibt sich dabei eine leichte Maserung).

▶ Den Teig zu sechs Tierfiguren formen und auf ein bemehltes Backblech legen. Locker mit einem Küchentuch bedecken und an einem warmen Ort 1 Stunde gehen lassen, bis sich der Teig verdoppelt hat.

▶ Mit dem verquirlten Ei bestreichen und die Korinthen als Augen einsetzen. Mit Sesam, Mohn oder geriebenem Käse bestreuen. In den vorgeheizten Ofen schieben und 20 Minuten backen, bis die Tiere goldbraun sind. Die Unterseite sollte beim Anklopfen hohl klingen. Auf einem Kuchengitter auskühlen lassen.

Variation

▶ Für Käse- und Zwiebelbrötchen geben Sie zusammen mit dem Käse noch einen Esslöffel fein gehackte Frühlingszwiebeln in den Teig.

Essen mit Spaß 121

Kleine Ofenkartoffeln

 Vorbereitungszeit: 10 Minuten; Garzeit: 45 Minuten   200 °C   Für 3 Portionen
 Enthält Folsäure, Eiweiß und Vitamin B$_{12}$ (Cranberry-Puten-Füllung); Folsäure, Eiweiß und Vitamin B$_{12}$ (Thunfisch-Mais-Füllung); Ballaststoffe, Folsäure, Kalium und Eiweiß (Barbecue-Bohnen-Füllung)   Ohne Dekoration zum Einfrieren geeignet

Kleine Ofenkartoffeln sehen besonders attraktiv aus, wenn sie zu Segelschiffen mit einem Käsedreieck als Segel und einer Fahne aus roter Paprika gestaltet werden. Jede der hier angeführten Füllungen reicht für drei Kartoffeln.

▶ Die Kartoffeln waschen, trockentupfen, mit einer Gabel einstechen, mit Öl bepinseln und mit Salz bestreuen. Im vorgeheizten Ofen etwa 40 Minuten backen, bis sie außen knusprig und innen weich sind (mit einem Stäbchen testen). Den Grill vorheizen.
▶ Die Kartoffeln halbieren und aushöhlen. Die Kartoffelmasse in eine Schüssel geben und gut zerdrücken. Die Zutaten für die gewünschte Füllung mit dem Kartoffelmus mischen und in die Kartoffelhälften füllen. Für ein einfaches Käse-Topping die Kartoffeln mit Käse bestreuen.
▶ Die Kartoffeln einige Minuten unter den Grill legen (sie können auch in eine Muffinform gelegt werden). Nach Wunsch als Boote anrichten, wobei die Segel und Paprikaflaggen mit Cocktailspießen fixiert werden.

3 kleine **Ofenkartoffeln**
Öl zum Bestreichen
Meersalz
geriebener **Gouda** (nach Belieben)

Cranberry-Puten-Füllung

1 TL **Cranberrysauce** (ersatzweise **Preiselbeersauce**)
1 EL **weiche Erdnussbutter**
1 TL **Milch**
60 g **Putenfleisch**, in Streifen geschnitten

Thunfisch-Mais-Füllung

60 g gekochter **Tiefkühlmais** oder **Mais aus der Dose**
2 EL **Mayonnaise**
60 g **Thunfisch aus der Dose**, in Stücke zerteilt und abgetropft
1 **Frühlingszwiebel**, in feine Ringe geschnitten
frisch gemahlener **schwarzer Pfeffer**
1 EL geriebener **Gouda**

Barbecue-Bohnen-Füllung

150 g **gebackene Bohnen aus der Dose**
1 EL geriebener **Gouda**

Zum Dekorieren

Goudascheiben, in 6 Dreiecke geschnitten
rote Paprikaschote in Streifen, für 6 Flaggen
6 **Cocktailspieße**

ANMERKUNG Entfernen Sie die Cocktailspieße vor dem Servieren.

Salatdressing

 Zubereitungszeit: 2 Minuten   Für 4 Portionen
 Enthält Kalzium und Vitamin B$_{12}$ und E

Dieses vielseitige Dressing passt gut zu grünem Salat oder Tomatenscheiben und Avocado. Sie können den Salat mit 1 Esslöffel fein geschnittenem Schnittlauch garnieren.

▶ Alle Zutaten miteinander verrühren, in einen sauberen Behälter füllen und in den Kühlschrank stellen. Oder gründlich umrühren und sofort verwenden.

6 EL milder **Naturjoghurt** (3,5 % Fett)
3 EL **Mayonnaise**
3 EL **Tomatenketchup**
Salz und frisch gemahlener **schwarzer Pfeffer**

Annabels Nudelsalat

150 g **Schleifchennudeln (Farfalle)**

75 g **grüne Bohnen**

100 g **Mais, aus der Dose** oder **tiefgefroren**

60 g **Karotten**, geschält und geraspelt

4 **Kirschtomaten**, geviertelt

Dressing

30 g **Zwiebeln**, geschält und geraspelt

4 EL **Pflanzenöl**

1 EL **Weißweinessig**

2 EL **Wasser**

1 EL **Sellerie**, gehackt

1½ TL **Tomatenmark**

1 TL **Zucker**

Salz und frisch gemahlener **schwarzer Pfeffer**

Vorbereitungszeit: 10 Minuten; Garzeit: ca. 10 Minuten   Für 4 Portionen

Enthält Betakarotin, Ballaststoffe, Folsäure, Eiweiß (bei der Zugabe von Thunfisch oder Hähnchen) und Vitamin E

Das köstliche Dressing zu diesem Salat mögen meine Kinder auch als Dip zu rohem Gemüse (ich bereite eine große Flasche davon zu und stelle sie in den Kühlschrank). Der Salat eignet sich für Lunchpakete, Picknicks oder als Beilage. Verwenden Sie möglichst verschiedenfarbige Nudeln.

▶ Die Nudeln entsprechend der Packungsanweisung in leicht gesalzenem Wasser kochen.

▶ Inzwischen die Bohnen im Dampfgarer 4 Minuten kochen. Den Mais zugeben und weitere 3–4 Minuten dämpfen.

▶ Alle Zutaten für das Dressing in den Mixer oder ein hohes Mixgefäß geben, dabei nur wenig Salz und Pfeffer zugeben, und pürieren.

▶ Die gekochten Nudeln mit dem gedämpften Gemüse, der geraspelten Karotte und den Kirschtomaten mischen und mit etwas Dressing übergießen.

Variation

Geben Sie 30 g gewürfelte Gurke, 75 g gewürfeltes, kaltes Hähnchenfleisch oder Thunfisch zum Salat und variieren Sie das Gemüse nach Geschmack.

Penne mit Thunfisch, Tomaten & Zuckermais

200 g **Penne**

2 EL **Olivenöl**

1 **rote Zwiebel**, geschält und gehackt

4 **Flaschentomaten**, geviertelt, entkernt und grob gehackt

200 g **Thunfisch in Öl aus der Dose**, abgetropft

75 g **getrocknete Tomaten**, gehackt

1 TL **Balsamico-Essig**

100 g **Mais, aus der Dose** oder **tiefgefroren**

1 kleine Hand voll **Basilikumblätter**, zerpflückt

Salz und frisch gemahlener **schwarzer Pfeffer**

Vorbereitungszeit: 5 Minuten; Garzeit: 10 Minuten   Für 4 Portionen

Enthält Ballaststoffe, Eisen, Eiweiß, B-Vitamine und Vitamin D

Ein einfaches und schmackhaftes Nudelgericht, das aus Vorräten schnell gezaubert werden kann.

▶ Die Nudeln entsprechend der Packungsanweisung in leicht gesalzenem Wasser kochen.

▶ Das Olivenöl in einer Pfanne erhitzen und die Zwiebel in etwa 6 Minuten weich dünsten. Gelegentlich umrühren.

▶ Die frischen Tomaten einrühren und 2–3 Minuten kochen, bis sie gründlich erhitzt sind und weich werden.

▶ Thunfisch, getrocknete Tomaten, Balsamico-Essig, Zuckermais und Basilikum zugeben, würzen und 1 Minute erhitzen; dann die Nudeln unterrühren.

Essen mit Spaß

Nudeln mit Zucchini, Paprika & Würstchen

Vorbereitungszeit: 10 Minuten; Garzeit: 20 Minuten   Für 3 Portionen
Enthält Betakarotin, Folsäure, Eiweiß und Vitamin B_{12}

1 EL **Pflanzenöl**

1 kleine **Zwiebel**, geschält und in Ringe geschnitten

60 g **rote Paprikaschote**, in Streifen geschnitten

100 g **Zucchini**, in Scheiben geschnitten

300 g **passierte Tomaten aus der Dose**

etwas gekörnte **Hühnerbrühe**

125 g **Schleifchennudeln (Farfalle)**

100 g **Würstchen**, in Scheiben geschnitten

▶ Das Öl in der Pfanne erwärmen, die Zwiebel hineingeben und weich dünsten. Die Paprika zugeben und 3–4 Minuten garen. Die Zucchini zugeben und weitere 3 Minuten garen.

▶ Die passierten Tomaten in den Topf gießen und mit etwas Instantbrühe würzen. Die Sauce zum Kochen bringen, abdecken und 10 Minuten köcheln lassen.

▶ Inzwischen die Nudeln entsprechend der Packungsanweisung in leicht gesalzenem Wasser kochen.

▶ Die Wurstscheiben in die Sauce geben und gründlich erhitzen. Die Nudeln abgießen, mit der Sauce übergießen und sofort servieren.

Lachs mit Eiernudeln & Sojabohnenkeimlingen

Vorbereitungszeit: 5 Minuten; Garzeit: 40 Minuten, einschließlich 30 Minuten Marinierzeit
Für 4 Portionen
Enthält Omega-3-Fettsäuren, Eiweiß, B-Vitamine und Vitamin D und E

2 x 125 g **Lachsfilet**, enthäutet, grätenfrei

100 g **Eiernudeln**

1 TL **Maismehl**

1 EL **Pflanzenöl**

75 g **Sojabohnenkeimlinge**

2 **Frühlingszwiebeln**, in dünne Ringe geschnitten

50 ml **Hühnerbrühe** (siehe S. 52)

Marinade

3 EL **Sojasauce**

1 EL **Traubensaft**

2 EL **feiner Zucker**

Dieses Gericht ist einfach in der Zubereitung und gehört zu den Lieblingsgerichten meiner Kinder. Fettreicher Fisch, wie Lachs, Forelle, Thunfisch, Sardine und Makrele, enthält Omega-3-Fettsäuren. Der Verzehr von fettreichem Fisch fördert die Gehirnentwicklung. Forschungen zeigen, dass der regelmäßige Verzehr von fettreichem Fisch bei motorischen Störungen und Legasthenie förderlich ist.

▶ Die Zutaten für die Marinade in einen kleinen Topf geben und bei starker Hitze 2 Minuten kochen, bis sie etwas dick geworden ist. Abkühlen lassen, über den Lachs gießen und den Lachs mindestens 30 Minuten marinieren.

▶ Die Nudeln entsprechend der Packungsanweisung in leicht gesalzenem Wasser kochen und unter kaltem Wasser abschrecken. Beiseite stellen.

▶ Die Marinade in eine Schüssel abgießen. Einen Teelöffel Maismehl in die Marinade rühren.

▶ Einen halben Esslöffel Öl in einer kleinen Pfanne erhitzen und den Lachs etwa 2 Minuten auf jeder Seite anbraten, bis er beinahe gar ist. Überschüssiges Öl aus der Pfanne abgießen, die Hälfte der Marinade hineingießen und eine Minute kochen. Beiseite stellen.

▶ Das restliche Öl im Wok oder in einer Pfanne erhitzen und die Sojabohnenkeimlinge und die Frühlingszwiebeln 2 Minuten unter Rühren braten, dann die Nudeln einrühren.

▶ Die Hühnerbrühe zu der restlichen Marinade geben. Über die Nudeln und die Sojabohnenkeimlinge gießen und 1 Minute kochen.

▶ Den Lachs auf den Nudeln und den Sojabohnenkeimlingen anrichten.

China-Nudeln mit Hähnchen & Sojabohnenkeimlingen

Vorbereitungszeit: 10 Minuten; Garzeit: 15 Minuten   Für 4 Portionen
Enthält Kalium, Eiweiß, B-Vitamine einschließlich Folsäure, Vitamin C und E und Zink

Haben Sie den Mut, Ihr Kind an neue Geschmacksrichtungen heranzuführen – diese Nudeln mit einer milden Kokosnusssauce kamen bei meinen Kindern sehr gut an. Viele kleine Kinder mögen ungewöhnliche Geschmacksnoten, z. B. Oliven oder süßsaure Gurken, und in der Regel auch milde Curry-Gerichte.

▶ Das Pflanzenöl im Wok oder in einer Pfanne erhitzen und die Frühlingszwiebeln und den Knoblauch unter Rühren etwa 2 Minuten andünsten. Das Paprikapulver einstreuen. Das Hähnchenfleisch zugeben und weitere 2 Minuten unter Rühren garen.

▶ Hühnerbrühe und Kokosnussmilch zugeben und 5 Minuten bei schwacher Hitze kochen. Den Babymais und die Sojabohnenkeimlinge zugeben und 3–4 Minuten kochen. Zum Schluss Erbsen, Nudeln und Krabben einrühren und weitere 3 Minuten kochen.

½ EL **Pflanzenöl**

3 **Frühlingszwiebeln**, gehackt

1 **Knoblauchzehe**, geschält und durchgepresst

½ TL **mildes Paprikapulver**

1½ **Hähnchenbrustfilets** (etwa 250 g), in Streifen geschnitten

150 ml **Hühnerbrühe** (siehe S. 52)

150 ml **Kokosnussmilch**

75 g **Babymais**, in Viertel geschnitten

100 g **Sojabohnenkeimlinge**

75 g aufgetaute **Tiefkühlerbsen**

125 g **chinesische Nudeln** (ersatzweise kleine Eiernudeln)

100 g **Krabben**, gegart

Goldene Putenstreifen

Vorbereitungszeit: 40 Minuten, einschließlich 30 Minuten Marinierzeit; Garzeit: 10 Minuten
Für 3 Portionen   Enthält Eiweiß, B-Vitamine, einschließlich Folsäure, und Zink
Vor dem Braten zum Einfrieren geeignet

▶ Das Putenfleisch in 1 cm große Streifen schneiden, die Haut entfernen. In eine Schüssel zusammen mit dem Limetten- oder Zitronensaft und der Schalotte geben. Zudecken und 30 Minuten in den Kühlschrank stellen.
▶ Etwas Mehl auf einen Teller streuen und mit Salz und Pfeffer würzen. Auf einem anderen Teller Semmelbrösel und Schnittlauch mischen. Die Putenstreifen erst in Mehl, dann in verquirltem Ei und zum Schluss in der Brösel-Schnittlauch-Mischung wenden.
▶ Das Öl in einer Pfanne erhitzen, die Putenstreifen hineingeben und in etwa 10 Minuten goldbraun braten, bis sie durchgegart sind.

250 g **Putenbrustfilet**
Saft von 1 **Limette** oder 1/2 **Zitrone**
1 **Schalotte**, geschält und in Ringe geschnitten
Mehl zum Wenden
Salz und frisch gemahlener **schwarzer Pfeffer**
75 g **Semmelbrösel**
1 1/2 EL **Schnittlauch**, fein geschnitten
1 **Ei**, verquirlt
Pflanzenöl zum Braten

Herzförmige Chicken Nuggets

Vorbereitungszeit: 25 Minuten; Garzeit: ca. 5 Minuten   Für 8 Portionen
Enthält Eiweiß und B-Vitamine   Zum Einfrieren geeignet

Durch den Apfel bekommen diese Nuggets ein feines Aroma und bleiben feucht. Wenn Sie keinen herzförmigen Ausstecher haben, nehmen Sie eine andere Form mit einfachen Konturen.

▶ Die ersten sechs Zutaten in die Küchenmaschine geben und zerkleinern. Auf der Arbeitsfläche zu einem Fladen formen.
▶ Mit einem Ausstecher (6 cm) Herzformen ausstechen. Semmelbrösel und Chips auf einem Teller mischen und die Stücke in die Panade drücken.
▶ In einer großen Pfanne fingerdick Öl erhitzen. Die Nuggets hineinlegen und etwa 5 Minuten braten, dabei gelegentlich wenden. Sie sollten leicht gebräunt und durchgegart sein.

400 g **Hähnchenbrustfilet**, in Stücke geschnitten
1 große **Zwiebel**, geschält und gewürfelt
2 EL **frische Petersilie**, fein gehackt
1 kleiner **Apfel**, geschält und gerieben
50 g frische **Weißbrotbrösel**
etwas gekörnte **Hühnerbrühe**
60 g **Semmelbrösel**
60 g **Chips** mit **Käse-Zwiebel-Geschmack**, fein zerbröselt
Pflanzenöl zum Braten

Karamellisierte Hühnerbrüstchen

Vorbereitungszeit: 5 Minuten; Garzeit: 20 Minuten   Für 4 Portionen
Enthält Eiweiß, B-Vitamine und Zink

▶ Einen Esslöffel Öl in einem schweren Topf erhitzen. Die Zwiebel und den Knoblauch hineingeben und in 10 Minuten weich und goldbraun dünsten.
▶ Die Zwiebel mit einem Schaumlöffel herausnehmen und das restliche Öl hineingießen. Das Hähnchenfleisch würzen und etwa 7 Minuten auf jeder Seite braten.
▶ Wenn das Hähnchen fast durchgegart ist, Essig, Ketchup, Sojasauce und braunen Zucker zugeben und bei starker Hitze 1 Minute garen.
▶ Die Zwiebel wieder in den Topf geben, zudecken und etwa 2 Minuten kochen. Mit Reis servieren.

1 1/2 EL **Olivenöl**
1 **Zwiebel**, geschält und in dünne Ringe geschnitten
1 kleine **Knoblauchzehe**, geschält und zerdrückt
Salz und frisch gemahlener **schwarzer Pfeffer**
2 **Hähnchenbrustfilets** (etwa 300 g)
1 EL **Essig**
1 1/2 EL **Tomatenketchup**
1 EL **Sojasauce**
1/2 EL **brauner Zucker**

Hühnerfrikassee

⏱ Vorbereitungszeit: 25 Minuten; Garzeit: 30 Minuten 🍴 Für 4 Portionen ⚡ Enthält Folsäure, Vitamin A, Kalium, Kalzium, Eiweiß, Eisen und Zink ❄ Zum Einfrieren geeignet

1 Bund **Suppengrün**
2 **Hähnchenbrustfilets** (ohne Haut)
1 **Zwiebel**
2 EL **Butter**
1 EL **Mehl**
25 g **Champignons**
1 unbehandelte **Zitrone**
6 Stangen **Spargel** (tiefgekühlt)
200 g **Erbsen** (tiefgekühlt)
3 Tassen **Langkornreis** (200 g)
100 g **Sahne**
1 **Eigelb**
etwas **Petersilie**
Salz und frisch gemahlener **schwarzer Pfeffer**

▶ Das Suppengrün putzen, waschen und grob zerkleinern. In einem Topf etwa 750 ml Wasser mit dem Suppengrün aufkochen. Die Hähnchenbrustfilets waschen und trockentupfen, im Gemüsesud etwa 10 Minuten garen.

▶ Die Zwiebel schälen und in kleine Würfel schneiden. In einer Pfanne 1 EL Butter schmelzen und die Zwiebeln darin andünsten. Das Fleisch aus der Brühe nehmen, trockentupfen und in Würfel schneiden, mit Salz und Pfeffer würzen und zusammen mit den Zwiebeln anbraten. Mit dem Mehl bestreuen, wenden und noch etwas weiterbraten. Mit 350 ml Gemüsebrühe ablöschen und köcheln lassen.

▶ Die Champignons putzen, mit einem Pinsel säubern und in Scheiben schneiden. Die restliche Butter in einer Pfanne schmelzen und die Pilze darin rasch anbraten, aber nicht braun werden lassen.

▶ Die Zitrone waschen und abtrocknen, eine Hälfte auspressen, die andere in Scheiben schneiden. Den Spargel in 4 cm lange Stücke schneiden, mit den Champignons und den Erbsen zum Fleisch geben. Mit Zitronensaft abschmecken.

▶ Den Reis mit 5 Tassen Wasser aufkochen und zugedeckt bei schwacher Hitze bissfest garen. Die Sahne mit dem Eigelb verquirlen, in die Sauce rühren und nochmals erhitzen. Den Reis mit dem Frikassee anrichten, mit den Zitronenscheiben und der Petersilie garnieren.

Hähnchenspieße mit Lychees

⏱ Vorbereitungszeit: 40 Minuten, einschließlich 30 Minuten Marinierzeit; Garzeit: 15 Minuten 🔥 180 °C 🍴 Für 8 Portionen ⚡ Enthält Betakarotin, Eisen, Eiweiß, B-Vitamine, Vitamin C und Zink

4 **Hähnchenbrustfilets** (etwa 800 g), in Würfel geschnitten
425 g **Lychees** aus der Dose, halbiert
1 **rote Paprikaschote**, entkernt und in Dreiecke geschnitten

Marinade

3 EL **Sojasauce**
3 EL **Honig**
½ EL **Zitronensaft**

Zum Dekorieren

8 **Kirschtomaten** oder Radieschen
16 ganze **Gewürznelken**
8 Fächer aus **Frühlingszwiebeln**

TIPP Für die Fächer schneiden Sie die Frühlingszwiebeln in 7 cm lange Stücke. Jedes Ende wird viermal eingeschnitten. Legen Sie die Zwiebeln in Eiswasser, bis sich die Enden rollen.

▶ Die Zutaten für die Marinade in einem flachen Gefäß mischen. Das Hähnchenfleisch hineinlegen und mindestens 30 Minuten marinieren. In der Zwischenzeit acht Holzspieße in Wasser einweichen.

▶ Das Hähnchenfleisch abwechselnd mit je einer halben Lychee und einem Paprikadreieck auf die Spieße stecken. Spieße auf ein Backblech legen und in den vorgeheizten Ofen schieben. Etwa 15 Minuten garen, dabei gelegentlich mit der Marinade übergießen und wenden.

▶ Zum Dekorieren als Raupe: Am Ende jedes Spießes eine Kirschtomate oder ein Radieschen als Kopf befestigen, die Nelken als Augen hineinstechen, die Frühlingszwiebeln unter die Radieschen schieben und je zwei Streifen als Fühler herausstehen lassen.

Annabels leckere Fleischbällchen

Vorbereitungszeit: 10 Minuten; Garzeit: 15 Minuten   Für 6 Portionen
Enthält Eisen, Eiweiß, B-Vitamine und Zink   Zum Einfrieren geeignet

Diese Fleischbällchen sind einfach zubereitet und schmecken köstlich. Der Apfel hält sie schön feucht. Sie schmecken separat wie auch zu Spaghetti und Tomatensauce (siehe S. 153).

▶ Alle Zutaten außer Mehl und Pflanzenöl in einer Rührschüssel verrühren. Mit den Händen aus der Masse 24 walnussgroße Bällchen formen. Das Mehl auf einen Teller streuen und die Bällchen darin wenden.

▶ Das Öl in einer Pfanne erwärmen, die Fleischbällchen hineingeben und bei starker Hitze etwa 3 Minuten braten, bis sie rundum gebräunt sind. Die Hitze etwas reduzieren und 12 Minuten weiterbraten, bis die Bällchen durchgegart sind.

500 g **mageres Rinderhackfleisch**
1 **Zwiebel**, geschält und fein gehackt
1 EL **frische Petersilie**, fein gehackt
etwas gekörnte **Hühnerbrühe**, in 2 EL heißem Wasser aufgelöst
1 kleiner **Apfel**, geschält und gerieben
1 Prise **brauner Zucker**
Salz und frisch gemahlener **schwarzer Pfeffer**
Mehl zum Wenden
Pflanzenöl zum Braten

Ungarisches Gulasch

Vorbereitungszeit: 15 Minuten; Garzeit: 2 Stunden 20 Minuten   150 °C
Für 8 Portionen   Enthält Betakarotin, Eisen, Kalium, Eiweiß, B-Vitamine, einschließlich Folsäure, Vitamin C und Zink   Zum Einfrieren geeignet

Für Ihr Baby schneiden Sie das Fleisch und das Gemüse in kleine Stücke oder pürieren es einige Sekunden im Mixer. Mit Nudeln servieren.

▶ Das Mehl auf einen Teller streuen, leicht würzen und das Fleisch darin wenden. Das Pflanzenöl in einem feuerfesten Schmortopf erhitzen, das Rindfleisch hineinlegen und anbraten, bis es rundum gebräunt ist. Mit einem Schaumlöffel herausnehmen und beiseite stellen.

▶ Die Zwiebeln in die Kasserolle geben und 5 Minuten andünsten. Die rote Paprika dazugeben und 3–4 Minuten dünsten, dann die Pilze zufügen und 3 Minuten garen. Das Paprikapulver darüber streuen und etwa 2 Minuten anschwitzen.

▶ Das angebratene Fleisch wieder in die Form geben, die Brühe angießen und Tomatenmark, Tomatenketchup und Petersilie einrühren. Zudecken, in den vorgeheizten Ofen stellen und etwa 2 Stunden schmoren lassen. Nach Geschmack würzen und die saure Sahne einrühren. Beiseite stellen und warm halten.

▶ Die Nudeln nach der Packungsanweisung in leicht gesalzenem Wasser garen. Abgießen. Die Nudeln auf Teller füllen und je eine Portion Gulasch darauf geben.

etwas **Mehl** zum Wenden
Salz und frisch gemahlener **schwarzer Pfeffer**
500 g **magerer Rinderschmorbraten**, in Würfel geschnitten
2 EL **Pflanzenöl**
2 **Zwiebeln**, geschält und gehackt
1 **rote Paprikaschote**, entkernt und gehackt
250 g **Champignons**, in Scheiben geschnitten
1 EL **mildes Paprikapulver**
400 ml **Hühnerbrühe** (siehe S. 52) oder **Rinderbrühe**
3 EL **Tomatenmark**
1 EL **Tomatenketchup**
2 EL **frische Petersilie**, fein gehackt
6 EL **saure Sahne**
200 g **Nudeln**, z. B. **Tagliatelle**

2 bis 3 Jahre

Mischung für den Teig

125 g **weiche Margarine**

125 g **feiner Zucker**

2 **Eier**

1 TL **gemahlene Vanille**

½ TL **abgeriebene Zitronenschale** (nach Belieben)

125 g **Mehl**

1 TL **Backpulver**

60 g **Rosinen** oder **Sultaninen**

Für die Schweinchen

pinkfarbene **Lebensmittelfarbe**

175 g **Zuckerguss** und **Puderzucker** zum Bestäuben

etwas **Aprikosenmarmelade,** erwärmt

pinkfarbene **Marshmallows**

farbige **Zuckerschrift**

rote **Zuckerschnur**

Für die Igel

Gestalten Sie mit Kuvertüre und zerkleinerter Borkenschokolade für die Stacheln einen stacheligen Igel.

Für die Clowns

Überziehen Sie einen Muffin mit weißem Zuckerguss, gestalten die Haare mit gelber Zuckerschrift, die Nase und den Mund aus roter Zuckerschrift und die Augen aus schwarzer Zuckerschrift.

Lustige Muffins

Vorbereitungszeit: 20 Minuten; Backzeit: 20 Minuten und Zeit zum Dekorieren

180 °C Ergibt 15 Muffins Enthält Vitamin A und B$_{12}$

Ohne Dekoration zum Einfrieren geeignet

Muffins mit lustigen Gesichtern sind bei Festen eine besondere Attraktion. Hier erfahren Sie, wie ein Schweinchengesicht gestaltet wird. Sie können sich auch an Clowns, Igeln aus Schokolade oder Marienkäfern mit rotem und schwarzem Zuckerguss versuchen. Ältere Kinder helfen gern beim Dekorieren mit.

▶ Margarine und Zucker cremig schlagen. Ein Ei nach dem anderen einrühren, dann die gemahlene Vanille und die Zitronenschale dazugeben.

▶ Mehl mit Backpulver mischen, mit den Rosinen unter die Schaummasse heben und zu einem weichen, cremigen Teig rühren.

▶ Ein Muffinblech mit Papierförmchen auslegen und jeweils zur Hälfte mit Teig füllen. In den vorgeheizten Ofen schieben und etwa 20 Minuten backen. Auf einem Kuchengitter auskühlen lassen.

▶ Einige Tropfen pinkfarbene Lebensmittelfarbe in den Zuckerguss geben und verrühren, bis ein gleichmäßiger Farbton entsteht. Den Zuckerguss auf die Muffins geben und verstreichen.

▶ Für den Rüssel ein quer durchgeschnittenes Marshmallow mit Marmelade in der Mitte des Kuchens anbringen; die Nasenlöcher mit Zuckerschrift zeichnen und die Augen aus essbaren Silberperlen gestalten. Die Ohren entstehen aus halben Marshmallows und der Mund aus einem kleinen Stück roter Zuckerschnur.

Geburtstagskuchen

Vorbereitungszeit: 20 Minuten; Backzeit: 1 Stunde und Zeit zum Dekorieren
180 °C   Für 20 Portionen   Enthält Vitamin A und B$_{12}$
Ohne Dekoration zum Einfrieren geeignet

▶ Die Biskuitmasse in eine gefettete, rechteckige Form (20 cm) und eine Kastenform von 23 x 12 x 7 cm gießen. In den vorgeheizten Ofen schieben. Die Kastenform 45 Minuten und die viereckige Form 1 Stunde backen. Aus der Form lösen und auf einem Kuchengitter auskühlen lassen.

▶ Den Kastenkuchen in die gewünschte Anzahl von Blöcken für die kleinen Pakete schneiden. Alle Kuchen einmal quer durchschneiden und die Hälften mit einer Schicht Himbeermarmelade und Buttercreme bestreichen.

▶ Ein Farbmuster wählen, dann den weißen Zuckerguss entsprechend färben, wie im vorigen Rezept beschrieben.

▶ Die Kuchen mit dem Zuckerguss überziehen. Mit Marzipanstreifen in kontrastierenden Farben verzieren. Mit Zuckergusspunkten oder -blumen dekorieren oder undekoriert lassen; Sie können auch Tiere aus Marzipan gestalten.

4 x Grundrezept **Muffinteig** (siehe linke Seite)

Füllung

250 g **Himbeermarmelade**

1 Portion **Buttercreme** aus 175 g **weicher Butter**, aufgeschlagen mit 375 g **Puderzucker**, 1 EL **Milch** und 1 TL **gemahlene Vanille**

Zum Dekorieren

rote, blaue, grüne und gelbe **Lebensmittelfarbe**

ca. 1000 g **Zuckerguss** und **Puderzucker** zum Bestäuben

Marzipandecken

Mohr im Hemd

- 125 g **Butter** und 1 EL **Butter**
- 5 **Eier**
- 20 g **Mehl**
- 70 g **Zucker** und 1 Prise **Zucker**
- 50 g **Mandeln**
- 125 ml **Milch**
- 1 Prise **Salz**
- 40 g **Semmelbrösel**
- 30 g **Staubzucker**
- 100 g **Toastbrot**
- 1 Päckchen **Vanillezucker**
- Schale von ½ **Zitrone**

Vorbereitungszeit: 10 Minuten; Backzeit: 45 Minuten 180 °C
Für 6 Portionen Enthält Eiweiß, Vitamin A und B$_{12}$ Zum Einfrieren geeignet

▶ Das Brot klein schneiden, mit der Milch vermischen, ca. 10 Minuten ziehen lassen. Kleine Förmchen mit Butter ausstreichen, mit Kristallzucker ausstreuen und kalt stellen.

▶ Mandeln, Brösel und Mehl vermischen. Das Toastbrot pürieren. Die Eier trennen. Die Schokolade schmelzen. Die weiche Butter mit Puderzucker, Vanillezucker, abgeriebener Zitronenschale und 1 Prise Salz cremig rühren. Die Eidotter nach und nach untermischen, die Schokolade und das Toastbrot einrühren.

▶ Das Eiweiß mit dem Zucker zu Schnee schlagen und unter die Schokoladenmasse heben.

▶ Die Mandelmischung unterheben.

▶ Die Förmchen mit der Masse füllen, in eine Metallform stellen und so viel kochendes Wasser zugießen, dass die Förmchen halbhoch im Wasser stehen.

▶ Etwa 45 Minuten im vorgeheizten Ofen garen. Nach Wunsch mit Schlagsahne oder Obst garnieren.

Kleine Orangen-Muffins mit Schokolade

- 125 g **Mehl**
- ½ TL **Backpulver**
- 2 EL **Kakaopulver**
- 125 g **weiche Margarine**
- 125 g **feiner Zucker**
- 2 **Eier**, verquirlt
- abgeriebene Schale von 1 kleinen **Orange**
- 60 g **Schokoladenchips**

Vorbereitungszeit: 20 Minuten; Backzeit: 12 Minuten 180 °C Ergibt 30 Mini-Muffins oder 15 mittelgroße Muffins Enthält Vitamin A Zum Einfrieren geeignet

Diese Mini-Muffins haben genau die richtige Größe für kleine Kinder. Wenn Sie lieber normale Muffins backen wollen, füllen Sie dieselbe Menge Teig in große Muffinformen. Dann erhalten Sie etwa 15 Stück.

▶ Mehl, Backpulver und Kakaopulver in eine Schüssel sieben.

▶ Margarine und Zucker cremig rühren. Die Eier nach und nach mit einem Esslöffel Mehl unter die Margarine-Zucker-Mischung rühren.

▶ Das restliche Mehl mit dem Kakaopulver unterrühren. Zum Schluss die Orangenschale und die Schokoladenchips unterrühren.

▶ Die Mulden der Muffinform mit Papierförmchen auslegen und zu jeweils zwei Dritteln füllen.

▶ In den vorgeheizten Ofen schieben und 10–12 Minuten backen.

Shortbread-Kekse

Vorbereitungszeit: 15 Minuten; Backzeit: 15 Minuten 180 °C
Ergibt 12–15 Kekse Enthält Vitamin A Zum Einfrieren geeignet

- 125 g **Butter** (weich)
- 60 g **feiner Zucker**
- 30 g **gemahlene Mandeln**
- 1 Prise **Salz**
- 90 g **Mehl** und **Mehl** zum Bestäuben
- 60 g **Maismehl**
- **Zuckerguss** oder **Puderzucker** zum Dekorieren (nach Belieben)
- essbare **Silberperlen** zum Dekorieren (nach Belieben)

▶ Butter und Zucker schaumig rühren. Die restlichen Zutaten zugeben und verrühren.
▶ Ein Teigbrett mit Mehl bestäuben, den Teig darauf geben und zu einem glatten Teig kneten. Den Teig 5 mm dick ausrollen. Mit Ausstechern Kekse ausstechen.
▶ Die Kekse mit einem Palettenmesser auf ein gefettetes Backblech legen. Im vorgeheizten Ofen 15 Minuten backen, bis sie leicht gebräunt sind. Auf dem Blech abkühlen lassen, dann herunternehmen. Nach Belieben dekorieren.

Cookies mit weißer Schokolade

Vorbereitungszeit: 25 Minuten; Backzeit: ca. 14 Minuten 180 °C
Ergibt 24 Kekse Zum Einfrieren geeignet

Das beste Rezept für Schokoladen-Cookies! Ich mag sie am liebsten mit weißer Schokolade, aber Sie können auch Zartbitter-Schokolade verwenden.

- 50 g **Butter**
- 50 g **Pflanzenfett**
- 125 g **brauner Zucker**
- 100 g **Haushaltszucker**
- 1 **Ei**
- 1 TL **gemahlene Vanille**
- 150 g **Mehl**
- 1 TL **Backpulver**
- ½ TL **Salz**
- 175 g **weiße Schokolade**, in kleine Stücke geschnitten

▶ Butter, Pflanzenfett und Zucker mischen und mit dem Handrührgerät schaumig rühren. Das Ei und die gemahlene Vanille dazugeben und weiterrühren, bis alle Zutaten gut vermischt sind.
▶ In einer Rührschüssel Mehl, Backpulver und Salz verrühren. Die Mehlmischung unter die Butter-Ei-Mischung rühren, dann die Schokoladenstücke zugeben.
▶ Mit den Händen walnussgroße Bällchen formen (etwa 3 cm Durchmesser). Auf gefettete Backbleche legen und im vorgeheizten Ofen etwa 15 Minuten backen. Die Kekse auf dem Blech abkühlen lassen, dann auf ein Kuchengitter legen. Die Cookies sind in luftdichten Behältern 2–3 Wochen haltbar.

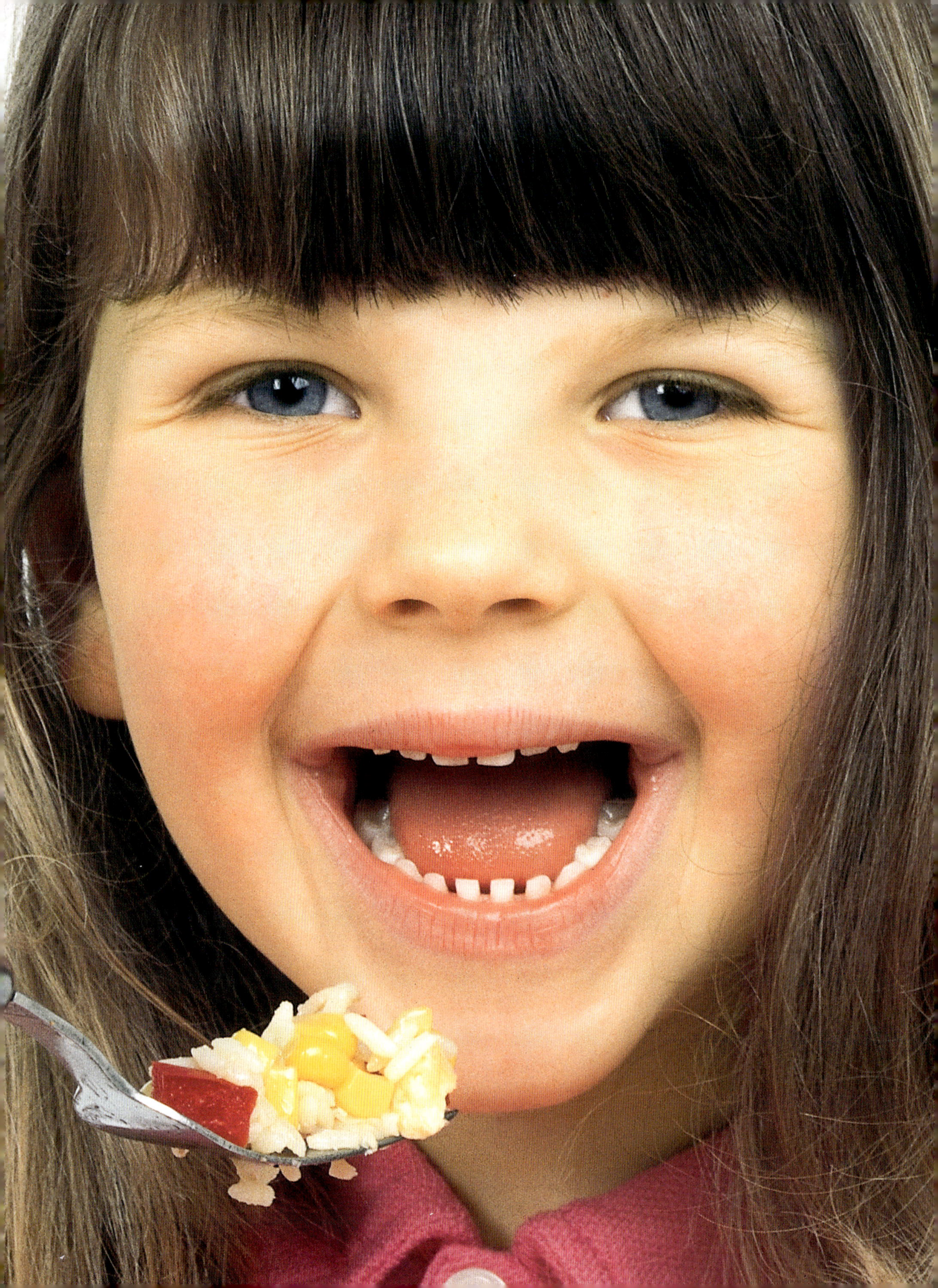

3 bis 7 Jahre

Rezepte in diesem Kapitel

Herzhafte Snacks **142–143**

Suppen **152**

Gemüse **159–161**

Nudeln **154–158**

Salate **144–145**

Fisch **162, 170–171**

Hähnchen & Pute **164–171**

Dunkles Fleisch **172–175**

Saucen **153**

Obst & Nachspeisen **147–149, 176–179**

Kuchen & Kekse **148–149, 176–179**

Getränke **146**

Kindergartenzeit

»Im Kindergartenalter sollten Sie Ihrem Kind die Grundlagen einer gesunden Ernährungsweise beibringen.«

Die größte Veränderung im Leben Ihres Kindes in dieser Entwicklungsphase ist vermutlich der Eintritt in den Kindergarten und später die Einschulung. Kindergartenkinder brauchen ein gutes Frühstück, damit sie bis zum Mittagessen fit bleiben. Auch der Pausensnack wird bald zu einem wichtigen Teil der Ernährung Ihres Kindes; es muss nährstoffreich und sättigend sein.

Gesund & abwechslungsreich

Im Alter zwischen drei und fünf Jahren verbessert sich die manuelle Geschicklichkeit bedeutend und Ihr Kind kann nun problemlos selber essen. Es hat inzwischen auch alle Zähne bekommen. In diesem Alter nehmen Kinder aber auch die Werbung für ungesunde Lebensmittel bewusster wahr. Daher ist jetzt der richtige Zeitpunkt, um Ihrem Kind die Grundsätze gesunder Ernährung zu erklären.

Wenn Eltern frisches Obst und Gemüse mit vielen Rechtfertigungen und Erklärungen anbieten, werden Kinder es ablehnen. Doch wenn Sie diese frischen Nahrungsmittel so ansprechend und lecker »verkaufen«, wie sie auch wirklich sind, wird Ihr Kind »gesund« nicht mit »schmeckt nicht« gleichsetzen. Vitamintabletten sind natürlich kein Ersatz für frisches Obst und Gemüse.

Frühstück für ein leistungsfähiges Gehirn

Die erste Mahlzeit des Tages ist die wichtigste, da Ihr Kind wahrscheinlich mindestens 12 Stunden lang nichts gegessen hat und sein Blutzuckerspiegel sehr niedrig ist. Auch das Gehirn Ihres Kindes braucht morgens als Erstes einen »Kick«. Obwohl das Gehirn nur 4 Prozent des gesamten Körpergewichts eines Kindes ausmacht, verbraucht es im Ruhezustand des Körpers annähernd 20 Prozent des Energieumsatzes. Die Energiespeicher sind außerdem sehr klein, daher braucht das Gehirn für eine optimale Funktion einen konstanten Glukosenachschub.

Ein ordentliches Frühstück lässt den Glukosegehalt im Blut rasch steigen und liefert »Brennstoff fürs Gehirn« – und verbessert damit die Leistungsfähigkeit des Kindes. Neue Forschungen zeigen, dass Kinder, die ein ausgewogenes Frühstück zu sich nehmen, schneller arbeiten, bei Aufgaben, die gleich bleibende Aufmerksamkeit erfordern, signifikant weniger Fehler machen, und wacher wirken als andere Kinder.

Das Frühstück gibt den Rhythmus für ein gesundes Essverhalten während des weiteren Tages vor. Wenn Kinder das Frühstück auslassen, haben sie am Spätvormittag oft Heißhunger und essen ungesunde Naschereien. Damit über den ganzen Vormittag hinweg eine gute Energieversorgung und Leistungsfähigkeit des Gehirns aufrechterhalten wird, sollte das Frühstück folgende Nahrungsmittelgruppen enthalten:

- **komplexe Kohlenhydrate:** Cerealien und Brot aus Vollkorn
- **Eiweiß:** Milchprodukte, Eier, Nüsse und Samen
- **Vitamine und Mineralstoffe:** Obst oder Fruchtsaft.

Ein gesundes Frühstück muss nicht länger als 10 Minuten dauern. Wenn Sie Ihrem Kind Cerealien mit Milch oder Erdnussbutter auf Toast oder etwas Käse und ein Glas Fruchtsaft geben, versorgen Sie es mit Lebensmitteln aus jeder Gruppe und geben ihm den besten Start in den Tag.

Die Schlüsselrolle der Kohlenhydrate

Kohlenhydrate sind für den Körper eine wichtige Energiequelle. Kinder brauchen viel davon, nicht nur, weil sie aktiv sind und viel Energie verbrauchen, sondern auch für ihr Wachstum. Stellen Sie sicher, dass das Frühstück Ihres Kindes Kohlenhydrate aus Vollkornbrot, Vollkorncerealien und Obst enthält. Der Ballaststoffgehalt dieser Nahrungsmittel verzögert die Freisetzung des Zuckers und garantiert so eine lang anhaltende Energiezufuhr.

Wenn Ihr Kind zum Frühstück hauptsächlich Süßes isst, z. B. eine Schüssel gezuckerte Cornflakes oder Weißbrot mit Schokoaufstrich, kommt es zu einem schnellen Blutzuckeranstieg. Bald darauf sinkt der Blutzuckerspiegel wieder – was zu schlechter Konzentration, Lernproblemen, problematischem Verhalten und Müdigkeit führt. Besser ist ein Frühstück mit

Nährstoffreiche, schnelle Frühstücksideen

- Käse auf Toast oder getoastete Sandwichs schmecken sehr gut. Belegen Sie sie mit Käse und Tomaten oder Schinken und Käse.

- Machen Sie einen Obstsalat aus Früchten der Saison, mit etwas Orangensaft und ein bisschen gesüßtem Zitronensaft – oder mischen Sie frisches Obst mit Fruchtjoghurt. Jedes Obst enthält spezielle Nährstoffe, daher ist Abwechslung wichtig.

- Kinder mögen Eierbrot: Wenden Sie eine Brotscheibe in Ei, mit 2 EL Milch verquirlt, und braten sie in Butter goldbraun.

- Fruchtige Milchmixgetränke oder Frucht-Smoothies steigern den Obstverzehr Ihres Kindes. Streichen Sie Beeren (auch Tiefkühlbeeren sind geeignet) durch ein Sieb, süßen sie mit Puderzucker und mixen sie mit Milch oder Joghurt.

- Rührei lässt sich mit gehackten frischen Tomaten, geriebenem Käse oder Schinken immer wieder abwandeln.

- Gekochte Eier mit gebutterten Toaststreifen sind bei den meisten Kindern beliebt.

- Kompott aus Trockenobst oder gedämpften Früchten, z. B. Äpfeln oder Rhabarber, mit braunem Zucker gesüßt, schmeckt köstlich.

- Bestreichen Sie Toast oder getoastetes Vollkornbrot mit Erdnussbutter und Honig und belegen es mit in Scheiben geschnittenen Bananen.

Zur Erinnerung

• Kinder ahmen gern nach und werden von den Ernährungsgewohnheiten der Erwachsenen beeinflusst. Wenn die Eltern selbst nicht gesund essen oder nichts Neues probieren wollen, übernehmen Kinder diese Essgewohnheiten. Wenn ein Familienmitglied abnehmen will, thematisieren Sie dies nicht vor den Kindern, da dies die natürliche, ungezwungene Einstellung zum Essen beeinträchtigen kann.

• Wenn Sie einen gesunden Ernährungsplan aufstellen, beziehen Sie auch Besucher, Großeltern und Betreuungspersonen ein. Wenn jeder Ihre Einstellung zum Essen kennt, wird Ihr Kind überall gleich behandelt.

• Stellen Sie sicher, dass Ihr Kind ein gehaltvolles Frühstück zu sich nimmt, vor allen an Wochentagen, wenn es in den Kindergarten geht. Wenn es sehr langsam isst und wenig Zeit hat, geben Sie ihm ein Sandwich oder Vollkornbrötchen mit auf den Weg.

Eisenreiche Frühstückskombinationen

• gekochtes Ei mit Vollkorntoast, Joghurt und ein Glas Orangensaft
• eine Schale angereicherte Frühstückscerealien mit Milch und Trockenobst oder Kiwi

komplexen Kohlenhydraten, z. B. Müsli mit Obst oder Käse auf Vollkornbrot.

Lebensmittel, die reich an einfachen Kohlenhydraten sind, enthalten weniger Nährstoffe als jene mit komplexen Kohlenhydraten. Weißmehl enthält z. B. weniger Zink als Vollkornmehl. Zink ist unverzichtbar für das Wachstum und steigert die Abwehrkräfte.

Die Eisenzufuhr erhöhen

Eisenmangel ist der häufigste Nährstoffmangel bei Kindern. Symptome sind Müdigkeit und Konzentrationsmangel. Eisen wird im Blut für den Transport des Sauerstoffs zu den Organen, auch dem Gehirn, benötigt. Daher ist Eisen für eine gute Gehirnfunktion wichtig.

Angereicherte Cerealien und Vollkornbrot sind gute Eisenquellen. Eisen aus pflanzlichen Quellen kann der Körper weniger gut verwerten – dunkles Fleisch liefert die Form von Eisen, die vom Körper am besten verwertet werden kann. Die Aufnahme aus pflanzlichen Quellen wird verbessert, wenn gleichzeitig Vitamin-C-reiches Obst (z. B. Kiwis oder Beeren) oder Vitamin-C-reicher Saft (z. B. Orangensaft) verzehrt wird.

Frühstückscerealien

Viele der speziell für Kinder hergestellten Frühstücksprodukte enthalten bis zu 50 Prozent Zucker und viel Salz und sind so stark verarbeitet, dass sie, wenn sie nicht angereichert sind, sehr wenige Ballaststoffe, Vitamine und Mineralstoffe aufweisen. Zu den empfehlenswerten Cerealien gehören ungezuckerte Cornflakes, ungezuckerte Müsli-Mischungen und Haferflocken. Selbst wenn Ihr Kind diese Produkte zuckert, beinhalten sie weit weniger Zucker als entsprechende Fertigprodukte.

Außer Haus

Viele Kinder werden irgendwann fremdbetreut oder kommen in den Kindergarten. Wenn Ihr Kind dort auch sein Mittagessen einnimmt, informieren Sie sich darüber, ob es ausgewogen und nährstoffreich ist. Wenn es einen Pausensnack mitnimmt, bemühen Sie sich um ein gesundes und ansprechendes Angebot.

Sich absprechen

Wenn Ihr Kind immer hungrig aus dem Kindergarten kommt, bitten Sie die Erzieherin, darauf zu achten, was es isst, und es Ihnen zu berichten. Geben Sie ihm eine gesunde, nährstoffreiche Pausenmahlzeit mit. Beim Abholen können Sie ihm einen Snack mitbringen, z. B. eine Banane oder ein Käse-Tomaten-Sandwich, den es bestimmt gern isst.

Wenn bei Ihnen die Regel gilt, dass es zwischen den Mahlzeiten keine Süßigkeiten und Schokolade gibt, informieren Sie die Erzieherinnen und anderen Betreuungspersonen darüber. Sie können andere Leckereien genehmigen, z. B. exotische Früchte oder selbst gebackene Kekse.

Keine gute Idee ist es, Süßigkeiten generell zu verbieten, weil »Verbotenes« für Kinder nur noch begehrenswerter wird. Es ist bestimmt leichter, den Verzehr von Süßigkeiten auf bestimmte Gelegenheiten zu beschränken, z. B. nach den Mahlzeiten oder am Wochenende. Wenn Sie sich an diese Regel halten, wird Ihr Kind bald aufhören, nach Süßigkeiten zu verlangen.

Fastfood

Fastfood ist meist reich an gesättigten Fettsäuren, Salz oder Zucker. Sie können Ihr Kind an gesunde Speisen gewöhnen, wenn Sie ihm gesunde Variationen von beliebten Fastfood-Gerichten zubereiten, z. B. Mini-Pizzas (siehe S. 97), Knusprige Hähnchenstreifen (siehe S. 101), Falsche Fritten (siehe S. 163) und Eis am Stiel (siehe S. 177).

Eine leckere & gesunde Pausenmahlzeit

Die Pausenmahlzeit ist für ein Kind immer auch ein Stück »Zuhause«. Für mich ist es eine besondere Herausforderung, für meine drei Kinder immer wieder einen neuen Snack mit einer kleinen Überraschung zusammenzustellen. Ich möchte, dass sie etwas Gesundes essen und gleichzeitig Freude daran haben. Dazu genügen oft Kleinigkeiten: Zeichnen Sie mit einem Filzstift ein Gesicht auf die Banane und gestalten es mit Stickern aus oder schneiden Sie Sandwichs mit Ausstechern in lustige Formen. Achten Sie darauf, dass der Snack Lebensmittel mit folgenden Nährstoffen enthält:

- Eiweiß für Wachstum und lang anhaltende Aufmerksamkeit
- komplexe Kohlenhydrate, die langsam Energie freisetzen
- Kalzium für das Wachstum der Knochen
- Vitamine und Mineralstoffe aus Obst und Gemüse

Zur Erinnerung
- Packen Sie das Pausenbrot sorgfältig ein und achten Sie darauf, dass es kühl bleibt.

»Sie müssen Ihrem Kind nicht immer belegte Brote einpacken; auch Wraps oder Pittabrote, Hähnchenfleisch und Nudel- oder Reissalat werden gern gegessen.«

»Kinder mögen kleine Portionspackungen, z. B. einzeln abgepackten Käse, kleine Packungen mit Rosinen oder Partybrötchen.«

- etwas Fett für eine konstante Energieversorgung
- Wasser, reiner Fruchtsaft oder Frucht-Smoothie.

Ein gesundes Lunchpaket könnte also beispielsweise aus einem Vollkorn-Sandwich oder einem mit Thunfisch, Hähnchen, Ei oder Käse gefülltem Pittabrot, einem Becher Joghurt oder Trinkjoghurt, einem Stück Obst oder etwas Trockenobst und einer kleinen Süßigkeit zum Nachtisch, z. B. einem kleinen Schokoladenriegel, Keksen oder einem Muffin, bestehen.

Ausgewogene Pausenmahlzeiten
Es gibt nahezu unzählige Möglichkeiten, ein gesundes Vesper zusammenzustellen. Im Folgenden finden Sie einige Vorschläge für jede Nährstoffgruppe. Um eine möglichst ausgewogene Pausenmahlzeit zusammenzustellen, wählen Sie ein Element aus jeder Kategorie.

- **Eiweiß** Verwenden Sie mageres Fleisch, z. B. Pute und Hähnchen, als Brotbelag. Fisch, z. B. Thunfisch, ist ebenfalls eine außerordentlich gute Eiweißquelle: Bereiten Sie einen Nudel-Thunfisch-Salat zu. Gekochte Eier, in Folie gewickelt, und einzeln eingepackte kleine Käsewürfel sind beliebte Eiweißquellen.
- **Kohlenhydrate** Wählen Sie Lebensmittel mit komplexen Kohlenhydraten, z. B. Vollkornbrot, Nudeln, Kartoffeln oder Basmati-Reis. Diese Nahrungsmittel setzen die Kohlenhydrate langsam frei und helfen, den Energiespiegel und die Konzentration Ihres Kindes aufrechtzuerhalten. Es müssen nicht immer belegte Brote sein: Probieren Sie Wraps, Pittabrot oder Ciabatta aus; toasten Sie ein Vollkornbrötchen, bestreichen es mit etwas Sandwichcreme, belegen es mit geriebenem Emmentaler, Gouda oder Mozzarella und lassen den Käse unter dem Grill schmelzen. Wickeln Sie das Ganze in Folie. Oder geben Sie Ihrem Kind eine kleine Schüssel Nudel- oder Reissalat mit.
- **Kalzium** Nach dem ersten Geburtstag bieten Sie Ihrem Kind vollfette Kuhmilch statt Milchnahrung an. Ihr Kind sollte am Tag 300–350 ml Milch oder die entsprechende Menge Milchprodukte zu sich nehmen. 30 g Hartkäse kann 200 ml Milch ersetzen. Bis es zwei Jahre alt ist, braucht Ihr Kind Vollmilch, weil nur sie die notwendigen Kalorien sowie ausreichend Vitamin A liefert. Kinder unter fünf Jahren sollten keine fettarme Diät befolgen. Verwenden Sie daher vollfette Milchprodukte.

Bioghurt und Milchgetränke mit so genannten probiotischen Bakterien

sind außerordentlich gesund. Kleine Portionen eignen sich gut für die Brotdose. Probiotische Bakterien beugen Magen-Darm-Infektionen vor. Auch getrocknete Feigen, Samen und Nüsse liefern etwas Kalzium.
• **Vitamine und Mineralstoffe** Packen Sie immer frisches Obst in die Brotdose; Trockenobst, z. B. Aprikosen oder Rosinen, sind ebenfalls geeignet. Rohes Gemüse mit einem Dip ist bei vielen Kindern beliebt. Oder bereiten Sie einen kleinen Salat aus Kirschtomaten, Gurke, Paprika und Käse zu.

Geben Sie Ihrem Kind auch immer ein Vitamin-C-reiches Getränk mit, z. B. Orangensaft. Verzichten Sie dagegen auf Fruchtsaftgetränke, die mit Vitaminen angereichert sind: Viele enthalten eine Menge Wasser und Zucker oder Süßstoffe.

So bleibt der Snack frisch

• Bei heißer Witterung legen Sie einen Kühlakku mit in die Brotdose. Oder Sie frieren einen kleinen Karton Saft über Nacht ein und legen ihn, in einen Gefrierbeutel eingewickelt, in die Dose. Bis zum Mittag ist der Saft dann aufgetaut.
• Wickeln Sie Sandwichs in Frischhaltefolie oder Aluminiumfolie.
• Damit Sandwichs nicht zerdrückt werden, packen Sie sie in eine stabile Brotdose.
• Damit die Sandwichs nicht durchweichen, trocknen Sie alle Zutaten gründlich, bevor Sie das Sandwich damit belegen. Trocknen Sie z. B. Salatblätter nach dem Waschen ab, bevor Sie sie auf das Brot legen. Ein trockenes Salatblatt zwischen Füllung und Brot kann das Durchweichen ebenfalls verhindern. Wenn Sie ein Picknick planen, können Saucen und Gemüse separat verpackt und direkt vor dem Verzehr auf das Sandwich gelegt werden.

Warmes zum Mittagessen

Wenn es kälter wird, können Sie Ihrem Kind etwas Warmes zum Essen mitgeben. Ideal ist selbst gemachte Suppe in einer kleinen Thermoskanne.

Zur Erinnerung
Wenn Ihr Kind an einer Nussallergie oder einer anderen schweren Nahrungsmittelallergie leidet, müssen Sie die Erzieherinnen darüber informieren. Manchmal tauschen Kinder ihr Pausebrot mit Freunden.

Tricks
• Ihr Kind wird den Snack bestimmt essen, wenn es bei der Zubereitung und dem Einpacken helfen darf.

• Sammeln Sie Ausstechformen für Kekse – Sandwichs, in lustige Formen geschnitten, werden Ihr Kind begeistern.

WEITERE IDEEN FÜR PAUSENMAHLZEITEN UND PICKNICK

Brotbelag

• Geräucherter Schinken, Salat und Tomate

• In Scheiben geschnittenes Putenfleisch mit Salat, Mayonnaise und Preiselbeersauce. Putenscheiben mit Emmentaler, Tomate, Gurke und Alfaalfasprossen, angemacht mit Salatcreme oder Mayonnaise

• Klein geschnittene Ananas, Schinken- oder Putenscheiben und süßer Senf

• Roastbeef, Salat, Gewürzgurke, Tomate und etwas milder Senf

• In Streifen geschnittenes Hähnchenfleisch, Tomatenstücke, gehackte harte Eier, Schnittlauch, Salat und Mayonnaise

• Thunfisch, Zuckermais, fein gehackte Frühlingszwiebel und Joghurtdressing

• Frischkäse und Räucherlachs

• Gehackte harte Eier, mit etwas Joghurtdressing, klein geschnittenem Schnittlauch oder Kresse, Salz und frisch gemahlenem Pfeffer zerdrückt

• Eine Scheibe Emmentaler, Kirschtomate und klein geschnittener Salat

• Frischkäse und Gurke

• Geriebener Käse und Karotte mit etwas Joghurtdressing

• Tomaten, Mozzarella, Avocado und French Dressing

• Hummus (Kichererbsenpaste), geriebene Karotte und Gurkenscheiben

• Erdnussbutter und Bananenscheiben mit etwas Honig

• Erdnussbutter und Rosinen

Ideen für Zwischenmahlzeiten

• Ein Gefrierbeutel mit mundgerechten Karottenstücken, Gurkenstücken und Kirschtomaten mit einem Töpfchen mit Hummus oder Sauerrahm-Schnittlauch-Dip

• Trockenobst, z. B. Aprikosen, Feigen, Mangos, Äpfel, Rosinen

• Käsewürfel, in Schinken gewickelt

• Babykarotten, Kirschtomaten, Clementinen, kleine Bananen

• Popcorn ohne Zucker oder Salz

• Reiswaffeln

• Kleine Käseportionen

• Probiotische Joghurtgetränke

• Kleine Becher mit Quarkzubereitung

Gesunde Snacks

Kinder sind ständig in Bewegung und verbrauchen dabei eine Menge Energie; ihr Magen ist jedoch noch klein und sie können bei den Mahlzeiten kaum so viel essen, dass es für den ganzen Tag reicht. Viele Kinder haben nicht die Geduld, lange dazusitzen und eine richtige Mahlzeit zu sich zu nehmen. Zwischenmahlzeiten sind daher ein sehr wichtiger Teil ihrer Ernährung. Wenn Sie Ihrem Kind beibringen, gesunde Zwischenmahlzeiten statt Schokolade und Chips zu essen, wird es diese Gewohnheit im späteren Leben beibehalten und sich mit Genuss gesund ernähren.

1 Obstspieße
Kinder sollten täglich fünf Portionen Obst und Gemüse essen; diese Obstspieße bieten dazu einen guten Ansporn. (Rezept siehe S. 147.) Sie können dabei auch frische und getrocknete Früchte kombinieren.

2 Nudel-Puten-Salat
Dieses Gericht bietet eine köstliche Kombination aus saftigem Putenfleisch, Mais, Kirschtomaten und Nudeln. Das Dressing wird mit Sojasauce, Honig und Zitrone aromatisiert. (Rezept siehe S. 145.) Halten Sie Salate wie diesen im Kühlschrank vorrätig, damit Ihr Kind davon essen kann, wenn es Hunger hat.

3 Kirschtomaten-Mozzarella-Salat
Dieser ansprechende Salat aus süßen Kirschtomaten, kleinen Mozzarellakugeln und frischem Basilikum ist schnell zubereitet. (Rezept siehe S. 144.)

1

2

3

Geröstete Samen mit Honig & Sojasauce

1 EL **Sonnenblumenöl**
60 g **Kürbiskerne**
60 g **Sonnenblumenkerne**
1 EL **Honig**
1 EL **Sojasauce**

TIPP Geröstete Kürbiskerne sind ein nahrhafter Snack und enthalten viele wertvolle Vitamine und Mineralstoffe.

Vorbereitungszeit: 2 Minuten; Garzeit: 3 Minuten   Für 4 Portionen   Enthält Eisen, Magnesium, Omega-3-Fettsäuren, Kalium, Eiweiß, B-Vitamine, Vitamin E und Zink

Diese köstliche Knabberei für zwischendurch ist schnell zubereitet. Die Samen können auch mit Rosinen gemischt oder über Salate gestreut werden.

▶ Das Öl in einer beschichteten Pfanne erhitzen und die Samen unter Rühren etwa 2 Minuten bräunen.

▶ Vom Herd nehmen, Honig und Sojasauce unterrühren, nochmals 1 Minute auf den Herd stellen, danach abkühlen lassen.

Brötchen mit Rührei

1 **Vollkornbrötchen**
1 Stück **Butter**
1 **Ei**
2 EL **Sahne**
Salz und frisch gemahlener **schwarzer Pfeffer**
Butter zum Bestreichen

Vorbereitungszeit: 5 Minuten; Garzeit: 5 Minuten   Für 1 Portion   Enthält Eiweiß, B-Vitamine und Vitamin A und D

Nach Wunsch können Sie das Vollkornbrötchen mit halbierten, gegrillten Tomaten krönen oder etwas Schnittlauch zum Rührei geben.

▶ Den Grill auf höchster Stufe vorheizen. Das Brötchen durchschneiden und toasten. Inzwischen die Butter in einem Topf bei schwacher Hitze schmelzen. Das Ei mit der Sahne verquirlen und mit Salz und Pfeffer würzen.

▶ Die geschmolzene Butter im Topf schwenken und die Eimasse hineingießen. Nach einigen Sekunden mit einem Kochlöffel umrühren, bis die Eimasse zu stocken beginnt.

▶ Das Brötchen mit Butter bestreichen und das Rührei darauf geben.

Variation

▶ Eine kleine Dose Thunfisch in eine Schüssel geben und 1 EL Tomatenketchup, 2 EL Crème fraîche und etwas gehackte Frühlingszwiebeln hineinrühren. Das getoastete Brötchen mit der Masse belegen, mit Gouda bestreuen und 2–3 Minuten unter den Grill schieben.

Pittabrot mit Thunfisch, Ei & Tomate

200 g **Thunfisch in Öl aus der Dose**
3 EL **Mayonnaise**
2 TL **Weißweinessig**
4 **Frühlingszwiebeln**, gehackt
Salz und frisch gemahlener **schwarzer Pfeffer**
ein Tropfen **Tabascosauce**
2 **Eier**, hart gekocht
1 große oder 2 kleine **Tomaten**, entkernt und klein geschnitten
1 Hand voll **Brunnenkresse**
3 **Pittabrote**

Vorbereitungszeit: 8 Minuten; Garzeit: 10 Minuten   Für 3 Portionen   Enthält Betakarotin, Magnesium, Kalium, Eiweiß, B-Vitamine, einschließlich Folsäure, und Vitamin A, D und E

Pittabrote mit einer nährstoffreichen Füllung eignen sich als Snack oder leichte Mahlzeit. Dieser pikante Thunfisch-Mix schmeckt Kindern sehr.

▶ Den Thunfisch abtropfen lassen und mit Mayonnaise, Essig, Frühlingszwiebeln, Salz, Pfeffer und Tabascosauce mischen.

▶ Die hart gekochten Eier schälen, grob hacken und mit den Tomaten und der Brunnenkresse zu der Thunfisch-Mischung geben und gut umrühren.

▶ Die Pittabrote halbieren. Das Brot toasten und mit der Masse füllen.

Wraps mit Hähnchen

⏱ Vorbereitungszeit: 8 Minuten; Garzeit: 10 Minuten   Für 4 Wraps   Enthält Betakarotin, Kalium, Eiweiß, B-Vitamine, einschließlich Folsäure, und Vitamin A, C und E

1 EL **Pflanzenöl**

1 kleine **Zwiebel**, in Scheiben geschnitten

½ kleine **rote Paprikaschote**, in Streifen geschnitten

1 großes **Hähnchen-** oder **Putenbrustfilet** (etwa 250 g)

½ TL getrockneter **Oregano**

½ TL mildes **Paprikapulver**

Salz und frisch gemahlener **schwarzer Pfeffer**

½ **Eisbergsalat**

2 EL **Mayonnaise** oder **Joghurtdressing**

4 kleine **Tortillas**

2 EL geriebener **Gouda**

▶ Das Pflanzenöl in einer Pfanne erhitzen. Die Zwiebel und die Paprika in 4–5 Minuten weich dünsten.
▶ Das Hähnchenfleisch in dünne Streifen schneiden, anbraten und mit Oregano und Paprikapulver bestreuen. 3–4 Minuten garen. Mit Salz und Pfeffer würzen.
▶ Den Salat fein schneiden. Mit Mayonnaise oder Joghurtdressing mischen.
▶ Die Tortilla entsprechend der Packungsanweisung erwärmen. Den Salat auf den vier Tortillas verteilen, mit Gouda bestreuen, dann die Hähnchenmischung darauf geben. Zusammenrollen.

Schinken-Käse-Sandwich

⏱ Zubereitungszeit: 5 Minuten   Für 1–2 Portionen   Enthält Kalzium, Eisen, Kalium, Eiweiß, B-Vitamine und Vitamin A

40 g **Schinken**, hauchdünn geschnitten

2 EL geriebener **Gouda**

1 Hand voll klein geschnittener **Salat**

1½ TL **Mayonnaise**

2 Scheiben **Brot**

etwas **Butter** oder **Margarine**

▶ Den Schinken in Streifen schneiden und mit dem geriebenen Käse, dem Salat und der Mayonnaise mischen. Jede Brotscheibe dünn mit Butter bestreichen.
▶ Die Füllung auf eine Brotscheibe geben und mit der anderen Scheibe bedecken.
▶ Das Sandwich in vier Vierecke oder horizontal in drei Streifen schneiden.

Variation

▶ Den Grill vorheizen, 25 g hauchdünne Schinkenscheiben, klein geschnitten, mit 25 g geriebenem Gouda und 1 TL Mayonnaise mischen. Eine Scheibe Vollkornbrot toasten, buttern und die Käse-Schinken-Masse darauf geben. Unter den Grill schieben, bis der Käse geschmolzen ist.

Kirschtomaten-Mozzarella-Salat

150 g kleine **Kirschtomaten**, halbiert

150 g **Mozzarella**, gewürfelt

4 **frische Basilikumblätter**, in Stücke gezupft (nach Belieben)

Dressing

1½ EL **Olivenöl**

1 TL **Sojasauce**

1 TL **Balsamico-Essig**

1 Prise **Zucker**

Salz und frisch gemahlener **schwarzer Pfeffer**

⏱ Zubereitungszeit: 5 Minuten 🍴 Für 2–3 Portionen 💪 Enthält Kalzium, Kalium, Eiweiß, B-Vitamine, einschließlich Folsäure, und Vitamin A und E

Statt Mozzarellastücke können Sie auch Mozzarelline (kleine Kugeln aus Mozzarella) verwenden. Wenn Sie diesen Salat für ein Picknick mitnehmen, füllen Sie das Dressing in einen kleinen Extra-Behälter und mischen es kurz vor dem Verzehr mit den Tomaten und dem Käse.

▶ Die Kirschtomaten und den gewürfelten Mozzarella mischen.

▶ Für das Dressing die Zutaten miteinander verrühren.

▶ Tomaten und Mozzarella mit dem Dressing übergießen und gegebenenfalls das frische Basilikum zugeben.

Sommerlicher Nudelsalat

150 g **Schleifchennudeln (Farfalle)**

150 g **Maiskörner aus der Dose**

16 **Kirschtomaten**, halbiert

4 **Frühlingszwiebeln**, in feine Ringe geschnitten

150 g **Mozzarella**, in kleine Würfel geschnitten

½ **Salatgurke**, geschält, geviertelt, entkernt und in kleine Stücke geschnitten

Dressing

3 EL **Olivenöl**

1 EL **Honig**

1 EL **Sojasauce**

1 EL **Rotweinessig**

frisch gemahlener **schwarzer Pfeffer**

⏱ Vorbereitungszeit: 8 Minuten; Garzeit: 12 Minuten 🍴 Für 4 Portionen 💪 Enthält Betakarotin, Kalzium, Folsäure, Kalium, Eiweiß und Vitamin A, B_{12}, C und E

Dieser leckere und gesunde Nudelsalat ist leicht und erfrischend. Er schmeckt Erwachsenen und Kindern gleichermaßen.

▶ Die Nudeln nach Packungsanweisung in leicht gesalzenem Wasser kochen. Abgießen. Mit kaltem Wasser abschrecken.

▶ Für das Dressing die Zutaten miteinander verrühren.

▶ Die Nudeln in eine große Servierschüssel geben. Die übrigen Zutaten zugeben und mit dem Dressing übergießen. Den Salat gründlich mit dem Dressing mischen und sofort servieren.

Hähnchensalat

40 g **Nudeln (z.B. Muschelnudeln)**

1 EL **Pflanzenöl**

1 kleines **Hähnchenbrustfilet** (etwa 150 g), in mundgerechte Stücke geschnitten

2 EL frisch geriebener **Parmesan**

2 **Salatherzen** oder ½ **Romana-Salat**, in Streifen geschnitten

Dressing

2 EL **Mayonnaise**

1 TL **Zitronensaft**

½ **Knoblauchzehe**, geschält und zerdrückt

⅛ TL **Senf**

⏱ Vorbereitungszeit: 5 Minuten; Garzeit: 5 Minuten 🍴 Für 1 Portion 💪 Enthält Betakarotin, Kalium, Eiweiß, B-Vitamine, einschließlich Folsäure, und Vitamin C und E

Hähnchensalat ist ein klassisches Rezept – zu Recht! Um Zeit zu sparen, verwenden Sie fertig gekochte Hähnchenbrust.

▶ Die Nudeln nach Packungsanweisung in leicht gesalzenem Wasser kochen.

▶ Inzwischen das Öl in der Pfanne erhitzen, das Hähnchen hineingeben und 3–4 Minuten anbraten, bis es durchgegart ist. Abkühlen lassen.

▶ Die Zutaten für das Dressing mit 1 EL geriebenem Parmesan verrühren.

▶ Salat, abgetropfte Nudeln und Hähnchen vermengen und mit dem Dressing mischen (eventuell nicht das ganze Dressing verwenden).

▶ Mit dem restlichen Parmesan bestreuen.

Nudelsalat mit Krabben

Vorbereitungszeit: 5 Minuten; Garzeit: ca. 12 Minuten Für 1–2 Portionen Enthält Betakarotin, Kalium, Eiweiß, B-Vitamine, einschließlich Folsäure, Vitamin C und E und Zink

Krabben passen hervorragend in einen Nudelsalat. Die Avocado gibt einen feinen Geschmack; wenn Ihr Kind keine Avocados mag, lassen Sie sie weg.

▶ Die Nudeln nach Packungsanweisung in leicht gesalzenem Wasser kochen. Krabben, Avocado, Kirschtomaten und geschnittenen Salat mit den gekochten, abgetropften Nudeln in eine Schüssel geben.

▶ Mayonnaise, Tomatenketchup und Zitronensaft verrühren und den Salat mit dem Dressing vermengen.

100 g **Nudeln** (z.B. Spiralnudeln)

100 g **gekochte Krabben**

1/2 kleine **Avocado**, geschält und klein gehackt

4 **Kirschtomaten**, geviertelt

1/2 **Kopfsalat**, in Streifen geschnitten

Dressing

3 EL **Mayonnaise**

1 EL **Tomatenketchup**

1 Spritzer **Zitronensaft** (nach Belieben)

Nudel-Puten-Salat

Vorbereitungszeit: 10 Minuten; Garzeit: 10 Minuten Für 2 Portionen Enthält Betakarotin, Kalium, Eiweiß, B-Vitamine, einschließlich Folsäure, und Vitamin C und E

Dieser Salat ist bei meinen Kindern ein absoluter Favorit. Sie nehmen ihn gern als Pausenmahlzeit mit.

▶ Die Nudeln entsprechend der Packungsanweisung in leicht gesalzenem Wasser kochen. In der Zwischenzeit die Zutaten für das Dressing verrühren.

▶ Das klein geschnittene Putenfleisch, die Avocado, den Mais, die Tomaten und die Frühlingszwiebeln in einer Schüssel mit den abgetropften Nudeln mischen und mit dem Dressing vermengen.

50 g **Nudeln** (z.B. Spiralnudeln)

100 g **Puten-** oder **Hähnchenbrustfilet**, gekocht und klein geschnitten

1/2 kleine **Avocado**, geschält und klein geschnitten (nach Belieben)

100 g **Mais aus der Dose** oder **tiefgefroren**

2 **Tomaten**, enthäutet, entkernt und klein geschnitten, oder 6 **Kirschtomaten**

2 **Frühlingszwiebeln**, in dünne Ringe geschnitten

Dressing

3 EL **Olivenöl**

1 El **flüssiger Honig**

1 EL **Sojasauce**

1 1/2 EL frisch gepresster **Zitronensaft**

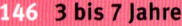

Mixgetränke

Viele für Kinder angebotene Säfte enthalten vor allem Zucker und Wasser und oft nur einen geringen Anteil an Fruchtsaft. Auch wenn diese Produkte praktisch erscheinen – Sie können selbst in wenigen Minuten leckere und nährstoffreiche Mixgetränke aus frischen Früchten, Joghurt, Milch oder Eiscreme zubereiten.

Fruchtiger Beeren-Shake

150 g gefrorene Sommerbeeren auftauen, z. B. Erdbeeren, Himbeeren, Blaubeeren, schwarze Johannisbeeren und Kirschen. Pürieren und durch ein Sieb streichen. Mit einem Becher Erdbeerjoghurt (125 ml), 150 ml Johannisbeersaft und einer klein geschnittenen Banane mixen. Ergibt zwei Portionen.

Cookie-Shake

Geben Sie 6 zerbröckelte Schokoladen-Cookies, 300 ml Milch und 2 Kugeln Vanilleeis in den Mixer und pürieren Sie alles zu einem cremigen Shake. Ergibt zwei Portionen.

Energiedrink

Zubereitungszeit: 3 Minuten Ergibt 2 Gläser Enthält Folsäure, Kalium und Vitamin B_6 und C

Getränke aus frischen Früchten liefern sofort Energie und sind schnell und einfach zubereitet. Probieren Sie verschiedene Obstkombinationen aus.

Saft von 1 großen **Orange**
150 ml **Apfelsaft**
1 kleine **Banane**, geschält
2 **große** oder 4 kleine **Erdbeeren**, ohne Samen

▶ Alle Zutaten mixen und servieren. Sie können dem Drink zusätzlich einen reifen Pfirsich oder eine halbe, reife Mango zugeben.

Pfirsich-Beeren-Kompott

Vorbereitungszeit: 5 Minuten; Garzeit: 5 Minuten Für 2 Portionen
Enthält Betakarotin, Folsäure, Kalium und Vitamin C

Für dieses leckere Kompott können Sie Pfirsiche, Nektarinen, alle Beerensorten sowie entsteinte, halbierte Kirschen verwenden.

15 g **Butter**
2 reife **Pfirsiche**, entsteint und klein geschnitten, aber nicht geschält
2 **Pflaumen**, entsteint und klein geschnitten
3 **Erdbeeren**, geviertelt
1½ EL **brauner Zucker**
60 g **Himbeeren**
60 g **Blaubeeren**
1 EL **Wasser**

▶ Die Butter schmelzen und die Pfirsiche und Pflaumen 2 Minuten dünsten. Die Erdbeeren zugeben, den Zucker darüber streuen und weitere 2 Minuten kochen. Himbeeren, Blaubeeren und Wasser einrühren und 1 Minute erhitzen.

Obstsalat

🕐 Zubereitungszeit: 5 Minuten 👤 Für 3 Portionen 🌿 Enthält Betakarotin, Ballaststoffe, Kalium und Vitamin C und E

Dieser mit Zitronensaft aromatisierte Obstsalat ist sehr erfrischend. Nach Wunsch können Sie gehackte Minzblätter dazugeben – das verleiht Ihrem Kind noch mehr Schwung!

▶ Orangen-, Zitronen- oder Limettensaft und Honig verrühren und über das vorbereitete Obst gießen. Nach Wunsch mit Minzblättern bestreuen.

Saft von 1 **Orange** (etwa 100 ml)

1 EL **Limetten-** oder **Zitronensaft**

1 EL **flüssiger Honig**

2 **Kiwis**, geschält und klein geschnitten

2 reife **Pfirsiche**, enthäutet, entsteint und klein geschnitten

6 **Erdbeeren**

½ kleine **Mango**, geschält, entsteint und klein geschnitten

8 **Weintrauben**

gehackte **frische Minze** (nach Belieben)

Obstspieße

🕐 Zubereitungszeit: 5 Minuten 👤 Für 2 Portionen
🌿 Enthält Betakarotin, Ballaststoffe, Kalium und Vitamin C und E

Obst auf Spießen – das verlockt Ihr Kind bestimmt zum Obstessen. Verwenden Sie Holzspieße oder dünne Strohhalme. Es wird Ihrem Kind Spaß machen, eine Frucht nach der anderen herunterzunehmen.

▶ Stecken Sie Fruchtstücke nach Wahl abwechselnd auf die Spieße, sodass sich eine bunte, leckere Mischung ergibt. Zum Servieren stecken Sie die Spieße in eine umgedrehte Melonenhälfte.

Kombinieren Sie folgende Früchte nach Belieben:

Kernlose Weintrauben

Ananas (Stücke)

Kiwi (Scheiben)

Erdbeeren

Mango (Stücke)

Pflaumen (Stückchen)

Trockenobst, z.B. **Aprikosen** oder **Feigen**

½ **Melone**, zu Bällchen geformt (nach Belieben)

TIPP Nehmen Sie diese Brownies lieber zu früh als zu spät aus dem Ofen. Sie werden beim Abkühlen fest.

TIPP Brownies schmecken zwar auch warm köstlich, lassen sich aber kalt viel besser schneiden.

185 g **Butter**

185 g **dunkle Schokolade** von guter Qualität, in Stücke gebrochen

3 große **Eier**

275 g **feiner Zucker**

40 g **Kakaopulver**

85 g **Mehl**

50 g **weiße Schokolade**, gehackt

50 g **Milchschokolade**, gehackt

Meine Lieblingsbrownies

Vorbereitungszeit: 15 Minuten; Backzeit: 35–40 Minuten   180 °C

Ergibt 16 Stück   Enthält Vitamin A, B_{12} und D

Mein Sohn Nicholas backt diese Brownies mit Begeisterung selbst. Sie sind geradezu unwiderstehlich und werden meist sofort aufgegessen!

▶ Eine viereckige Backform (20 cm) einfetten. Die Butter in Stücke schneiden und mit der dunklen Schokolade in eine hitzebeständige Schüssel geben.

▶ Die Schüssel auf einen Topf mit köchelndem Wasser stellen und rühren, bis die Butter und die Schokolade geschmolzen sind. Oder die Schokolade und die Butter etwa 2 Minuten in der Mikrowelle schmelzen lassen, dabei einmal durchrühren. Abkühlen lassen.

▶ Die Eier in eine große Schüssel schlagen, den Zucker zugeben und in 3–5 Minuten zu einer hellgelben, schaumigen Creme rühren.

▶ Die Schokoladenmischung vorsichtig unterheben, dann das Kakaopulver und das Mehl in die Schokoladen-Eier-Masse mischen, ohne allzu stark zu rühren. Die weiße Schokolade und die Milchschokolade unterheben.

▶ Die Masse in die vorbreitete Form gießen und im vorgeheizten Ofen etwa 35 Minuten backen. Falls die Masse in der Mitte noch sehr flüssig ist, noch einige Minuten weiterbacken, bis sie sich gesetzt hat. Beim Abkühlen wird der Teig fest.

▶ Vollständig auskühlen lassen und in Vierecke schneiden.

Muffins mit Sommerbeeren

⏱ Vorbereitungszeit: 15 Minuten; Backzeit: 25 Minuten 🌡 200 °C
🍴 Ergibt 8 große Muffins ✨ Enthält Vitamin A und E

Weiße Schokolade und eine Mischung verführerischer Beeren ergänzen sich bei diesen leckeren, schnell gemachten Muffins auf das Beste.

▶ Eine Muffinform mit 8 Papierförmchen auslegen. In einer großen Schüssel Mehl, braunen Zucker, Salz und Backpulver verrühren und beiseite stellen.
▶ In einer zweiten Schüssel Öl, Ei, gemahlene Vanille und Milch verschlagen. Die Mehlmischung zugeben und vermengen. Beeren und weiße Schokolade unterheben.
▶ Den Teig mit einem Löffel in die Muffinformen füllen und mit Demerara-Zucker bestreuen.
▶ Etwa 25 Minuten backen, bis die Muffins aufgegangen und fest sind. Etwas abkühlen lassen, dann auf ein Kuchengitter stürzen.

185 g **Mehl**
150 g **brauner Zucker**
½ TL **Salz**
2 TL **Backpulver**
80 ml **Pflanzenöl**
1 **Ei**
1 TL **gemahlene Vanille**
80 ml **Vollmilch**
100 g **frische Himbeeren**
75 g **Blaubeeren**
65 g **weiße Schokoladenchips**
1 EL **Demerara-Zucker**

Cranberry-Cookies mit weißer Schokolade

⏱ Vorbereitungszeit: 30 Minuten; Backzeit: 10 Minuten 🌡 190 °C 🍴 Ergibt 35 Cookies
✨ Enthält Vitamin A und D ❄ Zum Einfrieren geeignet

Diese köstlichen Cookies sind sehr einfach in der Zubereitung. Nach dem Backen sind sie noch ziemlich weich, werden aber beim Abkühlen knusprig.

▶ Die Butter mit den Zuckersorten schaumig schlagen. Ei und gemahlene Vanille mit einer Gabel verquirlen und in die Buttermasse geben.
▶ In einer Schüssel Mehl, Backpulver und Salz verrühren. Zu der Butter-Ei-Masse geben und verrühren. Die weiße Schokolade und die Cranberries untermengen.
▶ Backblech mit Backpapier auslegen. Den Teig mit den Händen zu walnussgroßen Bällchen formen und mit einigem Abstand auf das Backblech legen.
▶ Im vorgeheizten Ofen 10 Minuten backen. Einige Minuten abkühlen lassen, dann auf ein Kuchengitter legen.

100 g **weiche Butter**
100 g **feiner Zucker**
100 g **Muscovado-Zucker** (ersatzweise **brauner Zucker**)
1 **Ei**
1 TL **gemahlene Vanille**
175 g **Mehl**
½ TL **Backpulver**
½ TL **Salz**
150 g **weiße Schokolade**, in kleine Stücke gebrochen
75 g **getrocknete Cranberries** (ersatzweise **andere getrocknete Beeren**)

Schokoladenkekse mit Rosinen & Sonnenblumenkernen

⏱ Vorbereitungszeit: 15 Minuten; Backzeit: 12–14 Minuten 🌡 180 °C 🍴 Ergibt 14 Kekse
✨ Enthält Ballaststoffe, Kalium, Eiweiß und Vitamin E ❄ Zum Einfrieren geeignet

Diese Kekse sind voller Nährstoffe und wahre Energielieferanten.

▶ Butter und Zucker schaumig schlagen. Ei und gemahlene Vanille zugeben. Die restlichen Zutaten unterrühren.
▶ Den Teig esslöffelweise mit genügend Abstand auf ein mit Backpapier ausgelegtes Blech geben.
▶ Im vorgeheizten Ofen 12–14 Minuten goldgelb backen. Auf einem Kuchengitter abkühlen lassen.

75 g **Butter**
75 g **feiner Zucker**
1 kleines **Ei**, verquirlt
1 TL **gemahlene Vanille**
85 g **Rosinen**
25 g **Milchschokolade**, in Stücke gebrochen
40 g **Sonnenblumenkerne**
50 g **Mehl**
½ TL **Natron**
½ TL **Salz**
40 g **Haferflocken**

Familienmahlzeiten

Man sagt, dass Familien, die gemeinsam essen, auch ein harmonisches Familienleben führen. In diesem Kapitel finden Sie Rezepte, die Kindern zusagen, sodass Sie Mahlzeiten zubereiten können, die allen Familienmitgliedern schmecken. Es ist beschämend, dass so viele Kinder vor allem Fastfood essen, wo es doch so viele wunderbare Nahrungsmittel gibt. Und sie würden sie essen, wenn sie die Möglichkeit dazu hätten. Bringen Sie Ihrem Kind bei, sich abwechslungsreich zu ernähren, und probieren Sie diese Rezepte aus. Alle meine Rezepte sind von Kindern getestet worden. Ohne ihre Zustimmung hätte ich sie nicht in dieses Buch aufgenommen.

1 Schlafende Cannelloni
Garnieren Sie dieses klassische italienische Gericht einmal auf lustige Weise. Die gefüllten Cannelloni werden wie üblich mit Käsesauce überzogen und bekommen dann einen Kopf aus Pilzen, Haare aus geriebenem Käse mit Schleifen aus grüner Paprikaschote sowie schwarze Olivenschuhe. (Rezept siehe S. 156.)

2 Tacos mit Rindfleisch
Knusprige Maistacos, gefüllt mit Rinderhackfleisch oder Hähnchenstreifen, Bohnen und Salat, sind bei Kindern sehr beliebt. Die Füllung bekommt durch einen Hauch Chili und Koriander etwas mehr Pep. (Rezept siehe S. 173.)

3 Paella
Zaubern Sie ein spanisches Ambiente mit diesem Eintopfgericht aus Hähnchen, Würstchen, Krabben und leuchtend gelbem Reis. Ein buntes Gericht voller Köstlichkeiten. (Rezept siehe S. 166.)

1

2

3

- 30 g **Butter**
- 1 mittelgroße **Zwiebel**, geschält und gehackt
- 1 **Knoblauchzehe**, geschält und zerdrückt
- 1 Stange **Lauch**, gewaschen und in dünne Ringe geschnitten
- 350 g **Kartoffeln**, geschält und in Stücke geschnitten
- 1 **Lorbeerblatt**
- 1 Zweig **Thymian** (nach Belieben)
- 1,5 l ungesalzene **Hühnerbrühe** (siehe S. 52) oder **Gemüsebrühe** (siehe S. 49)
- **Salz** und frisch gemahlener **schwarzer Pfeffer**
- 60 g **Suppennudeln**
- 60 g **Brunnenkresse**

Lauch-Kartoffel-Kresse-Suppe mit Nudeln

Vorbereitungszeit: 10 Minuten; Garzeit: 30 Minuten   Für 6 Portionen
Enthält Betakarotin, Folsäure, Kalium und Vitamin A, B_6, C und E
Zum Einfrieren geeignet

Lauch und Kartoffeln sind eine klassische Grundlage für Gemüsesuppen. Die Beigabe von Brunnenkresse verleiht diesem Gericht ein besonderes Aroma und schafft einen frischen Ausgleich zum erdigen Geschmack des Gemüses. Kleine Suppennudeln essen Kinder immer gern.

▶ Die Butter in einem großen Topf schmelzen lassen und die Zwiebel und den Knoblauch 5 Minuten dünsten. Den Lauch zugeben und weitere 2 Minuten garen. Kartoffeln, Lorbeerblatt und Thymian zugeben, mit Brühe übergießen und abschmecken. Alles zum Kochen bringen und zugedeckt 15 Minuten köcheln lassen.

▶ Inzwischen die Suppennudeln entsprechend der Packungsanweisung in leicht gesalzenem Wasser kochen. Die Brunnenkresse in die Suppe geben. Weitere 5 Minuten kochen. Lorbeerblatt und Thymian herausnehmen. Die Nudeln hineingeben, erhitzen und die Suppe abschmecken.

- 1 großes **Hähnchen** mit **Innereien**
- 12 **Karotten**, geschält und halbiert
- 1 große **rote Zwiebel**, geschält und in Stücke geschnitten
- 1 Stange **Lauch**, nur der weiße Teil, gewaschen und in Stücke geschnitten
- 2 Stangen **Staudensellerie** und **Sellerieblätter**, in Stücke geschnitten
- **Meersalz**
- **weißer Pfeffer**
- 3 oder 4 **Gewürzsträußchen**
- 4 **Lorbeerblätter**
- gekörnte **Hühnerbrühe**
- 1 TL **Zucker**
- 7 l **Wasser**
- **Vermicelli** (Fadennudeln)

Hühnersuppe

Vorbereitungszeit: 20 Minuten; Garzeit: 3 Stunden 20 Minuten   Für 15–20 Portionen
Enthält Betakarotin, Kalium, Eiweiß und B-Vitamine   Zum Einfrieren geeignet

Ich bereite diese nahrhafte Suppe in einer großen Menge zu und friere sie dann in kleinen Portionen ein. So habe ich jederzeit Hühnersuppe für meine Kinder vorrätig, die ich nur erhitzen und mit ein paar Nudeln aufpeppen muss.

▶ Das Hähnchen in etwa 8 Teile schneiden, gut säubern und mit den Innereien in einen sehr großen Topf geben. Mit Wasser bedecken und 20 Minuten kochen. Den Schaum mit einem Schaumlöffel abnehmen.
▶ Die restlichen Zutaten zugeben (mit Ausnahme der Nudeln), die Suppe zudecken und bei mittlerer Hitze etwa 3 Stunden köcheln lassen.
▶ Die Lorbeerblätter und die Gewürzsträußchen herausnehmen. Die Suppe abkühlen lassen und über Nacht in den Kühlschrank stellen.
▶ Am nächsten Tag die Fettschicht abnehmen und die Suppe durch ein Sieb in eine Schüssel gießen. Das Hähnchenfleisch von den Knochen lösen und zerteilen.

▶ Etwas Hähnchenfleisch und einige Karotten in die Suppe geben. Portionsweise einfrieren.
▶ Wenn die Suppe verwendet werden soll, die Vermicelli entsprechend der Packungsanweisung in leicht gesalzenem Wasser kochen und eine Portion Suppe auftauen und erhitzen. Die gekochten Nudeln in die Suppe geben und servieren.

Familienmahlzeiten 153

TIPP Auch wenn sie alles andere ablehnen: Nudeln essen Kinder fast immer. Es ist praktisch, selbst gemachte Nudelsaucen in der Tiefkühltruhe vorrätig zu haben.

Sauce Bolognese

Vorbereitungszeit: 5 Minuten; Garzeit: 40 Minuten Für 4 Portionen Enthält Betakarotin, Eisen, Kalium, B-Vitamine, Vitamin E und Zink Zum Einfrieren geeignet

Diese schmackhafte Sauce enthält viel Eisen und ist sehr vielseitig: Sie kann zu Nudeln oder Reis serviert werden.

▶ Das Öl in einer Pfanne erhitzen und die Zwiebel und den Knoblauch in etwa 5 Minuten weich dünsten.

▶ Das Hackfleisch zugeben und unter gelegentlichem Rühren bräunen lassen. Nach Wunsch kann das Fleisch auch im Mixer püriert werden.

▶ Das Fleisch wieder in die Pfanne geben und die restlichen Zutaten einrühren. Bei schwacher Hitze etwa 30 Minuten köcheln lassen, bis die Sauce sämig ist.

1 EL **Olivenöl**

1 kleine **Zwiebel**, geschält und fein gehackt

1 **Knoblauchzehe**, geschält und zerdrückt

250 g mageres **Rinderhackfleisch**

400 g **Tomaten aus der Dose**, in Stücken

1 TL **Rotweinessig**

1 EL **brauner Zucker**

$1/2$ TL **Salz**

$1/2$ EL **Tomatenketchup**

Tomatensauce »spezial«

Vorbereitungszeit: 5 Minuten; Garzeit: ca. 12 Minuten Für 4 Portionen Enthält Betakarotin, Kalzium, Eiweiß und Vitamin B_{12} und E Zum Einfrieren geeignet

Verwenden Sie die Sauce als Grundbelag für Pizzas, oder zaubern Sie daraus durch die Zugabe von Fleischbällchen oder einer Dose Thunfisch eine Nudelsauce.

▶ Das Öl in einer Pfanne bei schwacher Hitze erhitzen, den Knoblauch 30 Sekunden andünsten. Die Tomaten einrühren und mit einem Löffel zerdrücken. Die restlichen Zutaten, außer Basilikum und Parmesan, zugeben. Die Sauce abschmecken und 10 Minuten köcheln lassen.

▶ Basilikum und Parmesan einrühren und köcheln lassen, bis der Käse geschmolzen ist.

1 TL **Olivenöl**

1 **Knoblauchzehe**, geschält und zerdrückt

400 g **Tomaten aus der Dose**

2 EL **rotes Pesto**

$1/4$ TL mildes **Paprikapulver**

1 TL **Balsamico-Essig**

1 TL **feiner Zucker**

Salz und frisch gemahlener **schwarzer Pfeffer**

1 EL **frisches Basilikum**, in Streifen geschnitten

2 EL frisch geriebener **Parmesan**

Spiralnudeln mit Zucchini

Vorbereitungszeit: 10 Minuten; Garzeit: 25 Minuten   Für 4 Portionen
Enthält Kalzium, Folsäure, Kalium und Eiweiß   Zum Einfrieren geeignet

Noch ein schnelles Rezept, das Ihren Kindern Gemüse schmackhaft macht. Variieren Sie das Gemüse je nach Saison.

- 1 EL **Olivenöl**
- 1 kleine **Zwiebel**, geschält und in Ringe geschnitten
- 1 **Knoblauchzehe**, geschält und gehackt
- 100 g **Zucchini**, in Scheiben geschnitten
- 75 g kleine **Champignons**, in Scheiben geschnitten
- 300 g **passierte Tomaten** aus der Dose
- 50 ml **Gemüsebrühe**
- ½ TL **Balsamico-Essig**
- ½ TL **Zucker**
- **Salz** und frisch gemahlener **schwarzer Pfeffer**
- 250 g **Spiralnudeln** (Fusilli)
- 30 g frisch **geriebener Parmesan**

▶ Das Öl in einem Topf erhitzen, die Zwiebel und den Knoblauch hineingeben und 2 Minuten dünsten. Zucchini und Pilze zugeben und 5 Minuten dünsten. Tomaten, Gemüsebrühe, Essig und Zucker einrühren und abschmecken. Bei offenem Topf 15 Minuten köcheln lassen.

▶ Inzwischen die Nudeln entsprechend der Packungsanweisung in leicht gesalzenem Wasser kochen.

▶ Die Sauce vom Herd nehmen und mit den abgetropften Nudeln mischen. Mit frisch geriebenem Parmesan servieren.

Hähnchen in Sahnesauce mit Penne

Vorbereitungszeit: 5 Minuten; Garzeit: 12 Minuten   Für 2 Portionen
Enthält Kalium, Eiweiß und B-Vitamine

- 100 g **Penne**
- 1 EL **Olivenöl**
- 1 **Schalotte**, geschält und gehackt, oder 30 g **Zwiebeln**, geschält und gehackt
- 1 **Knoblauchzehe**, geschält und zerdrückt
- 1 **Hähnchenbrustfilet** (etwa 150 g), in dünne Streifen geschnitten
- 2 reife **Flaschentomaten**, gehäutet, entkernt und gehackt
- 25 g **getrocknete Tomaten**, gehackt
- 100 ml **Hühnerbrühe** (siehe S. 52)
- ½ TL **Zitronensaft**
- 50 ml **Sahne**
- 2½ EL frisch geriebener **Parmesan**
- 1 EL **frisches Basilikum** (nach Belieben)
- **Salz** und frisch gemahlener **schwarzer Pfeffer**

▶ Die Penne nach Packungsanweisung in leicht gesalzenem Wasser kochen.

▶ In der Zwischenzeit das Öl in einer Pfanne erhitzen und die Schalotte und den Knoblauch 2 Minuten dünsten.

▶ Das Hähnchenfleisch zugeben, braten, bis sich die Poren schließen, dabei gelegentlich wenden. Getrocknete und frische Tomaten zugeben, 2 Minuten kochen.

▶ Die Brühe und den Zitronensaft zugeben und alles 6–7 Minuten bei schwacher Hitze garen. Sahne und Parmesan einrühren und erhitzen. Das frische Basilikum einrühren und mit Salz und schwarzem Pfeffer abschmecken.

▶ Die Penne abgießen und mit der Sauce mischen.

Nudeln für Suppenkasper

Vorbereitungszeit: 3 Minuten; Garzeit: 11–12 Minuten   Für 1 Portion
Enthält Kalzium, Eiweiß, Vitamin A, B_2 und B_{12} und Zink

Dieses einfache Nudelgericht schmeckt immer. Reichen Sie dazu eine Portion Karotten, Paprikastreifen oder Gurkenscheiben und Kirschtomaten.

- 85 g **Spiralnudeln** (Fusilli)
- etwas **Salz**
- 30 g **Butter**
- 4 EL frisch geriebener **Parmesan**

▶ Die Nudeln entsprechend der Packungsanweisung in leicht gesalzenem Wasser kochen.

▶ Die Butter schmelzen. Die Nudeln abgießen und mit der geschmolzenen Butter und dem frisch geriebenen Parmesan vermengen.

Bandnudeln mit Käse & Parmaschinken

⏱ Vorbereitungszeit: 5 Minuten; Garzeit: 5 Minuten 🍴 Für 4 Portionen
🥄 Enthält Kalzium, Kalium, Eiweiß und B-Vitamine

Hierbei handelt es sich um ein exquisites italienisches Gericht, das auch mit grünen Nudeln zubereitet werden kann.

▶ Die Butter in einem Topf schmelzen lassen, das Mehl einrühren und 1 Minute unter Rühren anschwitzen.
▶ Nach und nach die Milch einrühren. Zum Kochen bringen, weiterrühren bis die Sauce dick und sämig ist. Vom Herd nehmen und die halbe Käsemenge einrühren. Nach Geschmack würzen, dann den Parmaschinken einrühren.
▶ Die Bandnudeln entsprechend der Packungsanweisung in leicht gesalzenem Wasser kochen. Abgießen und mit der Käsesauce mischen. Den Grill vorheizen.
▶ Die Nudeln in eine feuerfeste Form füllen und mit dem restlichen Parmesan bestreuen. Einige Minuten unter den Grill stellen, bis die Oberfläche gebräunt ist.

25 g **Butter**
25 g **Mehl**
450 ml **Milch**
50 g frisch geriebener **Parmesan**
Salz und frisch gemahlener **schwarzer Pfeffer**
70 g **Parmaschinken**, dünne Scheiben, in Streifen geschnitten
300 g **schmale Bandnudeln**

Gemüsenudeln mit Schinken

⏱ Vorbereitungszeit: 10 Minuten; Garzeit: 10 Minuten 🍴 Für 1 Portion
🥄 Enthält Kalium, Vitamin A, B-Vitamine und Eiweiß

Schinkennudeln sind ein Lieblingsgericht vieler Kinder. Hier werden sie mit Gemüse und Frischkäse kombiniert – das schmeckt lecker und ist gesund!

▶ Die Nudeln nach Packungsanweisung in leicht gesalzenem Wasser kochen, abgießen und beiseite stellen.
▶ Das Fett in einer Pfanne erhitzen, die Zwiebeln zugeben und glasig dünsten. Knoblauch und Champignons zugeben und 5 Minuten mitbraten.
▶ Brühe und Frischkäse zufügen und verrühren, bis der Käse geschmolzen ist. Karotten und Zucchini zugeben und untermischen. Mit Salz und Pfeffer abschmecken. Noch 5 Minuten weitergaren, dann die Kräuter zufügen.
▶ Den Schinken mit den Nudeln unter das Gemüse heben.
▶ Dazu passt grüner Salat.

300 g **Nudeln**
3 EL **Butterschmalz**
1 **Zwiebel**, geschält und fein gehackt
1 **Knoblauchzehe**, geschält und zerdrückt
250 g **Champignons**, geputzt und geviertelt
½ l **Gemüsebrühe**
150 g **Kräuter-Frischkäse**
2 **Karotten**, geputzt und grob geraspelt
2 **kleine Zucchini**, geputzt und grob geraspelt
Salz und frisch gemahlener **schwarzer Pfeffer**
1 EL **frische Kräuter**, gehackt
150 g **gekochter Schinken**, in Streifen geschnitten

Schlafende Cannelloni

Vorbereitungszeit: 35 Minuten; Garzeit: 45 Minuten   180 °C
Für 4 Portionen   Enthält Betakarotin, Kalzium, Eisen, Kalium, Eiweiß, B-Vitamine, einschließlich Folsäure, und Zink   Ungarniert zum Einfrieren geeignet

250 g **Blattspinat** (tiefgekühlt)
30 g **Butter**
1 **Zwiebel**, geschält und fein gehackt
1 kleine **Knoblauchzehe**, geschält und zerdrückt
125 g **Champignons**, in Scheiben
1 EL **Mehl**
90 ml **Milch**
2 EL **Sahne**
Salz und frisch gemahlener **schwarzer Pfeffer**
8 **Cannelloni**, ohne Vorkochen

Käsesauce

30 g **Butter**
30 g **Mehl**
450 ml **Milch**
je 60 g geriebener **Gruyère** und **Gouda**
1 TL **Senf**
Salz und frisch gemahlener **schwarzer Pfeffer**

Zum Dekorieren

passierte Tomaten, aus der Dose, oder **Tomatensauce »spezial«** (siehe S. 153)
8 **Champignonköpfe**
8 **schwarze Oliven**
kleine Schleifen und Vierecke aus **grüner Paprikaschote**
Streifen aus **roter Paprikaschote**
1 Hand voll geriebener **Gouda**

▶ Den Spinat ohne Wasser in einen Topf geben und bei schwacher Hitze vorsichtig in 5 Minuten auftauen oder entsprechend der Packungsanweisung zubereiten. Überschüssiges Wasser ausdrücken.
▶ Die Butter in einem Topf erwärmen, die Zwiebel und den Knoblauch zugeben und weich dünsten. Pilze zugeben und 5 Minuten dünsten. Das Mehl einrühren und 1 Minute anschwitzen. Den Topf vom Herd nehmen, die Sahne einrühren und nach Geschmack würzen.
▶ Eine feuerfeste Form (25 x 20 cm) fetten. Mit einem Teelöffel die Füllung in die Cannelloni geben. Die Cannelloni nebeneinander in die Form legen.
▶ Für die Käsesauce die Butter in einem Topf bei schwacher Hitze schmelzen, das Mehl zugeben und vorsichtig zwei Minuten anschwitzen, dann die Milch einrühren und so lange weiterrühren, bis die Sauce dick und sämig wird. Vom Herd nehmen, den Käse einrühren, den Senf zugeben und abschmecken.
▶ Die Sauce über die Cannelloni gießen, die Nudeln in den vorgeheizten Ofen schieben und 30 Minuten backen.
▶ Die Cannelloni mit dem Gemüse so dekorieren, dass das Gericht aussieht wie vier Stabpuppen, die unter einer Decke schlafen, wobei die Köpfe am einen und die Füße am anderen Ende herausschauen. Mit Tomatensauce eine dünne Linie quer unter den Köpfen ziehen, um ein umgeschlagenes rotes Laken anzudeuten. Die acht Oliven paarweise unten an die Cannelloni als Füße anordnen. In jeden Pilz Schlitze für zwei Augen und einen Mund ritzen, dann oben an die Cannellonis legen. Die Vierecke aus grüner Paprika in jeden Augenschlitz und die rote Paprika in den Mundschlitz stecken. Den geriebenen Käse als Haare auf dem Kopf anordnen und mit den grünen Paprikaschleifen verzieren.

Käse-Tomaten-Spinat-Lasagne

⏲ Vorbereitungszeit: 15 Minuten; Garzeit: 45 Minuten   🌡 180 °C   🍴 Für 4 Portionen
🥕 Enthält Betakarotin, Kalzium, Kalium, Eiweiß, B-Vitamine, einschließlich Folsäure, und Vitamin A, C und E   ❄ Zum Einfrieren geeignet

6 große **Lasagneblätter**, ohne Vorkochen

4 EL frisch geriebener **Parmesan**

Tomatensauce

2 EL **Olivenöl**

1 große **Zwiebel**, geschält und gehackt

1 **Knoblauchzehe**, geschält und zerdrückt

1 EL **Balsamico-Essig**

2 Dosen **Tomaten**, in Stücken (zu je 400 g)

4 EL getrocknete **Tomaten**, gehackt

2 EL **Tomatenmark**

1 **Lorbeerblatt**

Spinat-Ricotta-Füllung

500 g frischer **Spinat**, sorgfältig verlesen, gewaschen und die Stängel entfernt

2 EL **Olivenöl**

250 g **Ricotta**

2 EL frisch geriebener **Parmesan**

Salz und frisch gemahlener schwarzer **Pfeffer**

Käsesauce

30 g **Butter**

30 g **Mehl**

450 ml **Milch**

75 g geriebener **Gouda**

Salz und frisch gemahlener schwarzer **Pfeffer**

▶ Für die Tomatensauce das Olivenöl erhitzen und die Zwiebel und den Knoblauch darin 3–4 Minuten dünsten. Balsamico-Essig zugeben und etwa 30 Sekunden erhitzen, gehackte Dosentomaten, getrocknete Tomaten, Tomatenmark und Lorbeerblatt einrühren. Zum Kochen bringen und 10 Minuten köcheln lassen. Vom Herd nehmen und das Lorbeerblatt entfernen. Beiseite stellen.

▶ Inzwischen den Spinat in dem Olivenöl erhitzen und zusammenfallen lassen, dann abgießen und grob hacken. Mit dem Ricotta mischen, 2 Esslöffel frisch geriebenen Parmesan einrühren und mit etwas Pfeffer und Salz würzen. Beiseite stellen.

▶ Für die Käsesauce die Butter schmelzen lassen, das Mehl einrühren und etwa 1 Minute anschwitzen. Nach und nach die Milch einrühren und etwa 2 Minuten kochen, bis die Sauce dick und sämig ist. Den Gouda einrühren und schmelzen lassen, dann die Sauce abschmecken.

▶ Ein Drittel der Tomatensauce in eine tiefe feuerfeste Auflaufform füllen (etwa 18 cm) und mit einer Schicht Spinat-Ricotta-Masse bedecken. 2 Lasagneblätter darauf legen, darauf eine Schicht Käsesauce, dann eine Schicht Tomatensauce streichen. Jede Schicht zweimal wiederholen, mit Käsesauce abschließen.

▶ Mit Parmesan bestreuen und im vorgeheizten Ofen 30 Minuten backen.

Lasagne

Vorbereitungszeit: 15 Minuten; Garzeit: 1 Stunde 5 Minuten | 180 °C | Für 6 Portionen
Enthält Eisen, Kalium, B-Vitamine, Vitamin C, E und Zink | Zum Einfrieren geeignet

Lasagne ist ein Lieblingsgericht vieler Kinder. Die Sauce aus diesem Rezept kann aber auch gut zu Nudeln gereicht werden.

9 **Lasagneblätter**, ohne Vorkochen
30 g frisch geriebener **Parmesan**

Fleischsauce

1 EL **Olivenöl**
1 **Zwiebel**, geschält und fein gehackt
1 **Karotte**, geschält und fein gehackt
1 Stange **Staudensellerie**, fein gehackt
1 **Knoblauchzehe**, geschält und zerdrückt
500 g mageres **Rinderhackfleisch**
280 ml **Rinderbrühe**
200 g **Tomaten aus der Dose**, in Stücken
1 EL **Tomatenmark**
2 Zweige **Thymian**
2 **Lorbeerblätter**
1 EL **frische Petersilie**, gehackt
Salz und frisch gemahlener **schwarzer Pfeffer**

Käsesauce

40 g **Butter**
40 g **Mehl**
450 ml **Milch**
1 Prise frisch gemahlene **Muskatnuss**
60 g geriebener **Gruyère**
Salz und frisch gemahlener **schwarzer Pfeffer**

▶ Für die Sauce das Olivenöl in einem Topf erhitzen, Zwiebel, Karotte und Sellerie zugeben und bei schwacher Hitze 3–4 Minuten dünsten. Knoblauch und Rinderhackfleisch zugeben und das Fleisch rundum anbräunen.

▶ Die Fleischmasse in den Mixer geben und einige Sekunden zerkleinern.

▶ Die Masse wieder in den Topf füllen, die Brühe zugeben, zum Kochen bringen, dann 3–4 Minuten köcheln lassen. Gehackte Tomaten, Tomatenmark, Thymian, Lorbeerblätter, Petersilie, Salz und Pfeffer einrühren. Zum Kochen bringen, die Hitze reduzieren und zugedeckt 20 Minuten köcheln lassen.

▶ Den Deckel abnehmen und weitere 5 Minuten kochen lassen, bis die meiste Flüssigkeit verdampft ist; dabei gelegentlich umrühren.

▶ Wenn nötig, nachwürzen, den Thymian und die Lorbeerblätter entfernen, die Sauce vom Herd nehmen und zum Abkühlen beiseite stellen.

▶ Für die Käsesauce die Butter in einem Topf schmelzen lassen und das Mehl einrühren. Bei mittlerer Hitze 1 Minute unter ständigem Rühren anschwitzen, dann nach und nach die Milch einrühren. Zum Kochen bringen, mit Muskatnuss würzen und 2 Minuten köcheln lassen. Vom Herd nehmen, den Gruyère einrühren und schmelzen lassen. Abschmecken.

▶ Den Boden einer großen Lasagneform mit je zwei Esslöffeln Fleisch- und Käsesauce bedecken. Mit drei Lasagneblättern belegen. Die Hälfte der Fleischsauce darauf gießen und mit einem Drittel der Käsesauce bedecken. Mit drei Lasagneblättern abdecken. Die restliche Fleischsauce und ein Drittel der Käsesauce aufstreichen. Mit drei Lasagneblättern abdecken und mit der restlichen Käsesauce abschließen. Mit Parmesan bestreuen.

▶ Im vorgeheizten Ofen in etwa 30 Minuten goldgelb backen.

Spiralnudeln mit Fleischsauce

Vorbereitungszeit: 8 Minuten; Garzeit: ca. 30 Minuten | Für 4 Portionen
Enthält Eisen, Kalium, B-Vitamine, Vitamin E und Zink | Zum Einfrieren geeignet

1 EL **Olivenöl**
1 **Zwiebel**, geschält und fein gehackt
1 **Knoblauchzehe**, geschält und zerdrückt
1 kleine **rote Paprikaschote**, entkernt und gewürfelt
400 g mageres **Rinder-** oder **Lammhackfleisch**
400 g **Tomaten aus der Dose**, in Stücken
1 EL **rotes Pesto**
1 EL **Tomatenmark**
1 EL **frischer Oregano** oder ½ EL **getrockneter Oregano**
1 EL **frische Petersilie**, klein gehackt
Salz und frisch gemahlener **schwarzer Pfeffer**
200 g **Fusilli (Spiralnudeln)**

▶ Olivenöl in einer großen Pfanne erhitzen. Zwiebeln, Knoblauch und rote Paprikaschote 5 Minuten weich dünsten. Das Fleisch zugeben und anbräunen. Nach Wunsch das Fleisch im Mixer kurz zerkleinern, damit es sämiger wird.

▶ Das Fleisch wieder in den Topf geben, Tomaten, rotes Pesto, Tomatenmark und Kräuter einrühren und nach Geschmack würzen. Zudecken und bei mittlerer Hitze 20 Minuten kochen.

▶ Inzwischen die Nudeln nach Packungsanleitung in gesalzenem Wasser kochen. Mit der Sauce mischen und servieren.

Variation

▶ Nudeln und Sauce in eine feuerfeste Form (20 cm) füllen, mit der halben Menge Käsesauce übergießen (siehe oben), mit 2 Esslöffeln geriebenem Parmesan bestreuen und einige Minuten unter den Grill stellen.

Kürbis-Risotto

⏱ Vorbereitungszeit: 10 Minuten; Garzeit: 30 Minuten   🍴 Für 4 Portionen
🥄 Enthält Betakarotin, Kalium und Vitamin B_2, B_{12} und E

175 g **Kürbis**, geschält und in kleine Würfel geschnitten

1 EL **Olivenöl**

1 Stück **Butter**

1 **Zwiebel**, geschält und klein gehackt

1 **Knoblauchzehe**, geschält und zerdrückt

175 g **Risottoreis**

600 ml heiße **Gemüsebrühe** (siehe S. 49) oder **Hühnerbrühe** (siehe S. 52)

8 **Salbeiblätter**, zerpflückt

3 EL frisch geriebener **Parmesan**

Salz und frisch gemahlener **schwarzer Pfeffer**

Risottogerichte sind schnell und einfach in der Zubereitung. In diesem Rezept werden verschiedene Geschmacksrichtungen harmonisch vereint. Für ein gutes Risotto brauchen Sie einen Topf mit schwerem Boden, der ein gleichmäßiges, langsames Garen ermöglicht. Geben Sie die Brühe nach und nach zu und rühren Sie ständig! Beim Aufwärmen rühren Sie zuerst etwas Brühe unter.

▶ Den Kürbis 4 Minuten dämpfen.
▶ Das Olivenöl und die Butter in einem schweren Topf erhitzen und die Zwiebel und den Knoblauch bei schwacher Hitze glasig dünsten.
▶ Den Reis zugeben und rühren, bis er glasig ist. Bei mittlerer Hitze etwa 25 Minuten kochen, dabei kellenweise die Brühe zugeben; neue Brühe erst zugeben, wenn die Flüssigkeit aufgesogen ist.
▶ Etwa 10 Minuten vor Ende der Garzeit Kürbis und Salbei zugeben. Die restliche Brühe langsam einrühren.
▶ Den Parmesan einrühren. Abschmecken. Der Risotto sollte dick und cremig sein, die Reiskörner außen weich und innen noch fest.

Currygemüse mit Reis

150 g **Basmati-Reis**
2 EL **Pflanzenöl**
1 **Zwiebel**, geschält und gehackt
1 **Karotte**, geschält und in Scheiben geschnitten
100 g **Brokkoli**, in Röschen zerteilt
100 g **Blumenkohl**, in Röschen zerteilt
1 kleine **Knoblauchzehe**, geschält und zerdrückt
1 EL **Tomatenmark**
½ TL mildes **Currypulver**
400 ml **Kokosnussmilch aus der Dose**
75 g **Babymais**, in mundgerechte Stücke geschnitten
50 g **Tiefkühlerbsen**

Vorbereitungszeit: 15 Minuten; Garzeit: 25 Minuten Für 4 Portionen
Enthält Betakarotin, Ballaststoffe, Folsäure, Kalium und Vitamin C und E
Zum Einfrieren geeignet

Regen Sie Ihr Kind an, ein wenig abenteuerlustig zu sein – auch beim Essen. Der Geschmack von mildem Curry und Kokosnuss macht dieses Gemüse außergewöhnlich schmackhaft.

▶ Den Basmati-Reis entsprechend der Packungsanweisung in leicht gesalzenem Wasser kochen.
▶ In der Zwischenzeit das Öl in einem großen Topf erwärmen und die Zwiebel und die Karotte 3 Minuten weich dünsten. Brokkoli und Blumenkohl zugeben und 5 Minuten dünsten.
▶ Knoblauch, Tomatenmark und Currypulver zugeben und 1 Minute rühren.
▶ Die Kokosnussmilch einrühren und alles 10 Minuten köcheln lassen.
▶ Den Babymais zugeben und weitere 3 Minuten kochen. Zum Schluss die Erbsen zugeben und 2–3 Minuten kochen.
▶ Auf dem gekochten Reis anrichten.

Gemüse-Samosas

½ EL **Pflanzenöl**
½ **Zwiebel**, geschält und sehr fein gehackt
½ **Knoblauchzehe**, geschält und zerdrückt
75 g **Champignons**, fein gehackt
90 g **Blumenkohl**, in kleine Röschen zerteilt
3 **Karotten**, geschält und fein gehackt
2 TL **feiner Zucker**
3 TL **milder Naturjoghurt**
Salz und frisch gemahlener **schwarzer Pfeffer**
1 Packung **Blätterteig** (frisch oder tiefgefroren)
60 g **Butter**, geschmolzen

Vorbereitungszeit: 35 Minuten; Backzeit: 35 Minuten 180 °C
Für 8 Portionen Enthält Betakarotin und Kalium
Vor dem Backen zum Einfrieren geeignet bei der Verwendung von frischem Blätterteig

▶ Das Öl in einer Pfanne erhitzen, die Zwiebel und den Knoblauch hineingeben und 2–3 Minuten dünsten. Das Gemüse zugeben und 5 Minuten unter gelegentlichem Rühren garen. Zucker und Joghurt einrühren. Würzen und 3–4 Minuten kochen.
▶ Den Blätterteig entsprechend der Packungsanweisung vorbereiten, flach auslegen und mit einem feuchten Küchentuch bedecken. Eine Scheibe Teig auf die Arbeitsfläche legen und in Vierecke schneiden und mit geschmolzener Butter bestreichen.
▶ Die Füllung diagonal auf eine Hälfte des Teiges geben, sodass die andere Seite zu einem Dreieck darüber geschlagen werden kann. Am Rand einen Streifen frei lassen. Den Teig überschlagen. Die Ränder gut zusammendrücken und mit Butter bestreichen. Den übrigen Teig ebenso füllen und falten.
▶ Die Samosas auf ein leicht gefettetes Backblech legen und mit Butter bestreichen. Im vorgeheizten Ofen in 20–25 Minuten knusprig backen.

Gemüse-Enchiladas

⏱ Vorbereitungszeit: 10 Minuten; Garzeit: 15 Minuten 🔥 Mikrowelle höchste Stufe oder Backofen 180°C 🍽 Für 4 Portionen
💪 Enthält Kalzium, Ballaststoffe, Folsäure, Eisen und Eiweiß

Kleine Weizenmehltortillas sind im Supermarkt erhältlich und können mit vielerlei Zutaten gefüllt werden. Kidneybohnen sind eine gute Eiweißquelle.

▶ Das Öl in der Pfanne erhitzen, Zwiebel und Knoblauch zugeben und 3 Minuten vorsichtig dünsten.
▶ Die Kidneybohnen grob zerkleinern und mit dem Mais und den gehackten Tomaten in die Pfanne geben. Abschmecken und bei mittlerer Hitze 5 Minuten garen. Mit Petersilie bestreuen. Den Grill auf höchster Stufe vorheizen.
▶ Die Füllung auf den Tortillas verteilen, zusammenrollen und mit Käse bestreuen. In der Mikrowelle 1–2 Minuten gründlich erhitzen, im Backofen 6 Minuten, bis sie goldgelb sind.

Variation

▶ Die Bohnen durch zwei Hähnchenbrustfilets, in Streifen geschnitten, gewürzt und angebraten, ersetzen. Den Mais und die Tomaten durch eine halbe gedämpfte rote Paprikaschote ersetzen. Die Enchiladas gründlich erhitzen und mit je einem Esslöffel Salsa und saurer Sahne übergießen.

1 EL **Pflanzenöl**
½ **Zwiebel**, geschält und gehackt
1 kleine **Knoblauchzehe**, geschält und gehackt
200 g **rote Kidneybohnen aus der Dose**
125 g **Mais aus der Dose** oder gefroren
200 g **Tomaten aus der Dose**, in Stücken
Salz und frisch gemahlener **schwarzer Pfeffer**
1 EL **frische Petersilie**, fein gehackt
4 kleine **Weizenmehl-Tortillas**
45 g geriebener **Gouda**

Kartoffel-Brokkoli-Auflauf

⏱ Vorbereitungszeit: 5 Minuten und 15 Minuten Garzeit für die Kartoffeln; Garzeit: 20 Minuten 🔥 200 °C 🍽 Für 4 Portionen 💪 Enthält, Eiweiß, Vitamin A, C und E

Kartoffelauflauf ist bei Kindern außerordentlich beliebt und kann auf vielerlei Weise abgewandelt werden.

▶ Die Kartoffeln schälen und in wenig Salzwasser ca. 15 Minuten kochen. Abgießen, abkühlen lassen und in Scheiben schneiden. Den Backofen vorheizen.
▶ Den Brokkoli in etwas Salzwasser ca. 5 Minuten garen, abgießen. Die Tomaten in Achtel schneiden.
▶ Eine Auflaufform mit Sonnenblumenöl ausstreichen. Kartoffeln und Gemüse schichtweise darin anordnen.
▶ Die Eier mit der Milch verquirlen und mit Salz, Pfeffer und Muskat würzen. Über das Gemüse gießen.
▶ Den Auflauf mit geriebenem Käse bestreuen und ca. 20 Minuten im Backofen überbacken.

500 g **Kartoffeln**
300 g **Brokkoli**, in Röschen zerteilt
4 große **Tomaten**
2 EL **Sonnenblumenöl**
2 **Eier**
100 ml **Milch**
50 g geriebener **Gouda**
Salz, **Pfeffer** und **Muskat**

Pikanter Lachs

Vorbereitungszeit: 1 Stunde 5 Minuten, einschließlich 1 Stunde Marinierzeit; Garzeit: 6 Minuten 200 °C Für 2 Portionen Enthält Magnesium, Omega-3-Fettsäuren, Kalium, Eiweiß, B-Vitamine, Vitamin D und E und Zink

Lachs ist ein sehr empfehlenswertes Nahrungsmittel für Kinder, da es Fettsäuren, die für die Gehirnfunktion wichtig sind, enthält. Außerdem ist Lachs schnell zubereitet. Durch die Marinade wird der Fisch sehr aromatisch.

Zutaten:

2 x 150 g **enthäutetes Lachsfilet**, grätenfrei, in 4 cm große Würfel geschnitten

Marinade

1½ EL **Sojasauce**
2 EL **Tomatenketchup**
1 EL **Weißweinessig**
2 EL **brauner Zucker**

▶ Alle Zutaten für die Marinade in einen kleinen Topf geben und bei schwacher Hitze rühren, bis sich der Zucker vollständig gelöst hat.

▶ Vom Herd nehmen, in eine feuerfeste Form gießen und abkühlen lassen. Die Lachsfilets hineingeben und umdrehen, damit sie mit Marinade überzogen werden. Mindestens 1 Stunde marinieren.

▶ Die Lachsfilets im vorgeheizten Ofen 20 Minuten garen, dabei mehrmals mit Marinade begießen. Mit gekochtem Reis und einem Klecks Sojasauce oder mit der Nudelmischung aus dem Lachsrezept von S. 123 servieren.

Forelle mit Mandeln

Vorbereitungszeit: 5 Minuten; Garzeit: 15 Minuten Für 2 Portionen Enthält Magnesium, Omega-3 Fettsäuren, Kalium, Eiweiß, B-Vitamine und Vitamin D und E

Sie können dieses Rezept mit Regenbogenforellen zubereiten, bei besonderen Anlässen, z.B. einem Geburtstagsessen, verwenden Sie vorzugsweise Lachsforellen, die besonders schmackhaft sind. Das Gericht ist schnell zubereitet und daher gut für Abendmahlzeiten geeignet. Die gerösteten Mandelscheiben sind sehr nährstoffreich und verleihen den Forellen ein wunderbares Aroma.

Zutaten:

25 g **gehobelte Mandeln**
½ EL **Mehl**
Salz und frisch gemahlener **schwarzer Pfeffer**
15 g **Butter**
etwas **Pflanzenöl**
2 kleine **Forellenfilets** mit Haut, grätenfrei
1 Spritzer **Zitronensaft**
1 EL **frische Petersilie**, fein gehackt

▶ Die Mandelscheiben auf einem Blech im Ofen oder in einer Pfanne ohne Fett in 5–6 Minuten goldgelb rösten. Dabei stetig rühren, da sie schnell anbrennen. Beiseite stellen.

▶ Die Hautseite der Forellenfilets mit Mehl bestäuben und anschließend mit Salz und Pfeffer würzen.

▶ Die Hälfte der Butter zusammen mit ein paar Tropfen Pflanzenöl erhitzen. Die Forellenfilets mit der Haut nach unten in die Pfanne legen und etwa 5 Minuten braten, bis die Haut gebräunt und der Fisch gar ist. Die Filets herausnehmen und auf eine Platte legen.

▶ Die restliche Butter mit dem Zitronensaft, der Petersilie und den gerösteten Mandeln in die Pfanne geben. 1 Minute erhitzen und über den Fisch gießen. Mit Kartoffel-Karotten-Püree (siehe S. 165) und Erbsen oder Brokkoli servieren.

Familienmahlzeiten 163

350 g kleine bis mittelgroße **Kartoffeln**, gut gebürstet

1½ EL **Olivenöl**

Meersalz und frisch **gemahlener schwarzer** Pfeffer

Würzmischung für Pommes frites (nach Belieben)

60 g **Mehl** zum Wenden

100 g **Cornflakes**

250 g **Schollen-** oder **Kabeljaufilet**, in etwa 16 Stäbchen geschnitten, grätenfrei

1 **Ei,** verquirlt

Pflanzenöl zum Braten

TIPP Der Fisch kann im Voraus gebraten und später im Ofen aufgewärmt werden. Sie können ihn auch auf einem gefetteten Backblech 10–12 Minuten im Ofen backen.

Fisch & falsche Fritten

Vorbereitungszeit: 5 Minuten; Garzeit: 35 Minuten 200 °C Für 4 Portionen

Enthält Kalium, Eiweiß, B-Vitamine, Vitamin E

Wenn Sie Kindern eine besondere Freude bereiten wollen, rollen Sie Backpapier zu kleinen Tüten und füllen die gebackenen Kartoffelspalten hinein.

▶ Die ungeschälten Kartoffeln in Spalten schneiden. Olivenöl, Würzmischung, Salz und Pfeffer in einer Schüssel verrühren, die Kartoffelspalten hineintauchen.

▶ Die Kartoffeln auf ein mit Backpapier ausgelegtes Blech legen und im vorgeheizten Ofen etwa 30 Minuten backen, bis sie außen knusprig sind. Ab und zu wenden.

▶ In der Zwischenzeit das Mehl auf einen Teller streuen und mit Salz und Pfeffer würzen. Die Cornflakes in einen Plastikbeutel geben und mit einem Wellholz zerdrücken. Auf einen Teller schütten.

▶ Jedes Fischstück erst in das gewürzte Mehl, dann in das Ei tauchen und in den zerdrückten Cornflakes wenden.

▶ Das Pflanzenöl in einer Pfanne erhitzen, die Fischstücke portionsweise hineingeben und 2–3 Minuten von jeder Seite braten.

2 EL **Pflanzenöl**

1 mittelgroße **Zwiebel,** geschält und fein gehackt

100 g **Lauch,** gewaschen und in Ringe geschnitten

375 g **Kartoffeln,** geschält und in Stücke geschnitten

1½ EL **Milch**

30 g **Butter**

Salz und frisch gemahlener **schwarzer Pfeffer**

200 g **Hähnchen-** oder **Putenhackfleisch**

½ Stange **Staudensellerie,** gehackt

1 kleine **Karotte,** geraspelt

2 EL **Tomatenketchup**

75 g kochende **Hühnerbrühe** (siehe S. 52)

½ TL **frischer Thymian** oder 1 Prise **getrockneter Thymian**

zusätzlich 1 Stück **Butter**

Zum Dekorieren

1 Stange **Lauch,** gewaschen und in Ringe geschnitten

2 **Babymais,** halbiert

1 **Tomate,** in Scheiben geschnitten

1 **Karotte**

6 **Tiefkühlerbsen**

Basilikumblätter

Kleiner Hähnchen-Kartoffel-Auflauf

Vorbereitungszeit: 15 Minuten; Garzeit: 25 Minuten   Für 3 kleine Auflaufformen
Enthält Betakarotin, Kalium, Eiweiß, B-Vitamine, einschließlich Folsäure, und Vitamin A, C und E   Zum Einfrieren geeignet

Kinder mögen kleine Einzelportionen, daher bereite ich dieses Gericht in drei kleinen Förmchen zu und gestalte jede Portion mit Gemüse zu einem lustigen Gesicht.

▶ Das Öl in einem Topf erhitzen. Die Zwiebel und den Lauch in 5 Minuten weich dünsten.
▶ In der Zwischenzeit die Kartoffeln in leicht gesalzenem Wasser garen. Mit Milch und Butter zerstampfen. Abschmecken.
▶ Hackfleisch, Sellerie und geraspelte Karotte zu der Zwiebel und dem Lauch geben und etwa 7 Minuten garen. Nach Wunsch in den Mixer geben und kurz zerkleinern, damit die Masse weicher wird. Wieder in den Topf füllen, Ketchup, kochende Brühe und Kräuter zugeben, zudecken und etwa 5 Minuten kochen.

▶ Den Grill vorheizen. Die Fleischmasse in drei Förmchen (10 cm) füllen und den Kartoffelbrei darauf geben. Butterflöckchen aufsetzen und das Ganze unter dem Grill bräunen.
▶ Jedes Förmchen mit Gemüse zu einem lustigen Gesicht gestalten. Sie können Lauchringe und Erbsen für die Augen verwenden, halbierten Babymais für die Nase, zwei dünne Tomatenscheiben für den Mund, Karottenstreifen als Haare und grüne Bohnen als Schnurrbart. Sie können außerdem noch eine Schleife aus Basilikumblättern anbringen.

Hähnchen mit Sauce & Kartoffel-Karotten-Püree

⏱ Vorbereitungszeit: 10 Minuten; Garzeit: 30 Minuten 🍴 Für 4 Portionen 🥄 Enthält Betakarotin, Kalium, Eiweiß, B-Vitamine, einschließlich Folsäure, und Vitamin C und E

Ein sahniges Kartoffel-Karotten-Püree ist die ideale Beilage zu einem saftigen, gegrillten Hähnchen.

▶ Für die Sauce 1 Esslöffel Pflanzenöl in einem Topf erhitzen und die Zwiebel 7–8 Minuten darin anbraten. Zucker und Wasser einrühren, die Hitzezufuhr erhöhen und etwa 1 Minute kochen, bis das Wasser verdampft ist.
▶ Rinderbrühe, angerührte Stärke und Tomatenmark einrühren. Mit Salz und Pfeffer würzen. 2–3 Minuten unter Rühren kochen, bis die Sauce sämig ist, dann beiseite stellen.
▶ Für das Kartoffel-Karotten-Püree das Gemüse in einen Topf mit leicht gesalzenem Wasser geben. Zum Kochen bringen und in etwa 20 Minuten weich kochen. Abgießen und mit Butter, Salz und Pfeffer und der erforderlichen Menge Milch zu einem sahnigen Brei zerstampfen.
▶ Die Hähnchenbrüste mit Folie bedecken und mit dem Fleischklopfer flach klopfen. Mit Salz und Pfeffer würzen.
▶ Die Grillpfanne erhitzen, mit dem restlichen Öl einstreichen und das Hähnchen auf jeder Seite etwa 3 Minuten grillen. Oder das Öl in einer Pfanne erhitzen und das Hähnchen auf jeder Seite etwa 4 Minuten braten.
▶ Mit dem Püree, das mit dem Eiskugelbereiter kuppelförmig angerichtet wird, servieren.

4 **Hähnchenbrustfilets** (etwa 600 g)

Sauce

2 EL **Pflanzenöl**

1 **Zwiebel**, geschält und in dünne Scheiben geschnitten

1 TL **feiner Zucker**

1 EL **Wasser**

200 ml **Rinderbrühe**

1 TL **Stärke**, verrührt in 1 EL **Wasser**

1 TL **Tomatenmark**

Salz und frisch gemahlener **schwarzer Pfeffer**

Kartoffel-Karotten-Püree

450 g **Kartoffeln**, geschält und in Stücke geschnitten

1 große **Karotte**, geschält und in dünne Scheiben geschnitten

25 g **Butter**

Salz und **weißer Pfeffer**

etwas **Milch**

TIPP Die Sauce und das Püree können im Voraus zubereitet werden.

Gegrillte Hähnchenkeulen

⏱ Vorbereitungszeit: 45 Minuten, einschließlich 30 Minuten Marinierzeit; Garzeit: 20 Minuten 🍴 Für 4 Portionen 🥄 Enthält Eiweiß und B-Vitamine ❄ Zum Einfrieren geeignet

Gegrillte Hähnchenkeulen sind etwas Köstliches, egal ob heiß vom Grill oder kalt im Picknickkorb. Wickeln Sie die Enden der Keulen in Folie, damit man die Keulen aus der Hand essen kann.

▶ Für die Marinade das Öl in einer Pfanne erhitzen, die Zwiebel hineingeben und weich dünsten. Den Zucker einrühren und in 1–2 Minuten schmelzen lassen. Die restlichen Zutaten einrühren und 5 Minuten köcheln lassen.
▶ Die Mischung in eine Glasschüssel gießen und abkühlen lassen. Die Hähnchenkeulen hineinlegen und zwischen 30 Minuten und 12 Stunden marinieren.
▶ Den Grill auf höchster Stufe vorheizen. Die Hähnchenkeulen in eine Backform legen, mit der Marinade einstreichen und unter den Grill schieben. 20 Minuten garen, nach der halben Garzeit wenden und nochmals mit Marinade bestreichen.
▶ Wenn die Keulen gar sind, die Enden in Folie wickeln und servieren.

4 große **Hähnchenkeulen** (nach Belieben die Haut entfernen)

Marinade

½ EL **Pflanzenöl**

1 kleine **Zwiebel**, geschält und gehackt

75 g **brauner Zucker**

Saft von ½ **Zitrone**

4 EL **Tomatenketchup**

1 EL **Weißweinessig**

Knuspriges Hähnchen

2 **Hähnchenbrustfilets** (etwa 300 g)
50 g **Mehl**
1 TL **Salz** und etwas frisch gemahlener **schwarzer Pfeffer**
1 **Ei**, verquirlt
60 g frische **Semmelbrösel**
Pflanzenöl zum Braten

Marinade
1 Prise **Pfeffer**
150 ml **Buttermilch**

Sauce
1 kleine **Zwiebel**, geschält und gehackt
1 TL **Mehl**
1 TL **Tomatenmark**
300 ml **Hühnerbrühe** (siehe S. 52)

Vorbereitungszeit: 10 Minuten und mehrere Stunden Marinierzeit; Garzeit: 15 Minuten
Für 2 Portionen   Enthält Kalium, Eiweiß, B-Vitamine und Vitamin A und D

Die Buttermilchmarinade verleiht dem Hähnchen ein liebliches Aroma und macht es wunderbar zart.

▶ Für die Marinade den Pfeffer in die Buttermilch rühren.
▶ Die Hähnchenbrustfilets in die Marinade legen und mehrere Stunden in den Kühlschrank stellen. Das Hähnchen entweder über Nacht marinieren und am nächsten Tag zum Mittagessen zubereiten oder morgens marinieren und abends zubereiten.
▶ Mehl, Salz und Pfeffer in einer flachen Schale vermengen. Das Hähnchen abtropfen lassen und in dem gewürzten Mehl wenden. In das verquirlte Ei tauchen, dann mit den Semmelbröseln panieren.
▶ Das Fleisch frittieren oder in einer flachen Pfanne in mindestens 1 cm Öl etwa 10 Minuten goldbraun braten. Dann herausnehmen und warm halten.
▶ Für die Sauce das Öl abgießen und die gehackte Zwiebel in etwas Öl weich dünsten. Das Mehl zugeben, 30 Sekunden anschwitzen, dann die Hühnerbrühe mit dem Tomatenmark einrühren. Zum Kochen bringen, einige Minuten köcheln lassen. Mit Ofenkartoffeln oder Kartoffelspalten (siehe S. 108) servieren.

Paella

1 EL **Sonnenblumenöl**
1 **Knoblauchzehe**, geschält und zerdrückt
1 **Zwiebel**, geschält und gehackt
2 kleine **Hähnchenbrustfilets** (etwa 250 g), in Würfel geschnitten
1 rote **Paprikaschote**, entkernt und gewürfelt
300 g **Langkornreis**
1 TL **mildes Paprikapulver**
750 ml **Hühnerbrühe** (siehe S. 52)
1 **Lorbeerblatt**
100 g **Tiefkühlerbsen**
2 **Schweinsbratwürste**, gegrillt und längs geschnitten
100 g kleine **gegarte Krabben**
Salz und frisch gemahlener **schwarzer Pfeffer**

Vorbereitungszeit: 10 Minuten; Garzeit: 25 Minuten   Für 8 Portionen
Enthält Betakarotin, Magnesium, Kalium, Eiweiß, B-Vitamine, Vitamin E und Zink
Zum Einfrieren geeignet

Paella ist ein Reisgericht, das einfach zubereitet und sehr schmackhaft ist. Die traditionelle spanische Paella wird mit verschiedenen Meeresfrüchten zubereitet, diese kinderfreundliche Version dagegen mit Hähnchen, Wurst und Krabben. Kurkuma gibt dem Reis eine gelbe Färbung.

▶ Das Öl in einer tiefen Pfanne erhitzen, Knoblauch und Zwiebel hineingeben und 3 Minuten dünsten. Das Hähnchenfleisch von allen Seiten anbraten, bis sich die Poren schließen.
▶ Die rote Paprikaschote zugeben und unter Rühren 1 Minute garen. Den Reis abspülen, zusammen mit dem Paprikapulver einrühren. 1 Minute unter stetem Rühren glasig dünsten.
▶ Die Brühe einrühren, das Lorbeerblatt zugeben, gut umrühren und alles 15 Minuten zugedeckt köcheln lassen, bis der Reis die Flüssigkeit aufgenommen hat.
▶ Erbsen, Wurst und Krabben zugeben und zugedeckt weitere 4–5 Minuten köcheln lassen. Würzen, das Lorbeerblatt entfernen und servieren.

Puten-Enchiladas mit Tomatensauce

⏱ Vorbereitungszeit: 10 Minuten; Garzeit: 45 Minuten 🔽 180 °C 🍴 Ergibt 8 Enchiladas
📋 Enthält Betakarotin, Kalzium, Kalium, Eiweiß, B-Vitamine, einschließlich Folsäure, und Vitamin A, C und E ❄ Zum Einfrieren geeignet

Dieses fabelhafte Rezept ist ein Lieblingsgericht meiner Familie. Es eignet sich auch hervorragend für Partys, da es im Voraus zubereitet werden kann. Die Enchiladas werden aus Tortillas (im Supermarkt erhältlich) gerollt, mit einer köstlichen Putenfleischmasse gefüllt und mit Tomatensauce und geriebenem Käse im Ofen überbacken. Sehr empfehlenswert!

▸ Für die Sauce: Olivenöl in einem mittelgroßen Topf erhitzen. Zwiebel und Knoblauch in etwa 5 Minuten weich dünsten. Passierte Tomaten und Oregano einrühren. Mit Salz und Pfeffer würzen. Zudecken, 10 Minuten köcheln lassen.

▸ Für die Putenfüllung: Olivenöl in einer großen Pfanne erhitzen, Knoblauch, Zwiebel, Paprika und Zucchini einrühren. 5 Minuten garen, dann das Putenhackfleisch zugeben, braten, dabei gelegentlich umrühren. Mit Salz und Pfeffer abschmecken. Nach 7–8 Minuten sollte das Fleisch durchgegart sein. Die halbe Käsemenge unterrühren und schmelzen lassen.

▸ Die Füllung auf die Tortillas verteilen und jede in Form einer Zigarre aufrollen. Die gerollten Tortillas in eine feuerfeste Form legen und mit Tomatensauce übergießen. Mit dem restlichen Käse bestreuen. Im vorgeheizten Ofen 15–20 Minuten goldgelb backen.

---

8 **Weizenmehl-Tortillas**, etwa 19 cm Durchmesser

Sauce

2 EL **Olivenöl**

1 **Zwiebel**, geschält und gehackt

1 **Knoblauchzehe**, geschält und zerdrückt

400 g **passierte Tomaten aus der Dose**

1 TL frischer **Oregano**

Salz und frisch gemahlener **schwarzer Pfeffer**

Putenfüllung

1 EL **Olivenöl**

1 **Knoblauchzehe**, geschält und zerdrückt

1 **rote Zwiebel**, geschält und gehackt

1 **rote Paprikaschote**, entkernt und gewürfelt

1 kleine **Zucchini**, gewürfelt

350 g **Putenhackfleisch**

Salz und frisch gemahlener **schwarzer Pfeffer**

200 g geriebener **Gouda**

Paprikahähnchen mit Grünkern

600 g **Hähnchenbrustfilet**, in Streifen geschnitten
3 TL edelsüßes **Paprikapulver**
Salz und frisch gemahlener **schwarzer Pfeffer**
40 ml **Öl**
300 g **Grünkern**
600 ml **Hühnerbrühe**
je 2 **rote**, **gelbe** und **grüne Paprikaschoten**
150 g **saure Sahne** (nach Belieben)

Vorbereitungszeit: 5 Minuten; Garzeit: 40 Minuten Für 4 Portionen
Enthält Eisen, Kalium, Eiweiß, B-Vitamin und Vitamin C
Zum Einfrieren geeignet

Paprikaschoten enthalten sehr viel Vitamin C und Grünkern viele B-Vitamine – mit Hähnchenfleisch ergibt das ein sehr nährstoffreiches Gericht.

▶ Die Hähnchenstreifen mit 1 TL Paprikapulver, Salz und Pfeffer einreiben.
▶ Das Öl in einem großen Topf erhitzen, die Hähnchenstreifen darin anbraten. Grünkern zugeben, die Hühnerbrühe angießen. Aufkochen und im geschlossenen Topf ca. 40 Minuten köcheln lassen.
▶ Inzwischen die Paprikaschoten waschen, putzen und in große Stücke schneiden. 15 Minuten vor Ende der Garzeit in den Hähnchentopf geben. Nach Wunsch mit saurer Sahne servieren.

Hähnchenschenkel à l'orange

4 kleine **Hähnchenschenkel**
2 EL **Butterschmalz**

Marinade
etwas **Orangensaft**
Salz und frisch gemahlener **schwarzer Pfeffer**

Sauce
2 unbehandelte **Orangen**
½ l **Hühnerbrühe**

Vorbereitungszeit: 10 Minuten; Garzeit: 40 Minuten 180 °C
Für 4 Portionen Enthält Eisen, Kalium, Eiweiß, B-Vitamine und Zink

Hähnchenschenkel sind bei Kindern sehr beliebt; in diesem Rezept erhalten sie durch das Marinieren in Orangensaft einen sehr fruchtigen, frischen Geschmack.

▶ Die Orangen heiß abwaschen und die Schale fein abreiben. Den Saft auspressen.
▶ Die Hähnchenschenkel mit etwas Orangensaft, Salz und Pfeffer einreiben und zugedeckt im Kühlschrank mindestens 30 Minuten, besser mehrere Stunden, marinieren.
▶ Den übrigen Saft mit der Brühe, der Orangenschale und etwas Pfeffer in einem Topf bei starker Hitze auf die Hälfte einkochen.
▶ Den Backofen auf 180 °C vorheizen und eine flache Auflaufform darin vorwärmen.
▶ Die Hähnchenschenkel aus der Marinade nehmen, gut abtropfen lassen und in dem Butterschmalz von allen Seiten anbraten. Mit der Marinade und der Sauce in die Form geben. Sauce mit Salz und Pfeffer abschmecken.
▶ In den Backofen schieben und in 40 Minuten knusprig braun braten. In der Sauce servieren. Dazu passt Reis oder frisches Baguette.

2 **Hähnchenbrustfilets** (etwa 300 g), halbiert

Marinade

2 EL **Mango-Chutney**

1 EL **brauner Zucker**

Saft von ½ **Limette**

1 TL **Sojasauce**

frisch gemahlener **schwarzer Pfeffer**

Spinat-Mango-Salat

100 g **Babyspinat**, sorgfältig gewaschen

½ große **Mango**, geschält und klein geschnitten

40 g getrocknete **Cranberries** (ersatzweise **Preiselbeeren**)

1½ EL geröstete **Pinienkerne** (nach Belieben)

Dressing

3 EL **Pflanzenöl**

1 EL **Balsamico-Essig**

1 TL **Zucker**

Salz und frisch gemahlener **schwarzer Pfeffer**

Hähnchen mit Mango

Vorbereitungszeit: 1 Stunde (Marinierzeit); Garzeit: 10 Minuten

Für 2–4 Portionen   Enthält Betakarotin, Eisen, Magnesium, Kalium, Eiweiß, B-Vitamine, einschließlich Folsäure, und Vitamin C und E

Der Spinat-Mango-Salat, der zu diesem Gericht gereicht wird, ist einer meiner Lieblingssalate. Für Erwachsene und ältere Kinder können Sie geröstete Pinienkerne zugeben.

▶ Mango-Chutney, Zucker, Limettensaft, Sojasauce und Pfeffer mischen. Über das Hähnchenfleisch gießen und mindestens 1 Stunde marinieren, dabei gelegentlich wenden. Den Grill auf mittlerer Hitze vorheizen.

▶ Die Marinade abgießen und beiseite stellen. Das Hähnchenfleisch auf ein Backblech legen. Etwa 6 Minuten grillen, dann etwas Marinade darauf träufeln und weitere 3–4 Minuten grillen, bis das Hähnchen goldbraun und gar ist.

▶ In der Zwischenzeit die Zutaten für das Salatdressing verrühren.

▶ In einer Schüssel Spinat, Mango und Cranberries mischen. Mit dem Dressing übergießen. Das Hähnchen auf dem Salat anrichten und eventuell mit gerösteten Pinienkernen bestreuen.

Eierreis mit Hähnchen & Krabben

Vorbereitungszeit: 10 Minuten; Garzeit: 30 Minuten   Für 4 Portionen
Enthält Betakarotin, Eiweiß, B-Vitamine, einschließlich Folsäure, Vitamin C und Zink
Zum Einfrieren geeignet

Eierreis mit Gemüse und Hähnchen ist ein einfaches, schmackhaftes Gericht. Vielleicht will Ihr Kind ausprobieren, mit Stäbchen zu essen; das ist anfangs mühsam, geben Sie ihm deshalb zusätzlich eine Gabel.

175 g **Basmati-Reis,** unter kaltem Wasser abgespült und abgetropft

4 EL **Pflanzenöl**

1 kleine **Zwiebel,** geschält und fein gehackt

60 g **rote Paprika,** entkernt und fein gehackt

Salz und frisch gemahlener **schwarzer Pfeffer**

1 **Ei,** verquirlt

60 g **Tiefkühlerbsen**

60 g **Tiefkühlmais**

1 große **Frühlingszwiebel,** in Ringe geschnitten

1 **Hähnchenbrustfilet** (etwa 150 g), in dünne Streifen geschnitten

125 g **gegarte Krabben** (nach Belieben)

1 TL **Sojasauce**

▶ Den Reis nach Packungsanweisung in leicht gesalzenem Wasser kochen.

▶ Die Hälfte des Öls in einer großen Pfanne oder im Wok erhitzen, die Zwiebel zugeben und 2 Minuten dünsten. Die rote Paprika zugeben, 7–8 Minuten dünsten.

▶ Das verquirlte Ei mit etwas Pfeffer würzen, in die Pfanne gießen, die Pfanne schwenken, damit sich die Masse gleichmäßig verteilt, und das Ei stocken lassen. Vom Herd nehmen und das Ei mit einem Holzlöffel in kleine Stücke zerteilen.

▶ Die Pfanne wieder auf den Herd stellen, Erbsen und Mais zugeben und weich kochen. Die Eier-Gemüse-Mischung aus der Pfanne nehmen und beiseite stellen.

▶ Das restliche Öl hineingeben, die Frühlingszwiebel 1 Minute dünsten. Die Hähnchenfleischstreifen zugeben. 3–4 Minuten garen, dann würzen.

▶ Den gekochten Reis und die Krabben zugeben und den Reis 2 Minuten bei starker Hitze im Topf mischen. Die Eier-Gemüse-Mischung wieder in den Topf geben, die Sojasauce zugeben und schwenken, bis alles erhitzt ist.

Tomatenquiche

Vorbereitungszeit: 15 Minuten und 30 Minuten Ruhezeit für den Teig; Backzeit: ca. 50 Minuten   200 °C   Für 1 Springform   Enthält Eiweiß, Kalzium, Betakarotin, Vitamin C

Für den Teig

200 g **Mehl**

150 g **Magerquark**

80 g kalte **Butter**

Salz

Für die Füllung

2 **Eier,** getrennt

150 g **Kräuter-Frischkäse**

200 g **Magerquark**

5 **Tomaten**

weißer Pfeffer und **Muskat**

½ Bund **Basilikum,** klein geschnitten

▶ Das Mehl in eine Schüssel geben, Quark und Butter in Flöckchen darauf geben. Der Masse etwas Salz zufügen und zu einem geschmeidigen Teig kneten. Den Teig zu einer Kugel formen und mindestens 30 Minuten in den Kühlschrank stellen.

▶ Den Teig ausrollen und in eine gefettete Quiche- oder Springform legen. Den Boden mit einer Gabel mehrmals einstechen und im vorgeheizten Ofen etwa 10 Minuten backen.

▶ Den Frischkäse mit Quark und Eigelben gut verrühren. Mit Salz, Pfeffer und Muskat abschmecken. Die Eiweiße steif schlagen und unter die Masse ziehen. Auf dem Quicheboden verteilen.

▶ Die Tomaten waschen und halbieren. Die Tomatenhälften in die Käsecreme drücken. Die Quiche in etwa 30 Minuten fertig backen.

▶ Vor dem Servieren das Basilikum über die Quiche streuen.

Nudeln nach Singapur-Art

Vorbereitungszeit: 45 Minuten, einschließlich 30 Minuten Marinierzeit; Garzeit: 20 Minuten
Für 4 Portionen   Enthält Betakarotin, Ballaststoffe, Eisen, Eiweiß, B-Vitamine, einschließlich Folsäure, Vitamin C und Zink

Dieses Nudelgericht wird durch die Zugabe von Currypulver etwas pikanter. Nach Wunsch können Sie die Krabben durch Schweinefleisch oder zusätzliches Hähnchenfleisch ersetzen.

▶ Die Zutaten für die Marinade in einer Schüssel verrühren, das Hähnchenfleisch in Streifen schneiden und mindestens 30 Minuten marinieren.

▶ Einen halben Esslöffel Öl in einer Pfanne erhitzen und das Ei darin zu einem Omelett braten. Herausnehmen und in Streifen schneiden. 1 EL Öl in einer Pfanne oder im Wok erhitzen und den Knoblauch kurz anbraten. Marinade abgießen, Hähnchenfleisch in die Pfanne geben und 3–4 Minuten garen, beiseite stellen.

▶ Das restliche Öl im Wok erhitzen. Babymais und Karotten unter Rühren 3 Minuten braten. Zucchini und Mungbohnenkeimlinge 2 Minuten braten. Das Currypulver in die Brühe rühren und in den Wok geben. Das Hähnchen mit den Krabben, den Frühlingszwiebeln und dem Ei in die Pfanne geben und 2 Minuten braten.

▶ Die Nudeln nach Packungsanweisung in leicht gesalzenem Wasser kochen. Abgießen, mit dem Fleisch und Gemüse mischen und nochmals erhitzen.

150 g **Hähnchenbrustfilet**

2½ EL **Pflanzenöl**

1 **Ei**, verquirlt

1 **Knoblauchzehe**, geschält und zerdrückt

75 g **Babymais**

je 75 g **Karotten** und **Zucchini**, in dünne Streifen geschnitten

75 g **Mungbohnenkeimlinge**

¼ TL **mildes Currypulver**

4 EL **kräftige Hühnerbrühe**

90 g kleine **gegarte Krabben**

3 **Frühlingszwiebeln**, in dünne Ringe geschnitten

150 g **chinesische Eiernudeln**

Marinade

je 1 EL **Sojasauce** und **Traubensaft**

½ TL **Zucker**

1 TL **Maisstärke**

2 EL **Pflanzenöl**

1 **Zwiebel**, geschält und fein gehackt

250 g mageres **Rinderhackfleisch**

½ TL **getrockneter Thymian**

Salz und frisch gemahlener **schwarzer Pfeffer**

400 g **Kartoffeln**, geschält und 12 Minuten gekocht, dann mit 25 g **Butter** zerstampft

1 EL frische **Petersilie**, fein gehackt

1 EL **Tomatenketchup**

Mehl zum Bestäuben

Sauce

1 EL **Pflanzenöl**

1 **Zwiebel**, geschält und in dünne Ringe geschnitten

1 TL **brauner Zucker**

2 EL **Wasser**

400 ml **Rinderbrühe**

1 EL **Maismehl** oder **Stärke**

1 TL **Tomatenmark**

1 EL **Senf**

Kroketten aus Rinderhack

Vorbereitungszeit: 15 Minuten, zusätzlich Ruhezeit; Garzeit: 25 Minuten Ergibt 12 Kroketten Enthält Eisen, Kalium, Eiweiß, B-Vitamine, Vitamin C und E und Zink Zum Einfrieren geeignet

Dieses Rindfleischgericht schmeckt meiner Familie besonders gut. Der Kartoffelbrei macht diese Kroketten so wunderbar zart.

▸ 1 EL Pflanzenöl in einem Topf erhitzen, die Zwiebel 3–4 Minuten andünsten. Das Hackfleisch zugeben und weitere 3–4 Minuten braten. Den Thymian einrühren. Mit Salz und Pfeffer abschmecken. Noch 1 Minute garen.

▸ Die Masse zusammen mit der Petersilie und dem Tomatenketchup unter den Kartoffelbrei rühren. Abschmecken. Abkühlen lassen, dann in den Kühlschrank stellen.

▸ Mit den Händen aus der Masse 12 Kroketten formen, mit Mehl bestäuben und nochmals mindestens 1 Stunde in den Kühlschrank stellen.

▸ Das restliche Pflanzenöl in einer großen Pfanne erhitzen und die Kroketten in etwa 5 Minuten rundum goldgelb braten.

▸ Für die Sauce das Öl in einem Topf erhitzen und die Zwiebel bei schwacher Hitze in etwa 8 Minuten weich dünsten. Zucker und 1 EL Wasser einrühren. Rinderbrühe zugeben.

▸ 1 EL kaltes Wasser mit dem Mehl verrühren und in die Rinderbrühe rühren. Tomatenmark und Senf einrühren. Zum Kochen bringen und die Sauce 3–4 Minuten köcheln lassen. Abschmecken. Zu den Kroketten reichen.

Tacos mit Rindfleisch

Vorbereitungszeit: 10 Minuten; Garzeit: 15 Minuten Mikrowelle auf höchster Stufe oder Backofen 180 °C Für 4 Portionen Enthält Betakarotin, Ballaststoffe, Eisen, Eiweiß, B-Vitamine, einschließlich Folsäure, Vitamin C und Zink

Kinder lieben gefüllte mexikanische Tacos. Taco-Schalen sind in gut sortierten Supermärkten erhältlich. Probieren Sie diese Füllung mit verschiedenen köstlichen Zutaten aus. Bohnen eignen sich bestens als Füllung und finden auf diese Weise problemlos Eingang in die Ernährung Ihres Kindes.

▶ Das Öl in einem Topf erhitzen, die Zwiebel und den Knoblauch zugeben und etwa 2 Minuten dünsten. Paprika zugeben und unter gelegentlichem Rühren 3 Minuten weiterdünsten. Das Hackfleisch zugeben und unter Rühren anbraten.

▶ Gehackte Dosentomaten und Brühe unterrühren und bei offenem Topf 15 Minuten köcheln lassen. Kidneybohnen einrühren und 3 Minuten kochen. Abschmecken.

▶ In der Zwischenzeit die Taco-Schalen im vorgeheizten Ofen 2–3 Minuten oder in der Mikrowelle bei höchster Einstellung 1 Minute erwärmen. Mit den Salatblättern auslegen. Die Rindfleischfüllung hineingeben.

1 TL **Pflanzenöl**

½ kleine **Zwiebel**, geschält und gewürfelt

1 **Knoblauchzehe**, geschält und zerdrückt

je 30 g **rote** und **grüne Paprikaschote**, entkernt und fein gewürfelt

150 g mageres **Rinderhackfleisch**

200 g **Tomaten aus der Dose**, in Stücken

100 ml **Hühnerbrühe** (siehe S. 52)

100 g **Kidneybohnen aus der Dose**

Salz und frisch gemahlener **schwarzer Pfeffer**

4 **Taco-Schalen**

4 **Salatblätter**

Minutensteak mit Pilzsauce

Vorbereitungszeit: 45 Minuten, einschließlich 30 Minuten Marinierzeit; Garzeit: 12 Minuten Für 3 Portionen Enthält Eisen, Kalium, B-Vitamine, einschließlich Folsäure, Vitamin C und Zink

Minutensteaks sind sehr dünne, zarte Steaks, meist Filetsteaks. Sie werden auf jeder Seite nur etwa eine Minute angebraten. Zu diesen Steaks passt auch die Sauce aus dem Rezept »Hähnchen mit Sauce & Kartoffel-Karotten-Püree« auf Seite 165.

▶ Für die Marinade Zucker, Sojasauce, Limettensaft, Rinderbrühe und das angerührte Maismehl mischen. Die Steaks hineinlegen und 30 Minuten marinieren. Steaks herausnehmen und die Marinade beiseite stellen.

▶ Für die Sauce das Öl im Wok erhitzen und die Pilze und den Knoblauch unter Rühren 5 Minuten anbraten. Frühlingszwiebeln und Sojabohnenkeimlinge zugeben und etwa 1 Minute garen. Die Marinade einrühren und 3–4 Minuten kochen, bis sie etwas sämig geworden ist.

▶ Einige Tropfen Pflanzenöl in einer großen Pfanne erhitzen. Die marinierten Steaks mit Küchenpapier trockentupfen und auf jeder Seite 1 Minute braten. Mit dem pfannengerührten Gemüse und der Sauce servieren.

300 g **Minutensteaks** (sehr dünne Steaks)

etwas **Pflanzenöl**

Sauce

1 EL **Pflanzenöl**

200 g **Champignons**, in Scheiben geschnitten

1 **Knoblauchzehe**, geschält und zerdrückt

4 **Frühlingszwiebeln**, in dünne Ringe geschnitten

150 g **Sojabohnenkeimlinge**

Marinade

1 EL **brauner Zucker**

2 EL **Sojasauce**

1 EL **Limetten-** oder **Zitronensaft**

100 ml **Rinderbrühe**

1 TL **Maismehl** oder **Stärke**, verrührt mit 1 TL **Wasser**

Rindfleischspieße

400 g **Rinderfilet**, in dünnen Scheiben
1 Stück **Ingwer**, ca. 40 g (nach Belieben)
1 EL **Zitronensaft**
2 TL **Kreuzkümmel**, gemahlen
1 TL **Koriander**, gemahlen
Salz und frisch gemahlener **schwarzer Pfeffer**
50 ml **Olivenöl**

Vorbereitungszeit: 1 Stunde 5 Minuten, inklusive 1 Stunde Marinierzeit; Garzeit: ca. 10 Minuten   Für 4 Portionen   Enthält Eisen, Eiweiß, B-Vitamine, einschließlich B_{12}, und Zink

Das Marinieren verleiht dem Rindfleisch ein wunderbares Aroma und macht es noch zarter. Sie können die Spieße mit oder ohne Gemüse zubereiten.

▶ Den Ingwer schälen und durch die Knoblauchpresse drücken.
▶ Den Ingwer in einer Schüssel mit Zitronensaft, Kreuzkümmel, Koriander, Salz und Pfeffer und Olivenöl verrühren. Das Fleisch hineinlegen und mindestens 1 Stunde marinieren.
▶ In der Zwischenzeit vier Holzspieße in Wasser einweichen, damit sie unter dem Grill nicht anbrennen. Den Grill auf höchster Stufe vorheizen.
▶ Das Rindfleisch aus der Marinade nehmen, abtropfen lassen und auf die Spieße stecken, nach Wunsch abwechselnd mit Zucchini- und Paprikascheiben.
▶ Auf dem Grill oder dem Backofenrost von jeder Seite 4–5 Minuten grillen.

Pichelsteiner

500 g **Rindfleisch**, z.B. Tafelspitz
1 große **Zwiebel**, gehackt
50 g **Butterschmalz**
1 **Sellerieknolle**, klein geschnitten
3 **Karotten**, klein geschnitten
1 Stange **Lauch**, in Ringe geschnitten
500 g **Kartoffeln**, in Würfel geschnitten
1 Bund **Schnittlauch** oder **Petersilie**, gehackt
½ l **Fleischbrühe**
Salz, Pfeffer, Majoran

Vorbereitungszeit: 15 Minuten; Garzeit: 60 Minuten   Für 4 Portionen   Enthält Betakarotin, Eisen, Eiweiß, B-Vitamine, Ballaststoffe und Zink   Zum Einfrieren geeignet

▶ Das Fleisch in gleichmäßige Würfel von etwa 2 cm schneiden.
▶ In einem Topf das Schmalz heiß werden lassen und die Zwiebeln und das Fleisch kurz darin anbraten. Mit Salz, Pfeffer und Majoran würzen. Vom Herd nehmen.
▶ Die Kartoffeln und das Gemüse in einer Schüssel miteinander vermengen.
▶ In einen gut schließenden Topf abwechselnd Fleisch und die Kartoffel-Gemüse-Mischung einschichten. Mit Kartoffeln abschließen. Seitlich mit heißer Brühe auffüllen und bei mäßiger Hitze im geschlossenen Topf etwa 1 Stunde garen. Bei Bedarf etwas heiße Flüssigkeit seitlich angießen. Während des Garens nicht rühren, besser schütteln.
▶ Vor dem Anrichten reichlich Schnittlauch oder Petersilie darüber streuen.

Marinierte Lammkoteletts

⏱ Vorbereitungszeit: 1 Stunde 5 Minuten, einschließlich 1 Stunde Marinierzeit; Garzeit: 15 Minuten 🍴 Für 2 Portionen ⚡ Enthält Eisen, Kalium, Eiweiß, B-Vitamine und Zink

Meine Kinder haben immer gerne Lammkoteletts gegessen. Schneiden Sie das sichtbare Fett am Fleisch weg.

▶ Die Zutaten für die Marinade verrühren, dann in eine Schale gießen und die Lammkoteletts darin mindestens 1 Stunde marinieren. Den Grill vorheizen.

▶ Koteletts 6–7 Minuten auf jeder Seite grillen. Sichtbares Fett abschneiden und das Fleisch in Streifen schneiden. Mit gekochten Kartoffeln und Gemüse servieren.

4 **Lammkoteletts**

Marinade

1 EL **Zitronensaft**

1 EL **Sojasauce**

1 EL **brauner Zucker**

½ TL **Kräuter der Provence**

1 TL **Pflanzenöl**

Salz und frisch gemahlener **schwarzer Pfeffer**

Lammkeule mit Rosmarin

⏱ Vorbereitungszeit: 10 Minuten; Garzeit: 1 Stunde 10 Minuten 🌡 200 °C & 180 °C 🍴 Für 6 Portionen ⚡ Enthält Eisen, Kalium, Eiweiß, B-Vitamine und Zink

Die meisten Kinder mögen gegrilltes Lamm- oder Hähnchenfleisch. Servieren Sie dieses Gericht doch einmal als besonderes Sonntagsessen. Als Beilage gibt es Röstkartoffeln.

▶ Das Lammfleisch mit einem scharfen Messer 12- bis 14-mal einstechen. In jedes Loch eine Knoblauchscheibe und etwas Rosmarin stecken. Das Fleisch mit Öl bestreichen und mit Salz und Pfeffer würzen. In einer Grillschale oder Auflaufform auf den Grillrost legen.

▶ Das Lamm im vorgeheizten Ofen 20 Minuten bei 200 °C grillen, dann 50 Minuten bei 180 °C. Das Lammfleisch mehrmals mit Bratensaft bestreichen und zweimal wenden.

▶ Wenn das Fleisch durchgegart ist, aus dem Ofen nehmen und auf eine Wärmhalteplatte legen. Das überschüssige Fett vom Blech abgießen und den Bratensaft zurückhalten.

▶ Für die Sauce: Bratensaft in einem großen Topf zum Kochen bringen. Rinderbrühe und Dosentomaten einrühren und den restlichen Rosmarin zugeben. Etwa 1 Minute kochen, dann den Honig einrühren.

▶ Das Maismehl oder die Stärke mit etwas Wasser verrühren und so viel davon in die Sauce geben, dass sie etwas sämig wird. Mit Salz und Pfeffer würzen und die Sauce durch ein Sieb gießen. Die Lammkeule aufschneiden und mit der Sauce servieren.

1 ½ kg **Lammkeule**

2 **Knoblauchzehen**, geschält und in Scheiben geschnitten

2 Zweige **Rosmarin**, gehackt

1 EL **Pflanzenöl**

Salz und frisch gemahlener **schwarzer Pfeffer**

Sauce

300 ml **Rinderbrühe**

400 g **Tomaten aus der Dose**, in Stücken

2 Zweige **Rosmarin**

1 EL **Honig**

1–2 EL **Maismehl** oder **Stärke**

1 EL **Wasser**

Salz und frisch gemahlener **schwarzer Pfeffer**

Annabels Apfelkuchen

Zutaten:
- 5 **Granny Smith-** (oder andere) **Äpfel**
- 1½ EL **gemahlener Zimt**
- 2 EL frisch gepresster **Orangensaft**
- 250 g **Zucker**
- 500 g **Mehl**
- ½ TL **Salz**
- 1 Päckchen **Backpulver**
- 4 **Eier**
- ½ TL **Mandelaroma**
- 2 TL gemahlene **Vanille**
- 250 ml **Sonnenblumenöl**
- **Puderzucker** zum Bestäuben

Vorbereitungszeit: 25 Minuten; Backzeit: 1 Stunde 30 Minuten 180 °C
Für 12 Stücke   Enthält Kalium und Vitamin B_{12} und E
Zum Einfrieren geeignet

Dieser Kuchen ist ganz einfach gemacht – und er bleibt beinahe eine Woche saftig, weil er mit Sonnenblumenöl statt mit Butter zubereitet wird.

▸ Die Äpfel schälen, in dünne Scheiben schneiden und in eine Schüssel geben. Mit Zimt, Orangensaft und 100 g Zucker vermengen.

▸ In einer anderen Schüssel die trockenen Zutaten mischen (Mehl, Salz, Backpulver und den restlichen Zucker). Ein Ei nach dem anderen unterrühren (nach Wunsch mit einem Handrührgerät auf niedrigster Stufe), dann Mandeln und Vanille mit dem Öl zugeben.

▸ Eine tiefe Ringform oder andere Form einfetten. Ein Drittel des Teigs einfüllen, dann die Hälfte der Apfelmischung, dann ein Drittel Teig und darauf die restlichen Äpfel. Mit dem restlichen Teig abschließen.

▸ Im vorgeheizten Ofen etwa 1½ Stunden backen. Mit einem Holzspießchen kontrollieren, ob der Teig fest ist. Herausnehmen und 10 Minuten in der Form abkühlen lassen, dann vorsichtig aus der Form lösen, mit Puderzucker bestäuben und auskühlen lassen.

Apfel-Pflaumen-Crumble

Zutaten:
- 1 EL **Butter**
- 400 g **Äpfel**, geschält, entkernt und in dünne Scheiben geschnitten
- 2 TL **brauner Zucker**
- 400 g **Pflaumen** (evtl. aus dem Glas)
- 6 EL **Pflaumensaft**

Streusel
- 150 g **Mehl**
- 1 gute Prise **Salz**
- 75 g **brauner Zucker**
- 100 g kalte **Butter**, in Flöckchen geschnitten
- 50 g **gemahlene Mandeln**

Vorbereitungszeit: 10 Minuten; Backzeit: ca. 30 Minuten 190 °C
Für 6 Portionen   Enthält Ballaststoffe, Eisen, Kalium und Vitamin A, C und E
Zum Einfrieren geeignet

Wenn Ihr Kind Äpfel und Pflaumen nicht so gern mag, können Sie viele andere Fruchtsorten für dieses Crumble verwenden. Probieren Sie einmal Rhabarber oder Äpfel mit Heidelbeeren.

▸ Für die Streusel das Mehl mit Salz und Zucker mischen, dann mit den Fingern die Butter darunter reiben, bis die Masse krümelig wird. Zum Schluss die gemahlenen Mandeln einkneten.

▸ Die Butter in einem Topf schmelzen lassen, die Apfelscheiben hineingeben, den Zucker darüber streuen. 2 Minuten garen. Die Äpfel in eine feuerfeste Form füllen.

▸ Die Pflaumen waschen und halbieren. Die Pflaumen und 6 EL Pflaumensaft mit den Äpfeln mischen. Die Streusel auf das Obst geben.

▸ Im vorgeheizten Ofen etwa 30 Minuten backen, bis das Crumble knusprigbraun ist.

Erdbeereis am Stiel

Zubereitungszeit: 3–4 Stunden, einschließlich Gefrierzeit Ergibt 6 Portionen
Enthält Kalzium und Vitamin C

Eis am Stiel mag jedes Kind. Dieses Stieleis besteht aus Zutaten, die gesund sind: pürierte Erdbeeren, Joghurt und frischer Fruchtsaft. Das marmorierte Eis sieht sehr attraktiv aus, Sie können aber auch nur eine Fruchtsorte verwenden.

▶ Zucker und Wasser in einen Topf gießen und daraus in 3 Minuten einen Sirup kochen. Zum Abkühlen beiseite stellen.

▶ Die Erdbeeren vierteln und mit dem Pürierstab pürieren. Durch ein Sieb streichen, um die Samen zu entfernen.

▶ Das Erdbeermus mit dem abgekühlten Sirup und dem Orangensaft mischen und damit sechs Stieleisförmchen zu etwa einem Drittel füllen. Gefrieren lassen. Wenn die erste Schicht fest ist, etwa 2,5 cm hoch Joghurt einfüllen und einfrieren. Wenn diese Schicht gefroren ist, mit Mus-Sirup-Saft-Mischung auffüllen und die Stieleisformen mit dem Stieldeckel verschließen. Wieder einfrieren.

▶ Vor dem Verzehr die Förmchen einige Sekunden unter heißes Wasser halten, damit sich das Eis von der Form löst.

Variationen

▶ 450 ml frisch gepressten und durch ein Sieb gestrichenen Orangensaft mit 125 ml Apfelsaft oder einem anderem Zitrussaft mischen. Den durch ein Sieb gestrichenen Saft von drei Passionsfrüchten dazugeben. In die Formen gießen und einfrieren.

▶ Frische oder gefrorene Beeren mit etwas Zucker aufkochen. Pürieren und durch ein Sieb streichen, dann mit Puderzucker und schwarzem Johannisbeersaft mischen.

1½ EL **feiner Zucker**
50 ml **Wasser**
200 g **Erdbeeren**
Saft von 1 **Orange** (etwa 75 ml)
300 g **Erdbeerjoghurt** oder **Erdbeerquark**

TIPP Sie können Stieleis ganz einfach selbst machen, indem Sie Fruchtsaft oder Milchmixgetränke in Stieleisförmchen gießen.

Käsekuchen auf amerikanische Art

◷ Vorbereitungszeit: 15 Minuten; Backzeit: 1 Stunde 🌡 180 °C ✂ Für 12 Stücke
🥄 Enthält Kalzium und Vitamin A und B$_{12}$ ❄ Zum Einfrieren geeignet

Dieses Rezept für einen köstlichen Käsekuchen ist kinderleicht.

Boden
250 g **Löffelbiskuits**
125 g **Butter**

Belag
225 g **feiner Zucker**
3 EL **Maismehl** oder **Stärke**
675 g **Frischkäse**
2 **Eier**
1 TL **gemahlene Vanille** oder die abgeriebene Schale von ½ **Zitrone**
225 g **Schlagsahne**
75 g **Rosinen** (nach Belieben)

▶ Für den Boden die Biskuits in Stücke brechen, in einen Plastikbeutel füllen und mit dem Wellholz zerbröseln. Die Butter in einem Topf bei schwacher Hitze schmelzen und die Keksbrösel einrühren.
▶ Eine Springform mit Backpapier auslegen und die Seiten einfetten. Die Keksbrösel mit einem Kartoffelstampfer auf den Boden der Form drücken.
▶ Für die Füllung Zucker und Maismehl mischen. Den Frischkäse unterschlagen, bis die Masse cremig ist, dann die Eier und die gemahlene Vanille zugeben. Zu einer weichen Masse rühren.
▶ Langsam die Sahne einrühren, anschließend die Rosinen. Die Mischung auf den Keksboden gießen. Kuchen im vorgeheizten Ofen 1 Stunde backen.

Orangenkekse mit Schokochips

◷ Vorbereitungszeit: 1 Stunde 15 Minuten, einschließlich 1 Stunde Ruhezeit; Backzeit: 10 Minuten 🌡 180 °C ✂ Ergibt 25–30 Kekse 🥄 Enthält Vitamin A
❄ Zum Einfrieren geeignet

Kinder lieben Kekse und helfen mit Begeisterung beim Ausstechen mit. Das feine Orangenaroma passt gut zu den Schokoladenchips. Diese Kekse schmecken einfach nach »mehr«!

175 g weiche **Butter**
75 g **Puderzucker,** gesiebt
225 g **Mehl**
½ TL **Backpulver**
½ TL **Salz**
½ TL abgeriebene **Orangenschale** (unbehandelt)
60 g **Schokoladenchips**

▶ Alle Zutaten außer den Schokoladenchips in die Küchenmaschine geben und mit dem Knethaken verarbeiten. Oder mit der Hand zu einem Teig kneten.
▶ Die Schokoladenchips einrühren. Den Teig kneten, bis er glatt ist. Eine Kugel formen und eine Stunde in den Kühlschrank stellen.
▶ Den Teig 12 mm dick ausrollen und Formen ausstechen. Auf ein leicht gefettetes Blech legen und im vorgeheizten Ofen etwa 10 Minuten backen.

Schokoladen-Windbeutel (als Mäuse)

⏱ Vorbereitungszeit: 10 Minuten; Backzeit: 35 Minuten und Zeit zum Dekorieren 🌡 200 °C 🔪 Ergibt 20 Windbeutel 💪 Enthält Vitamin A ❄ Undekoriert zum Einfrieren geeignet

Teig für die Windbeutel
90 g **Butter**, in kleine Stücke geschnitten
200 ml **Wasser**
90 g **Mehl**
3 **Eier**, verquirlt

Sahnefüllung
600 ml **Sahne**
2 EL **Puderzucker**

Schokoladenglasur
175 g gute **Vollmilchschokolade**, in kleinen Stücken
90 g **Butter**, in kleinen Stücken

Zur Dekoration als Maus
(nach Belieben)

Mandelhälften
Schokoladenchips
kandierte Kirschen
rote Zuckerschnüre

▶ Für den Teig Butter und Wasser in einen Topf füllen und langsam zum Kochen bringen. Vom Herd nehmen und gesiebtes Mehl hineinrühren. Die Masse kräftig mit einem Holzlöffel schlagen, bis sie sich vom Topf löst; etwas abkühlen lassen.

▶ Die Eier nacheinander darunter rühren, bis die Masse weich und geschmeidig ist und vom Löffel tropft (eventuell nicht alle Eier verwenden).

▶ Den Teig in eine Spritztüte füllen und kleine Teighäufchen auf ein eingefettetes Blech spritzen. Im vorgeheizten Ofen 20–25 Minuten backen. Herausnehmen und abkühlen lassen.

▶ Die Sahne mit dem Puderzucker steif schlagen. Die Windbeutel halbieren und mit der gesüßten Sahne füllen.

▶ Die Schokolade in einer feuerfesten Schüssel über einem Topf mit köchelndem Wasser oder in der Mikrowelle schmelzen. Die Butter einrühren, schmelzen lassen und beides zu einer weichen Glasur rühren.

▶ Mit einem Messer etwas Schokoladenglasur auf jeden Windbeutel auftragen. Nach Wunsch können die Windbeutel als Mäuse dekoriert werden: Bringen Sie zwei Mandelaugen, eine Nase aus einem Schokoladenchip, Augen aus kandierten Kirschen und einen Schwanz aus roter Zuckerschnur an.

TIPP Der Teig geht beim Backen auf, daher sollten die Teigstücke nicht länger als 4 cm sein.

Kernige Getreideriegel mit Aprikosen & Schokolade

⏱ Zubereitungszeit: 15 Minuten und Ruhezeit 🔪 Für 10 Riegel 💪 Enthält Ballaststoffe, Eisen, Magnesium, Kalium, B-Vitamine, einschließlich Folsäure, und Vitamin A

150 g **Haferflocken**
50 g **Reiscrispies**
100 g **getrocknete Aprikosen**, gehackt
60 g **Pekannüsse**, gehackt (nach Belieben)
100 g **Butter**
125 g **Zuckerrübensirup**
85 g **weiße (oder Vollmilch) Schokolade**, in kleinen Stücken

Diese gesunde Näscherei ist bei Erwachsenen und Kindern gleichermaßen beliebt. Kinder machen die Riegel, die nicht einmal gebacken werden müssen, mit Begeisterung selbst.

▶ Haferflocken, Reiscrispies, gehackte Aprikosen und Nüsse in einer Rührschüssel vermengen.

▶ Butter, Zuckerrübensirup und Schokolade in einen kleinen Topf geben und bei schwacher Hitze schmelzen. Die Mischung unter die trockenen Zutaten rühren.

▶ Die Masse in eine flache, mit Backpapier ausgelegte Form (28 x 18 cm) pressen und glatt streichen. Im Kühlschrank ruhen lassen. In Riegel schneiden und im Kühlschrank aufbewahren.

Speisepläne: Erste Kostproben

Beginnen Sie im fünften oder sechsten Lebensmonat mit der ersten Beikost, am besten zur Mittagsmahlzeit. Diese Beikost ersetzt die Milchmahlzeit noch nicht, sondern ergänzt sie. Einen Monat später ersetzen Sie die abendliche Milchmahlzeit durch die zweite »feste« Mahlzeit, den Abendbrei, und nach weiteren vier Wochen bekommt Ihr Kind nachmittags einen Obst-Getreide-Brei.

	Woche 1 bis 4			Woche 5 bis 8			
	Morgens	**Mittags**	**Nachmittags/Abends**	**Morgens**	**Mittags**	**Nachmittags**	**Abends**
1. Tag	Muttermilch/Säuglingsnahrung	Muttermilch/Säuglingsnahrung Karottenbrei s. S. 37	Muttermilch/Säuglingsnahrung	Muttermilch/Säuglingsnahrung	Gemüse-Kartoffel-Brei mit Fleisch s. S. 37 Obstmus zum Nachtisch nach Belieben	Muttermilch/Säuglingsnahrung	Haferbrei mit Apfel s. S. 46
2. Tag	Muttermilch/Säuglingsnahrung	Muttermilch/Säuglingsnahrung Karottenbrei s. S. 37	Muttermilch/Säuglingsnahrung	Muttermilch/Säuglingsnahrung	Kartoffel-Lauch-Erbsen-Brei s. S. 48 Obstmus zum Nachtisch nach Belieben	Muttermilch/Säuglingsnahrung	Haferbrei mit Apfel s. S. 46
3. Tag	Muttermilch/Säuglingsnahrung	Muttermilch/Säuglingsnahrung Erster Gemüse-Kartoffel-Brei s. S. 37	Muttermilch/Säuglingsnahrung	Muttermilch/Säuglingsnahrung	Kartoffel-Karotten-Brokkoli-Brei s. S. 49 Obstmus zum Nachtisch nach Belieben	Muttermilch/Säuglingsnahrung	Dinkelbrei mit Birne s. S. 47
4. Tag	Muttermilch/Säuglingsnahrung	Muttermilch/Säuglingsnahrung Erster Gemüse-Kartoffel-Brei s. S. 37 Obstmus s. S. 36	Muttermilch/Säuglingsnahrung	Muttermilch/Säuglingsnahrung	Hähnchenkasserolle s. S. 53 Obstmus zum Nachtisch nach Belieben	Muttermilch/Säuglingsnahrung	Dinkelbrei mit Birne s. S. 47
5. Tag	Muttermilch/Säuglingsnahrung	Muttermilch/Säuglingsnahrung Erster Gemüse-Kartoffel-Brei s. S. 37	Muttermilch/Säuglingsnahrung	Muttermilch/Säuglingsnahrung	Geschmortes Rindfleisch mit Karotten, Kohlrabi & Kartoffeln s. S. 53 Obstmus zum Nachtisch nach Belieben	Muttermilch/Säuglingsnahrung	Grießbrei mit Pfirsichmus s. S. 47
6. Tag	Muttermilch/Säuglingsnahrung	Muttermilch/Säuglingsnahrung Gemüse-Kartoffel-Brei mit Fleisch s. S. 37 Obstmus s. S. 36	Muttermilch/Säuglingsnahrung	Muttermilch/Säuglingsnahrung	Tomaten-Blumenkohl-Brei s. S. 49 Obstmus zum Nachtisch nach Belieben	Muttermilch/Säuglingsnahrung	Grießbrei mit Pfirsichmus s. S. 47
7. Tag	Muttermilch/Säuglingsnahrung	Muttermilch/Säuglingsnahrung Gemüse-Kartoffel-Brei mit Fleisch s. S. 37 Obstmus s. S. 36	Muttermilch/Säuglingsnahrung	Muttermilch/Säuglingsnahrung	Fisch mit Karotten & Orange s. S. 51 Obstmus zum Nachtisch nach Belieben	Muttermilch/Säuglingsnahrung	Korn-Milchbrei mit Bananenmus s. S. 47

Speisepläne: Neues probieren

Im Rahmen der drei Breimahlzeiten, die Ihr Baby nun jeden Tag bekommt, können Sie nach und nach neue Nahrungsmittel einführen und Ihr Kind mit verschiedenen Geschmacksrichtungen und Konsistenzen vertraut machen. Wenn Ihr Baby zu Allergien neigt, führen Sie neue Nahrungsmittel nur sehr langsam ein. Bieten Sie ihm auch regelmäßig abgekochtes Wasser zum Trinken an.

W. 9–12	Morgens	Getränk	Mittags	Nachmittags	Abends	Getränk
1. Tag	Muttermilch/ Säuglingsnahrung	Milch	Geschmortes Rindfleisch mit Karotten, Kohlrabi & Kartoffeln s. S. 53 / Apfelmus mit drei Früchten s. S. 43	Bananenbrei s. S. 50	Haferbrei mit Apfel s. S. 46	Milch
2. Tag	Muttermilch/ Säuglingsnahrung	Milch	Spinat-Kartoffel-Pastinaken-Lauch-Brei s. S. 48 / Bananen & Blaubeeren s. S. 43	Bananenbrei s. S. 50	Grießbrei mit Pfirsichmus s. S. 47	Milch
3. Tag	Muttermilch/ Säuglingsnahrung	Milch	Hähnchen mit Kartoffeln & Trauben s. S. 52 / Aprikose & Birne s. S. 43	Pfirsichreis s. S. 50	Dinkelbrei mit Birne s. S. 47	Milch
4. Tag	Muttermilch/ Säuglingsnahrung	Milch	Kartoffeln-Lauch-Erbsen-Brei s. S. 48 / Papaya & Himbeere s. S. 43	Pfirsichreis s. S. 50	Korn-Milchbrei mit Bananenmus s. S. 47	Milch
5. Tag	Muttermilch/ Säuglingsnahrung	Milch	Fisch mit Karotten & Orange s. S. 51 / Kompott aus Aprikosen, Birne, Pfirsich & Apfel s. S. 45	Getreide-Obst-Brei nach Wahl Grundrezept s. S. 50	Zwiebackbrei mit Karottenmus s. S. 47	Milch
6. Tag	Muttermilch/ Säuglingsnahrung	Milch	Kartoffeln-Karotten-Brokkoli-Brei s. S. 49 / Pfirsich-Bananen-Mus s. S. 45	Getreide-Obst-Brei nach Wahl Grundrezept s. S. 50	Grießbrei mit Kompott aus Aprikosen, Birne, Pfirsich & Apfel s. S. 47 und S. 45	Milch
7. Tag	Muttermilch/ Säuglingsnahrung	Milch	Würziges Hackfleisch mit Kohlrabi & Tomaten s. S. 53 / Bananen & Blaubeeren s. S. 43	Getreide-Obst-Brei nach Wahl Grundrezept s. S. 50	Haferbrei mit saftigem Birnen-Pflaumen-Mus s. S. 46 und S. 44	Milch

Speisepläne: 9 bis 12 Monate

In den letzten vier Monaten des ersten Lebensjahres kann das Essen schon etwas »lockerer« angegangen werden. Nun vollzieht sich allmählich der Übergang zur Kleinkindkost und schließlich zu den Familienmahlzeiten. Auf dieser Seite finden Sie Rezepte aus dem entsprechenden Kapitel im Buch; natürlich können Sie dabei frei variieren. Geben Sie Ihrem Kind auch ausreichend zu trinken.

	Frühstück	Mittagessen	Nachmittags	Abends
1. Tag	Muttermilch/ Säuglingsnahrung	Schnelles Couscous mit Hähnchen s. S. 66 Obst	Getreide-Obst-Brei s. S. 50	Milchbrei
2. Tag	Muttermilch/ Säuglingsnahrung	Fischfilet mit Gemüse s. S. 65 Obst	Getreide-Obst-Brei s. S. 50	Milchbrei
3. Tag	Muttermilch/ Säuglingsnahrung	Spaghetti Bolognese s. S. 67 Obst	Getreide-Obst-Brei s. S. 50	Milchbrei
4. Tag	Muttermilch/ Säuglingsnahrung	Kabeljau mit Tomaten & Zucchini s. S. 66 Obst	Getreide-Obst-Brei s. S. 50	Milchbrei
5. Tag	Muttermilch/ Säuglingsnahrung	Fruchtiges Hähnchen mit Karotten s. S. 67 Obst	Getreide-Obst-Brei s. S. 50	Milchbrei
6. Tag	Muttermilch/ Säuglingsnahrung	Geschmortes Rindfleisch mit Karotten, Kohlrabi & Kartoffeln s. S. 53 Obst	Getreide-Obst-Brei s. S. 50	Milchbrei
7. Tag	Muttermilch/ Säuglingsnahrung	Hähnchen auf kalifornische Art s. S. 66 Obst	Getreide-Obst-Brei s. S. 50	Milchbrei

Speisepläne: 12 bis 18 Monate

Viele der hier angeführten Rezepte sind für die ganze Familie geeignet. Ihr Kind sollte jeden Tag mindestens 300 ml Milch trinken. Sie können ihm jetzt vollfette Kuhmilch oder Milchprodukte geben. (Sie können als Abendmahlzeit auch weiterhin Milchbrei geben; in diesem Fall nutzen Sie den Speiseplan als weiteren Wochenplan für das Mittagessen.)

	Frühstück	Mittagessen	Abendessen	Snacks
1. Tag	Butterbrot, klein geschnitten, mit etwas Marmelade Obst	Putenbällchen mit Paprikasauce s. S. 82 Obst	Muschelnudeln mit buntem Würfelgemüse s. S. 79 Aprikosen-Birnen-Mus s. S. 43	Milch Rosinen-Toast s. S. 85
2. Tag	Haferflocken mit Milch oder Joghurt und Obst	Kartoffelauflauf mit Lammhack s. S. 83 Gefrorener Himbeerjoghurt s. S. 84	Zucchini-Tomaten-Frittate s. S. 76 Obst	Milch Getoastetes Käse-Schinken-Sandwich Trockenobst
3. Tag	Rührei mit Toast Obst	Schnecken aus Putenwurst s. S. 81 Joghurt	Nudeln mit buntem Wurzelgemüse s. S. 79 Banane	Milch Sahniger Avocado-Dip & Gemüsesticks s. S. 62 Obst
4. Tag	Müsli mit Fruchtjoghurt	Fisch-Auflauf s. S. 80 Obstsalat	Nudeln mit verstecktem Gemüse s. S. 78 Obst	Milch Belegtes Brot
5. Tag	Käsetoast	Hähnchen-Kartoffel-Bällchen s. S. 83 Banane	Nudelsauce mit Tomaten & Thunfisch s. S. 64 Obst	Milch Gemüsesticks oder anderes Fingerfood Eiscreme
6. Tag	Joghurt-Pfannkuchen s. S. 84	Schleifchennudeln mit Schinken & Erbsen s. S. 79 Pudding	Kleine Gemüsepuffer s. S. 77 Joghurt	Milch Vollkorn-Butterkekse Bananen
7. Tag	Zwieback mit Banane und Joghurt	Nudeln mit Käse & Brokkoli s. S. 77 Eiscreme	Mini-Pizzas s. S. 97 Obst	Milch Gemüsesticks oder Chips aus Wurzelgemüse s. S. 76 Trockenobst

Speisepläne: 18 Monate bis 2 Jahre

Nicht immer sind gemeinsame Mahlzeiten möglich, daher finden Sie hier auch Gerichte, die im Voraus zubereitet oder eingefroren werden können. So kann die ganze Familie das Gleiche essen, auch wenn Ihr Kind z.B. abends früher isst als die Erwachsenen. In diesem Alter essen Kinder bei einer Mahlzeit nicht viel, sind aber körperlich sehr aktiv; daher sind Zwischenmahlzeiten besonders wichtig.

	Frühstück	Mittagessen	Abendessen	Snacks
1. Tag	Cerealien Milch oder Joghurt Obst	Annabels Gemüsebratlinge s. S. 99 Gefrorener Joghurt mit Beeren s. S. 113	Hähnchen-Bolognese s. S. 102 Obst	Joghurt Sandwichs s. S. 95
2. Tag	Rührei mit Käse & Tomaten s. S. 94 Apfelmus s. S. 36	Schleifchennudeln mit Frühlingsgemüse s. S. 96 Obst	Kartoffelauflauf mit Lammhack s. S. 83 Obst	Quarkspeise frisches Obst
3. Tag	Pfannkuchen oder Waffeln mit Bananen & Ahornsirup s. S. 76 Joghurt	Marinierte Lachsspieße s. S. 109 Obst	Lachs-Sterne s. S. 100 Obst	Milch Käsetoast Trockenobst und Reiswaffeln
4. Tag	Cerealien Milchshake aus Sommerbeeren s. S. 113	Zarte Hähnchenstreifen mit selbst gemachtem Tomatenketchup s. S. 110 Gefrorener Joghurt mit Beeren s. S. 113	Thunfisch-Toast s. S. 109 Obst	Milch Hafer-Rosinen-Kekse s. S. 112 Obst
5. Tag	Müsli mit Apfel, Mango & Aprikose s. S. 94 Joghurt	Mini-Pizzas s. S. 97 Götterspeise	Hähnchen in Honig-Zitronen-Marinade s. S. 102 Obst	Milch Rohes Gemüse und anderes Fingerfood Bananen-Muffins s. S. 112
6. Tag	Bananen-Muffins s. S. 112 Quark Obst	Hähnchen in Honig s. S. 101 Obst	Zucchini-Tomaten-Frittate s. S. 76 Eiscreme	Milch Sandwichs s. S. 95 Obst
7. Tag	Toast mit Hefeextrakt oder Marmelade Obst Joghurt mit Honig	Käse-Makkaroni s. S. 107 Obst	Hähnchen-Mais-Bratlinge s. S. 110 Obst	Hafer-Rosinen-Kekse s. S. 112 Milchshake aus Sommerbeeren s. S. 113

Speisepläne: 2 bis 3 Jahre

Dieser Speiseplan enthält wieder viele Gerichte, die Ihr Kind an neue Geschmacksrichtungen heranführen. Auch hier können Sie Rezepte variieren oder auch einmal durch gesunde Fertigprodukte ersetzen. Ziel aber bleibt es, dem Kind nährstoffreiche Zwischenmahlzeiten zu geben und ihm dazu Milch, verdünnten Fruchtsaft oder Wasser anzubieten.

	Frühstück	Mittagessen	Abendessen	Snacks
1. Tag	Müsli mit Apfel, Mango & Aprikose s. S. 94 Joghurt und Honig	Nudeln mit Zucchini, Paprika & Würstchen s. S. 123 Obst und Eiscreme	Hähnchen mit Gemüse s. S. 126 Quarkspeise	Milch Sandwichs s. S. 95 Obst
2. Tag	Gekochtes Ei mit Toast Obst Joghurt	Tomatensuppe s. S. 120 Quarkspeise	Annabels leckere Fleischbällchen s. S. 127 Eiscreme	Milch Bananen-Muffins s. S. 112
3. Tag	Cerealien Energiedrink s. S. 146	China-Nudeln mit Hähnchen & Sojabohnenkeimlingen s. S. 124 Götterspeise	Kleine Ofenkartoffeln s. S. 121 Joghurt	Milch Toast mit Schinken Obst
4. Tag	Haferbrei Rosinenbrötchen Obst	Annabels Gemüsebratlinge s. S. 99 Pudding	Goldene Putenstreifen s. S. 125 Joghurt	Milch Käse- und Gemüsesticks Obst
5. Tag	Toast mit Hefeextrakt oder Marmelade Joghurt Obst	Herzförmige Chicken Nuggets s. S. 125 Obst	Annabels Nudelsalat s. S. 122 Rohes Gemüse mit Dip Pudding	Käsetoast Milchshake aus Sommerbeeren s. S. 113
6. Tag	Cerealien Joghurt Obst	Goldene Putenstreifen s. S. 125 Pfirsich-Beeren-Kompott s. S. 146	Ungarisches Gulasch s. S. 127 Obst	Milch Reiswaffeln Trockenobst
7. Tag	Brötchen mit Rührei s. S. 142 Obst	Karamellisierte Hühnerbrüstchen s. S. 125 Obstsalat s. S. 147	Kleine Ofenkartoffeln s. S. 121 Salat Obst	Milch Sandwichs s. S. 95 Erdbeereis am Stiel s. S. 177

Speisepläne: 3 bis 7 Jahre

In diesem Alter können Kinder bei der Zubereitung der Mahlzeiten einfache Aufgaben übernehmen, z.B. Brote schneiden und belegen oder Kekse ausstechen. Zwar habe ich als Nachtisch meistens Obst angegeben, doch Sie können gelegentlich auch einen Käsekuchen oder Pudding servieren. Wenn Ihr Kind mittags außer Haus isst, bereiten Sie ihm abends eine nährstoffreiche Mahlzeit zu.

	Frühstück	Mittagessen	Abendessen	Snacks
1. Tag	Spiegelei mit Toast Cerealien Obst	Spaghetti mit Tomatensauce »spezial« s. S. 153 Salat Joghurt	Paella s. S. 166 Obst	Milch Gemüsesticks mit Hummus Schokoladenkekse mit Rosinen & Sonnenblumenkernen s. S. 149
2. Tag	Müsli mit Apfel, Mango & Aprikose s. S. 94 Joghurt Obst	Rindfleischspieße s. S. 174 Salat Obst	Eierreis mit Hähnchen & Krabben s. S. 170 Pudding	Milch Käsetoast Kernige Getreideriegel mit Aprikosen & Schokolade s. S. 179
3. Tag	Haferbrei mit Honig Obst	Pikanter Lachs s. S. 162 Erdbeereis am Stiel s. S. 177	Nudeln nach Singapur-Art s. S. 171 Exotischer Obstsalat s. S. 63	Milch Gebackene Bohnen mit Toast Orangenkekse mit Schokoladenchips s. S. 178
4. Tag	Brötchen mit Rührei s. S. 142 Toast Obst	Paprikahähnchen mit Grünkern s. S. 168	Fisch & falsche Fritten s. S. 163 Götterspeise	Milch Sandwichs s. S. 95 Obstspieße s. S. 147
5. Tag	Joghurt-Pfannkuchen s. S. 84 Obst	Kleine Ofenkartoffeln s. S. 121 Obst	Pichelsteiner s. S. 174 Pudding	Milch Gemüse- und Käsesticks Hafer-Rosinen-Kekse s. S. 112
6. Tag	Cerealien mit Milch frisches Obst	Reis mit Sauce Bolognese s. S. 153 Obst	Nudel-Puten-Salat s. S. 145 Eiscreme	Milch Kirschtomaten-Mozzarella-Salat s. S. 144 Trockenobst
7. Tag	Waffeln mit Ahornsirup Obst Joghurt	Hähnchen mit Mango s. S. 169 Apfel-Pflaumen-Crumble s. S. 176	Kürbis-Risotto s. S. 159 Obst	Milch Cranberry-Cookies mit weißer Schokolade s. S. 149 Obst

Speisepläne: Snacks

Snacks bilden einen wichtigen Teil der Ernährung eines kleinen Kindes, daher ist es wichtig, stets ein gesundes Angebot bereit zu haben, wenn das Kind Hunger hat. Wenn Sie Ihrem Kind jetzt beibringen, gesund zu essen, wird es sich später gesund ernähren. Für spezielle Anlässe, z.B. eine Geburtstagsfeier, könnten Sie für jedes Kind einen eigenen Picknickkoffer zusammenstellen, anstatt den Tisch zu decken.

Gesunde Snacks

Rezepte für Snacks

Ananas-Kokosnuss-Bananen-Smoothie
s. S. 112

Herzhafter Tomaten-Käse-Dip/ Sahniger Avocado-Dip & Gemüsesticks
s. S. 94 und S. 62

Falsches Spiegelei
s. S. 116

Hafer-Rosinen-Kekse
s. S. 112

Bananen-Muffins
s. S. 112

Erdbeereis am Stiel
s. S. 177

Gefrorener Himbeerjoghurt
s. S. 84

Chips aus Wurzelgemüse
s. S. 76

Sandwichs
s. S. 95

Rührei mit Käse & Tomaten
s. S. 94

Gemischter Salat mit dem Dressing von Annabels Nudelsalat
s. S. 121

Thunfisch-Toast
s. S. 109

Mini-Pizzas
s. S. 97

Geröstete Samen mit Honig & Sojasauce
s. S. 142

Nudel-Puten-Salat
s. S. 145

Nudelsalat mit Krabben
s. S. 145

Pittabrot mit Thunfisch, Ei & Tomate
s. S. 142

Schokoladenkekse mit Rosinen & Sonnenblumenkernen
s. S. 149

Energiedrink
s. S. 146

Fruchtiger Beeren-Shake
s. S. 146

Weitere Ideen

Weiches Ei mit Toast

Eierbrot

Käsetoast

Getoastetes Rosinenbrot mit Frischkäse

Getoastete Sandwichs

Kleine Käsewürfel

Trockenobst

Frisches Obst & Obstsalat

Vollkorncerealien mit Milch

Gebackene Bohnen auf Toast

Glas Milch oder frischer Fruchtsaft

Popcorn

Joghurt

Reiswaffeln, Knäckebrot, Brotchips

Gemüse solo oder mit einem Dip

Party-Planer

Am Tag vor dem Fest zubereiten:

Geburtstagskuchen
s. S. 129

Herzförmige Chicken Nuggets
s. S. 125

Herzhafter Tomaten-Käse-Dip (schneiden Sie die Rohkost am Tag vor der Party)
s. S. 94

Lustige Muffins
(am Tag vor der Party dekorieren)
s. S. 128

Schokoladen-Windbeutel
(am Tag vor der Party dekorieren)
s. S. 179

Kernige Getreideriegel mit Aprikosen & Schokolade
s. S. 179

Jelly-Schiffchen
(am Tag der Party dekorieren)
s. S. 85

Shortbread-Kekse
s. S. 131

Cookies mit weißer Schokolade
s. S. 149

Kleine Orangen-Muffins mit Schokolade
s. S. 130

Meine Lieblingsbrownies
s. S. 148

Am Tag der Party:

Sandwich-Auswahl
s. S. 95

Annabels Nudelsalat
s. S. 122

Hähnchen in Honig-Zitronen-Marinade
s. S. 102

Hähnchenschenkel à l´orange
s. S. 168

Nudeln mit Zucchini, Paprika & Würstchen
s. S. 123

Goldene Putenstreifen
s. S. 125

Mini-Pizzas
s. S. 97

Obstplatte mit Schoko-Früchten

Obstspieße
s. S. 147

Register

Die **fett** gedruckten Seitenzahlen beziehen sich auf Abbildungen.

A

Abendlicher Milchbrei 46f.
Ahornsirup, Bananen mit 76
Allergien 16f., 139
Aminosäuren 10
Ananas-Kokosnuss-Bananen-Smoothie 112
Annabels Apfelkuchen 176
Annabels Gemüsebratlinge 99
Annabels leckere Fleischbällchen 127
Annabels Nudelsalat **119**, 122
Anrichten der Speisen **116**, 117
Antioxidanzien 15
Äpfel
    Annabels Apfelkuchen 176
    Apfel-Dattel-Brei 63
    Apfelmus mit drei Früchten 43
    Apfel-Pflaumen-Crumble 176
    Fruchtiges Hähnchen mit Karotten 67
    Kompott aus Aprikosen, Birne, Pfirsich & Apfel 45
    Müsli mit Apfel, Mango & Aprikose 94
    Mus 34, **35**, 36, **41**, **44**, 45, 46
Aprikosen
    Kernige Getreideriegel mit Aprikosen & Schokolade 179
    Kompott aus Aprikosen, Birne, Pfirsich & Apfel 45
    Mus 34, 35, 38, 43
Auflauf
    Fisch-Auflauf 80
    Kartoffelauflauf mit Lammhack 83
    Kleiner Hähnchen-Kartoffel-Auflauf 164
Ausstattung 18f.
Austrocknung 9, 73
Avocados
    Brei 38, 39, 42
    Sahniger Avocado-Dip & Gemüsesticks **62**

B

Backen 21
Bananen
    Ananas-Kokosnuss-Bananen-Smoothie 112
    Bananen-Muffins 112
    Brei 50
    mit Ahornsirup 76
Bauchschmerzen 73

Beikost 25ff.
    Ausstattung **19**, 27
    einführen
Belegte Brote **95**, 119
Betreuungspersonen 136
Bewegung 14f.
Biologische Produkte 21
Birnen
    Kompott aus Aprikosen, Birne, Pfirsich & Apfel 45
    Mus 34, **35**, 43, **44**, 45, **63**
Blaubeeren, Mus 43, 44
Blumenkohl
    Brei 39
    Tomaten-Blumenkohl-Brei **41**, 49
Blutzuckerspiegel, Frühstück und 135
Bohnen 20, 31
    Barbecue-Bohnen-Füllung (Ofenkartoffeln) 121
    Gemüse-Enchiladas 161
    Tacos mit Rindfleisch **151**, 173
Bolognese
    Hähnchen-Bolognese 102
    Spaghetti Bolognese 107
    Spaghetti Bolognese fürs Baby 67
Bratlinge
    Annabels Gemüsebratlinge 99
    Hähnchen-Mais-Bratlinge 110
Brei 34ff.
    einfrieren und auftauen 22f.
    erster Brei 34ff.
    ohne Kochen 42f.
    pürieren 21f.
Brokkoli
    Brei 34, 35, 39, 49
    Hähnchen & Brokkoli in Käsesauce 67
    Kartoffel-Brokkoli-Auflauf 161
Brot 20, 31
    Brottiere mit Käse **120**
Brot *siehe auch* Sandwichs
Brownies, Meine Lieblingsbrownies 148
Brühe
    Hühnersuppe nach Großmutterart 52
    selbst gemachte Gemüsebrühe 49
Butter 20

C

Cerealien 20, 31, 136
Chips aus Wurzelgemüse **75**, 77

im Ofen gebacken 163
Cornflakes, Karotten mit knusprigen Cornflakes 108
Couscous 20
    Couscous mit Schinken & Erbsen 103
    Schnelles Couscous mit Hähnchen **61**, 66
Cranberries
    Cranberry-Cookies mit weißer Schokolade 149
    Cranberry-Puten-Füllung (Ofenkartoffeln) 121
Crumble, Apfel-Pflaumen-Crumble 176
Curry, Currygemüse mit Reis 160

D

Dämpfen **18**, 21
Dehydrierung *siehe* Austrocknung
Dinkelbrei mit Birne 47
Dips **61**, **62**, **93**, 94
Dosenprodukte 20
Durchfall 73

E

Eier 20, 28, 31
    Brötchen mit Rührei 142
    Eierreis mit Hähnchen & Krabben 170
    Pittabrot mit Thunfisch, Ei & Tomate 142
    Rührei mit Käse & Tomaten 94
    Zucchini-Tomaten-Frittate 76
Einfach ungesättigte Fettsäuren 10
Einfache Obst und Gemüsebreie 38f.
Eisen 12f. 136
Eiweiß 10, 13, 138
Enchiladas, mit Gemüse 161
    mit Pute & Tomatensauce **167**
Erbsen
    Couscous mit Schinken & Erbsen 103
    Kartoffel-Lauch-Erbsen-Brei **48**
    Schleifchennudeln mit Schinken & Erbsen 79
Erdbeeren
    Erdbeereis am Stiel **177**
    Mus: 41, 43, **44**, 45
Erdnussallergie 16, 139
Ernährung, in der Kindheit 8ff.
Essenzielle Fettsäuren 10, 11
Essmarotten 90f.

F

Familienmahlzeiten 150ff.
Fastfood 92ff., 136
Fette 10f., 14, 70f.
Fettsucht 14
Fingerfood 58
Fisch 31
    Fisch-Auflauf 80
    Fisch mit Karotten & Orange, **41**, 51
    Fisch & falsche Fritten **163**
    Goldene Fischbällchen 100
    siehe auch Kabeljau, Lachs usw.
Fläschchen 19
Fleisch 31
    schwierige Esser 91
    siehe auch Rindfleisch, Lamm usw.
Fleischbällchen
    Annabels leckere Fleischbällchen 127
    Hähnchen-Kartoffel-Bällchen 83
    Lammbällchen in süßsaurer Sauce 103
    Putenbällchen mit Paprikasauce **82**
Forelle mit Mandeln 162
Frittate, Zucchini-Tomaten-Frittate 76
Früchte *siehe* Obst
Fruchtsaft 33, 59, 89
Frühstück 135f.
Frühstückscerealien 20, 136

G

Geburtstagskuchen **119**, 129
Gefülltes Pittabrot **93**, 98
Gehirn, Nährstoffbedarf 135
Gemüse 15, 31
    Annabels Gemüsebratlinge **99**
    Brei 21f., 34, 35, 37, 38f., 48f.
    Chips aus Wurzelgemüse **75**, 76
    Currygemüse mit Reis 160
    Dips **62**
    -Enchiladas 161
    Fingerfood 58
    Fischfilet mit Gemüse **65**
    Gemüsenudeln mit Schinken 155
    -Käse-Püree 62
    -Kartoffel-Brei, erster 37
    -Kartoffel-Brei mit Fleisch 37
    Kleine Gemüsepuffer 77
    Minestrone mit Buchstabennudeln 96

Nudeln mit buntem Würfel-
	gemüse 79
Nudeln mit verstecktem
	Gemüse 78
-Samosas 160
Schleifchennudeln mit
	Frühlingsgemüse 96
schwierige Esser 90, 91
selbst gemachte Gemüsebrühe
	49
Süßsaures Pfannengemüse 98
Gemüsebrühe, selbst gemacht
	49
Gerollte Sandwichs 93, 95
Gesättigte Fettsäuren 10, 14
Getränke 33
	Ananas-Kokosnuss-Bananen-
		Smoothie 112
	aus Bechern oder Tassen 33
	Energiedrink 146
	Fruchtiger Beeren-Shake 146
	Milchshake aus Sommerbeeren
		113
	und Karies 33, 89
Getreide-Obst-Brei 50
Getreideriegel mit Aprikosen &
	Schokolade 179
Gewürze 20
Glutenunverträglichkeit 17, 28
Grießbrei mit Pfirsichmus 47
Grünkern, Paprikahähnchen mit
	Grünkern 168
Gulasch, ungarisches 127

H

Hackfleisch, Würziges Hackfleisch
	mit Kohlrabi & Tomaten 53
Haferbrei mit Apfel 46
Haferflocken
	Apfel-Dattel-Brei 63
	Fruchtiges Babymüsli 63
	Hafer-Rosinen-Kekse 112
	Kernige Getreideriegel mit Apri-
		kosen & Schokolade 179
Hähnchen 31
	à l'orange 168
	auf kalifornische Art 66
	-Hähnchen-Bolognese 102
	China-Nudeln mit Hähnchen &
		Sojabohnenkeimlingen 124
	Eierreis mit Hähnchen &
		Krabben 170
	Fruchtiges Hähnchen mit
		Karotten 67
	Gegrillte Hähnchenkeulen 165
	Herzförmige Chicken Nuggets
		119, 125
	Hühnercremesuppe mit Mais
		106
	Hühnerfrikassee 126
	Hühnersuppe 52, 152
	in Honig 101

in Honig-Zitronen-Marinade
	93, 102
in Sahnesauce mit Penne 154
Karamellisierte Hühner
	brüstchen 125
-Kartoffel-Bällchen 83
-kasserolle 41, 53
Kleiner Hähnchen-Kartoffel-
	Auflauf 164
Knusprige Hähnchenstreifen
	101
Knuspriges Hähnchen 166
-Mais-Bratlinge 110
mit Kartoffeln & Trauben 52
mit Mango 169
mit Sauce & Kartoffel-Karot-
	ten-Püree 165
Nudeln nach Singapur-Art 171
Paella 151, 166
Paprikahähnchen mit Grünkern
	168
-Salat 144
Schnelles Couscous mit
	Hähnchen 61, 66
-spieße mit Lychees 126
-Tomaten-Sauce mit Reis 101
& Brokkoli in Käsesauce 67
& Gemüse aus dem Wok
	105, 111
Wraps mit Hähnchen 143
Zarte Hähnchenstreifen mit
	selbst gemachtem Tomaten-
	ketchup 110
Himbeeren
	Gefrorener Himbeerjoghurt
		75, 84
	Himbeer-Birnen-Pfirsich-Mus
		63
	Muffins mit Sommerbeeren 149
	Jelly-Schiffchen 85
Hochstühle 19, 32
Honig 29
	Hähnchen in Honig 101
	Marinierte Lachsspieße 109
Hühnchen siehe Hähnchen
Hygiene 23

I/J

Immunsystem 16
Jelly-Schiffchen 85
Joghurt 20, 31, 138
	Gefrorener Himbeerjoghurt
		75, 84
	Gefrorener Jogurt mit Beeren
		113
	Joghurt-Pfannkuchen 75, 84

K

Kabeljau
	Fisch-Auflauf 80

Fischfilet mit Gemüse 65
Kabeljau mit Tomaten &
	Zucchini 66
Kalzium 12, 13, 138f.
Karotten
	Brei 34, 35, 37, 49, 50
	Fisch mit Karotten & Orange
		41, 51
	Geschmortes Rindfleisch mit
		Karotten, Kohlrabi &
		Kartoffeln 53
	Karotten mit knusprigen Corn-
		flakes 108
	Kartoffel-Karotten-Suppe mit
		Orange 106
Kartoffeln
	Fisch-Auflauf 80
	Fisch & falsche Fritten 163
	Gemüse-Kartoffel-Brei 37
	Hähnchen-Kartoffel-Bällchen 83
	Hähnchen mit Kartoffel-
		Karotten-Püree 165
	Kartoffelauflauf mit Lammhack
		82
	Kartoffel-Brokkoli-Auflauf 161
	Kartoffel-Karotten-Suppe mit
		Orange 106
	Kartoffelspalten aus dem Ofen
		108
	Kleine Ofenkartoffeln 121
	Kleiner Hähnchen-Kartoffel-
		Auflauf 164
	Kroketten aus Rinderhack 172
	Lachs-Rösti 80
	Lauch-Kartoffel-Kresse-Suppe
		mit Nudeln 152
	Schnecken aus Putenwurst
		75, 81
	Vegetarische Kroketten 99
Käse 20, 28, 31
	Bandnudeln mit Käse & Parma-
		schinken 155
	Brottiere mit Käse 120
	Dips 62
	Fischfilet mit Gemüse 65
	Fusilli mit schneller Käsesauce
		78
	Gemüse-Käse-Püree 62
	Herzhafter Tomaten-Käse-Dip
		93, 94
	Käse-Makkaroni 77, 107
	Käse-Tomaten-Spinat-Lasagne
		157
	Kirschtomaten-Mozzarella-
		Salat 141, 144
	Kleine Ofenkartoffeln 121
	Nudeln mit Käse & Brokkoli 77
	Rührei mit Käse & Tomaten 94
	Schinken-Käse-Sandwich 143
	Schlafende Cannelloni 151, 156
	Sommerlicher Nudelsalat 144
	Sternchennudeln mit Sauce
		61, 64
	Thunfisch-Toast 109

Tomaten-Mascarpone-Sauce
	105, 107
Käsekuchen, amerikanische Art
	178
Kauen 30
Kekse
	Cookies mit weißer Schokolade
		131
	Cranberry-Cookies mit weißer
		Schokolade 149
	Hafer-Rosinen-Kekse 112
	Orangenkekse mit Schokochips
		178
	Schokoladenkekse mit Rosinen
		& Sonnenblumenkernen 149
	Shortbread-Kekse 131
Ketchup, selbst gemacht 110
Kidneybohnen
	Gemüse-Enchiladas 161
	Tacos mit Rindfleisch 151, 173
Kochen 21
	mit Kindern 117
Kochtechniken 21
Kohlenhydrate 9, 135f., 138
Konsistenzen, neue einführen
	30, 40, 54
Korn-Milchbrei mit Bananenmus
	47
Krabben
	Eierreis mit Hähnchen &
		Krabben 170
	Nudeln nach Singapur-Art
		171
	Nudelsalat mit Krabben 145
	Paella 151, 166
Krankheit 73
Kräuter 20
Kroketten
	aus Rinderhack 172
	vegetarische 99
Kuchen
	Annabels Apfelkuchen 176
	Geburtstagskuchen 119, 129
	Lustige Muffins 128
	Meine Lieblingsbrownies 148
Küchenmaschinen 18
Kuhmilch siehe Milch
Kürbis
	Brei 34, 35, 37, 39
	Kürbis mit Buchstabennudeln
		64
	Kürbis-Risotto 159

L

Lachs
	Fisch-Auflauf 80
	Lachs mit Eiernudeln & Soja-
		bohnenkeimlingen 123
	Lachs-Rösti 80
	Lachs-Sterne 100
	Marinierte Lachsspieße 109
	Pikanter Lachs 162

Laktoseunverträglichkeit 17
Lamm
　Kartoffelauflauf mit Lammhack 83
　Lammbällchen in süßsaurer Sauce 103
　Lammkeule mit Rosmarin 175
　Marinierte Lammkoteletts 175
Lasagne 158
　Käse-Tomaten-Spinat-Lasagne **157**
Lauch
　Kartoffel-Lauch-Erbsen-Brei 48
　Lauch-Kartoffel-Blumenkohl-Brei 47
　Lauch-Kartoffel-Kresse-Suppe mit Nudeln 152
　Spinat-Kartoffel-Kohlrabi-Lauch-Brei **41**, 48
Lebensmittel einfrieren 19, 22
Lebensmittelvergiftung 23
Lychees, Hähnchenspieße mit Lychees **126**

M

Mahlzeiten 32, 72, 90, 116f.
Mais
　Gefülltes Pittabrot **93**, 98
　Hähnchen-Mais-Bratlinge 110
　Hühnercremesuppe mit Mais 106
Mandeln, Forelle mit, 162
Mango
　Hähnchen mit Mango **169**
　Mus **41**, 42, 46
Melonenmus 38, 39, 43
Mikrowelle 21, 23
Milch 8, 20
　Allergien 16
　Cookie-Shake 146
　für ältere Babys 30f., 56
　für Kleinkinder 71, 138
　Laktoseunverträglichkeit 17
　Milchshake mit Sommerbeeren 113
　siehe auch Muttermilch, Milchnahrung
Milchbrei, abendlicher 46f.
Milchnahrung 8, 9, 30, 56
Milchprodukte 20, 31, 71, 138
Milchshake mit Sommerbeeren 113
Mineralstoffe 12f., 139
Minestrone mit Buchstabennudeln 96
Mini-Pizzas **97**
Minutensteak mit Pilzsauce 173
Mixer **18**, 21f.
Mixgetränke 146
Mohr im Hemd 130
Muffins

Bananen-Muffins 112
Kleine Orangen-Muffins mit Schokolade **130**
Lustige Muffins **128**
Muffins mit Sommerbeeren 149
Müsli 20
　Fruchtiges Babymüsli
　Müsli mit Apfel, Mango & Aprikose **94**
Muttermilch 8f., 30, 56

N

Nahrungsmittelunverträglichkeit 17
Nahrungsverweigerung
　Einführung von Beikost 29, 32
　Gemüse 71
　schwierige Esser 90f.
Nektarinenmus 38, 39
Neue Speisen **116**, 117
Nudeln 20
Nudeln, Annabels Nudelsalat 119, **122**
　Bandnudeln mit Käse & Parmaschinken **155**
　China-Nudeln mit Hähnchen & Sojabohnenkeimlingen **124**
　für Suppenkasper 154
　Fusilli mit Brokkoli, Mungbohnenkeimlingen & Babymais **97**
　Fusilli mit schneller Käsesauce **78**
　Gemüsenudeln mit Schinken **155**
　Hähnchen-Bolognese 102
　Hähnchen in Sahnesauce mit Penne 154
　Hähnchen & Gemüse aus dem Wok **105**, **111**
　Käse-Makkaroni 77, 107
　Käse-Tomaten-Spinat-Lasagne **157**
　Kürbis mit Buchstabennudeln 64
　Lachs mit Eiernudeln & Sojabohnenkeimlingen **123**
　Lasagne 158
　Minestrone mit Buchstabennudeln 96
　Muschelnudeln mit buntem Würfelgemüse **79**
　mit Käse & Brokkoli **77**
　mit verstecktem Gemüse 78
　mit Zucchini, Paprika & Würstchen **123**
　nach Singapur-Art **171**
　Nudel-Puten-Salat **141**, 145
　Nudelsalat mit Krabben 145
　Nudelsalat mit Thunfisch & Mais 78
　Penne mit Thunfisch, Tomaten

& Zuckermais 122
Schlafende Cannelloni **151**, **156**
Schleifchennudeln mit Frühlingsgemüse 96
Schleifchennudeln mit Schinken & Erbsen **79**
Sommerlicher Nudelsalat 144
Spaghetti Bolognese 107
Spaghetti Bolognese fürs Baby 67
Spiralnudeln mit Fleischsauce 158
Spiralnudeln mit Zucchini 154
Sternchennudeln mit Käse **61**, 64
Tomaten-Thunfisch-Sauce 64
Nüsse
　Allergien 16, 139,
　Sicherheit 28

O

Obst 15, 31
　Energiedrink 146
　Exotischer Obstsalat 63
　Fingerfood 58
　Fruchtiger Beeren-Shake 146
　Fruchtiges Babymüsli 63
　für Kleinkinder 71
　Gefrorener Jogurt mit Beeren **113**
　Getreide-Obst-Brei 50
　Milchshake mit Sommerbeeren 113
　Mus 21f., 34, **35**, **36**, 38, 39
　Obstsalat 147
　Obstspieße **147**
　Pfirsich-Beeren-Kompott 146
　siehe auch Äpfel, Bananen usw.
Obstmus, erstes 36
Öle 20
Omega-3-Fettsäuren 10, 11
Omega-6-Fettsäuren 10, 11
Orangen
　Fisch mit Karotten & Orange **41**, 51
　Jelly-Schiffchen 85

P

Paella **151**, 166
Papayamus 34, **35**, 42, 43
Paprika
　Paprikahähnchen mit Grünkern 168
　Putenbällchen mit Paprikasauce **82**
　Roter Paprikadip & Gemüsesticks 62
Parmaschinken, Bandnudeln mit Käse & 155
Partyspeisen 187

Pastinaken 34, **35**, **41**, 48
Pausensnacks 137ff.
Pestizide 21
Pfannkuchen, Joghurt 75, 84
Pfirsiche
　Kompott aus Aprikosen, Birne, Pfirsich & Apfel 45
　Mus 38, 39, **41**, 45, 63
　Pfirsich-Beeren-Kompott 146
Pfirsichreis 50
Pflanzenstoffe 15
Pflaumen, Apfel-Pflaumen-Crumble 176
Pflaumen-Birnen-Mus 43
Pflaumenmus 44
Pichelsteiner 174
Picknick 139
Pilzsauce, Minutensteak mit Pilzsauce 173
Pittabrot, Kleine Pittabrote 95 mit Thunfisch, Ei & Tomate 142
Pizzas, Mini-Pizza 97
Pute
　Putenbällchen mit Paprikasauce 82
　Puten-Enchiladas mit Tomatensauce 167
　Goldene Putenstreifen 125
　Kleine Ofenkartoffeln **121**
　Nudel-Puten-Salat **141**, 145
　Schnecken aus Putenwurst **75**, 81

R

Reis 20, 34, **35**
　Currygemüse mit Reis 160
　Eierreis mit Hähnchen & Krabben 170
　Hähnchen-Tomaten-Sauce mit Reis 101
　Kürbis-Risotto **159**
　Paella **151**, 166
　Süßsaures Pfannengemüse 98
Rindfleisch
　Annabels leckere Fleischbällchen 127
　Geschmortes Rindfleisch mit Karotten, Kohlrabi & Kartoffeln 53
　Lasagne 158
　Pichelsteiner 174
　Sauce Bolognese **153**
　Spaghetti Bolognese fürs Baby 67
　-spieße **174**
　Tacos mit Rindfleisch **151**, 173
　Ungarisches Gulasch 127
　Würziges Hackfleisch mit Kohlrabi & Tomaten 53
Rosinen
　Hafer-Rosinen-Kekse 112

Schokoladenkekse mit Rosinen & Sonnenblumenkernen 149
Rosinen-Toast 85

S

Salatdressing 121
Salate
   Annabels Nudelsalat 119, 133
   Hähnchen-Salat 144
   Kirschtomaten-Mozzarella-Salat 141, 144
   Nudel-Puten-Salat **141**, 145
   Nudelsalat mit Krabben 145
   Nudelsalat mit Thunfisch & Mais 78
   Sommerlicher Nudelsalat 144
Salz 15, 28
Samen, Geröstete Samen mit Honig & Sojasauce 142
Sandwichs 93, 95, **119**, 139
   Schinken-Käse-Sandwich 143
Sauce
   Bolognese **153**
   Hähnchen-Tomaten-Sauce mit Reis 101
   Käsesauce 78
   Rote Paprikasauce 82
   Süßsaure 103
   Tomaten-Mascarpone-Sauce **105**, 107
   Tomatensauce »spezial« 153
Säuglingsmilch *siehe* Milchnahrung
Schalentiere 29
Schinken
   Bandnudeln mit Käse & Parmaschinken 155
   Couscous mit Schinken & Erbsen 103
   Gemüsenudeln mit Schinken 155
   Schinken-Käse-Sandwich 143
   Schleifchennudeln mit Schinken & Erbsen 79
Schlafende Cannelloni **151, 156**
Schnabeltasse 33
Schokolade
   Cookies mit weißer Schokolade 131
   Cranberry-Cookies mit weißer Schokolade 149
   Kernige Getreideriegel mit Aprikosen & Schokolade 179
   Kleine Orangen-Muffins mit Schokolade **130**
   Meine Lieblingsbrownies **148**
   Orangenkekse mit Schokochips **178**
   Schokoladenkekse mit Rosinen & Sonnenblumenkernen 149
   Schokoladen-Windbeutel 179
Scholle, Fisch & falsche Fritten **163**
Schwierige Esser 91, 104ff.
Selberessen 57f.
Shakes
   Cookie-Shake 146
   Fruchtiger Beeren-Shake 146
   Milchshake mit Sommerbeeren 113
Shortbread-Kekse **131**
Smoothies, Ananas-Kokosnuss-Bananen-Smoothie 112
Snacks 56, 89, 139, 140ff., 187
Soße (zu Fleisch) 165, 166, 172, 175
Spaghetti Bolognese 107
Speisen aufwärmen 23
Speisepläne 180ff.
Spinat
   Käse-Tomaten-Spinat-Lasagne 157
   Schlafende Cannelloni **151, 156**
   Spinat-Kartoffel-Pastinaken-Lauch-Brei **41**, 48
Sterilisiergeräte 18
Stühle **19**, 32
Suppen
   Hühnercremesuppe mit Mais 106
   Hühnersuppe nach Großmutterart 52
   Kartoffel-Karotten-Suppe 105
   Lauch-Kartoffel-Kresse-Suppe mit Nudeln 152
   Minestrone mit Buchstabennudeln 96
   Tomatencremesuppe **105**, 106
   Tomatensuppe 120
Süßigkeiten 89
Süßkartoffeln, Brei 37, 39
Süßsaure Sauce, Lammbällchen mit 103
Süßsaures Pfannengemüse 98

T

Tacos, mit Rindfleisch **151, 173**
Thunfisch
   Kleine Ofenkartoffeln **121**
   Nudelsalat mit Thunfisch & Mais 122
   Pittabrot mit Thunfisch, Ei & Tomate 142
   Nudelsauce mit Tomaten & Thunfisch 64
   -Toast 109
Tiefkühlprodukte 20
Toast
   Rosinen-Taost 85
   Thunfisch-Toast 109
Tofu-Pitta mit Mais & Kirschtomaten 93, 98
Tomaten
   Herzhafter Tomaten-Käse-Dip **93**, 94
   Kabeljau mit Tomaten & Zucchini 66
   Kirschtomaten-Mozzarella-Salat **141**, 144
   Nudelsauce mit Tomaten & Thunfisch 64
   Selbst gemachtes Tomatenketchup 110
   Tomaten-Blumenkohl-Brei **41**, 49
   Tomatencremesuppe **105**, 106
   Tomaten-Mascarpone-Sauce **105**, 107
   Tomatenquiche 170
   Tomatensauce »spezial« 153
   Tomatensuppe 120
Tortillas
   Gemüse-Enchiladas 161
   Puten-Enchiladas mit Tomatensauce **167**
   Wraps 95
   Wraps mit Hähnchen **143**
Trans-Fettsäuren 10f.
Trinklernbecher **33**
Trockenobst 20

U

Übergewichtige Kinder 14f., 116
Ungarisches Gulasch 127
Ungesättigte Fettsäuren 10
Untergewichtige Kinder 90

V/W

Vegane Ernährung 13
Vegetarische Ernährung 13
Vegetarische Kroketten 99
Verarbeitete Nahrungsmittel 15
Verstopfung 73
Vitamine 11, 139
Vollmilch-Getreide-Brei 46
Vorräte 20
Wasser, trinken 9, 31, 33
Windbeutel, Schokolade 179
Wurst
   Nudeln mit Zucchini, Paprika & Würstchen 123
   Schnecken aus Putenwurst **75**, 81
Wutanfälle 88

Z

Zähne, Karies 30, 59, 89
   putzen 59
   zahnen 30, 59
Zahnpasta 59
Zink 12, 13
Zöliakie 17
Zucchini
   Brei 39
   Frittierte Zucchini 108
   Nudeln mit Zucchini, Paprika & Würstchen 123
   Spiralnudeln mit Zucchini 154
   Zucchini-Tomaten-Frittate 76
Zucker 28, 33, 89
Zwiebackbrei mit Karottenmus 47
Zwischenmahlzeiten *siehe* Snacks

Dank

Dank der Autorin

Ich danke folgenden Personen für ihre Unterstützung und ihre Beratung: Dr. Margret Lawson, Expertin für Kinderernährung am Institute of Child Health; Dr. Stephan Herman, Kinderarzt, Central Middlesex Hospital; Dr. Barry Lewis, Kinderarzt; Luci Deniels, staatlich geprüfte Ernährungsberaterin; Simon Karmel; David Karmel, Evelyn Etkind; Jane Hamilton; Marian Magpoc; Letty Catada; Jo Pratt; Joy Skipper; Jacqui Morley; Lara Tankel; Mary Jones. Ich möchte besonders Nicholas, Lara und Scarlett Karmel danken sowie all den anderen jungen Vorkostern, die die Rezepte in diesem Buch probiert haben. Dank gilt auch Dave King für die schönen Fotos und Daniel Pangbourne für das gelungene Porträt von Scarlett und mir. Dank gilt auch dem Team von DK, das dieses Projekt umgesetzt hat.

Dorling Kindersley dankt: Lyndel Costain für die Beratung in Ernährungsfragen; Annaïck Guitteny für die Foto-Assistenz; Bethany Heald und Dagmar Vesely für das Food Styling; Clare Louise Hunt für die Requisiten; Stokke für die Ausleihe des Tripp Trapp Hochstuhls; Katie Dock für die redaktionelle Assistenz; Alyson Lacewing für das Korrekturlesen und Hilary Bird für die Erstellung des Registers.

Vielen Dank an unsere Models:

Louix Ball, Hanni Blaskey, Henry Boag, Clara Boucher, Jordan Chan, Susan Colyer, Connor Fitzjohn, Hebe Harvey, Thomas Leman, Scarlett McKelvie, Lavinia McKelvie, Luc McNally-Drew, Alexandra Mellor, Emilia Momen, Alexander Moore-Smith, Ella Moriarty, Jacob Moriarty, Sophie Moriarty, Patrick Moriarty, Ethan Myers, Sabina Netherclift, Sabina Regan, Finnegan Regan, Mike Rogers, Felix Rogers, Max Salzer, Georgia Sargent, Harvey Sidebottom, Erin Somes, Gabrielle Somes, Ben Somes, Kai Takahashi

Bildnachweis

Bildrecherche: Anna Bedewell.
DK Picture Library: Romaine Werblow.
Der Verlag dankt folgenden Personen und Institutionen für die freundliche Genehmigung zum Abdruck ihrer Fotografien:
Seite 7: Daniel Pangbourne
Seite 12: Corbis/George Shelley
Seite 59: Bubbles/Chris Miles
Seite 73: Mother & Baby Picture Library/Ian Hooton.
Alle anderen Abbildungen ©Dorling Kindersley.
Weitere Informationen unter www.dkimages.com

Nützliche Adressen

Forschungsinstitut für Kinderernährung
Heinstück 11
44225 Dortmund
Tel.: 0231/7922100
Fax: 0231/711581
www.fke-do.de

Deutsche Gesellschaft für Ernährung (DGE)
Godesberger Allee 18
53175 Bonn
Tel.: 0228/3776600
www.dge.de

Aktionsgruppe Babynahrung
Untere Maschstr. 21
37037 Göttingen
Tel.: 0551/531034
Fax: 0551/531035
www.babynahrung.org

La Leche Liga
Deutschland e.V.
Dannenkamp 25
32479 Hille
Tel.: 0571/48946
Fax: 0571/4049480
www.lalecheliga.de

Arbeitsgemeinschaft Allergiekrankes Kind (AAK)
Nassaustr. 32
35745 Herborn
Tel.: 02772/92870
Fax: 02772/92879
www.aak.de

ÖSTERREICH

Österreichische Gesellschaft für Ernährung
-ÖGE-
Zaunergasse 1–3
1030 Wien
Tel.: 01/7147193
Fax: 01/7186146
www.oege.at

Informationskreis Kind und Ernährung
Esterhazygasse 7/2
1060 Wien
Tel.: 01/5042893
Fax: 01/504289-4
www.informationskreis.org

La Leche Liga Österreich
Postfach
6240 Rattenberg
www.lalecheliga.at

SCHWEIZ

Schweizerische Gesellschaft für Ernährung
Effingerstr. 2
Postfach 8333
3001 Bern
Tel.: 031/3850000
Fax: 031/3850005
www.sge-ssn.ch

La Leche Liga Schweiz
Postfach 197
8053 Zürich
Tel.: 081/9433300
www.stillberatung.ch